电力物联网
电网企业云原生
应用实践

国网江苏省电力有限公司信息通信分公司　组编

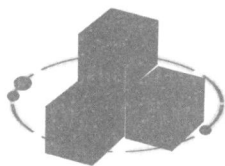

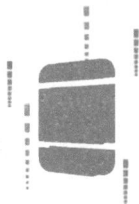

中国电力出版社
CHINA ELECTRIC POWER PRESS

内 容 提 要

本书是国网江苏省电力有限公司自主专研开源工具研究探索、技术与理论、测试与应用全过程的系统总结,详细介绍了如何通过开源软件搭建和应用 OpenStack、Kubernetes、分布式存储、工具链、实时监控和平台测试等,并介绍了云平台常见故障的分析处理步骤。

本书适合于从事 IT 基础资源建设、运维、应用的专业技术人员,私有云、云原生应用开发者、架构师以及对云计算技术感兴趣的技术人员学习阅读。

图书在版编目(CIP)数据

电力物联网电网企业云原生应用实践 / 国网江苏省电力有限公司信息通信分公司组编. —北京:中国电力出版社,2020.10

ISBN 978-7-5198-4923-8

Ⅰ. ①电… Ⅱ. ①国… Ⅲ. ①物联网–应用–电力工业–工业企业管理–数据管理–研究–江苏 Ⅳ. ①F426.61

中国版本图书馆 CIP 数据核字(2020)第 165383 号

出版发行:中国电力出版社
地　　址:北京市东城区北京站西街 19 号(邮政编码 100005)
网　　址:http://www.cepp.sgcc.com.cn
责任编辑:王蔓莉(010-63412791)
责任校对:黄　蓓　朱丽芳
装帧设计:张俊霞
责任印制:石　雷

印　　刷:北京雁林吉兆印刷有限公司
版　　次:2020 年 10 月第一版
印　　次:2020 年 10 月北京第一次印刷
开　　本:787 毫米×1092 毫米　16 开本
印　　张:11.25
字　　数:269 千字
印　　数:0001—2000 册
定　　价:52.00 元

编 委 会

编 写 组

前言 >>>>

2019 年初，国家电网有限公司开始全面推进电力物联网建设，计划到 2021 年初步建成电力物联网、到 2024 年建成电力物联网。电力物联网是围绕电力系统各参与方，充分应用移动互联、人工智能等现代信息技术、先进通信技术，实现电力系统各个环节万物互联、人机交互，具有状态全面感知、信息高效处理、应用便捷灵活特征的智慧服务系统。通俗地说，就是运用新一代信息通信技术，将电力用户及其设备、电网企业及其设备、发电企业及其设备、电工装备企业及其设备连接起来，通过信息广泛交互和充分共享，以数字化管理大幅提高能源生产、能源消费和相关领域安全、质量和效率效益水平。

物联网架构由感知层、网络层、平台层、应用层组成。云平台采用虚拟化技术，具有按需部署、灵活性高、可靠性高、性价比高、可扩展性好等优点，云平台作为重要的平台层技术，能够为电力物联网建设提供坚强有力的技术支撑。

2016 年，国网江苏电力在电网企业数据中心内部探索使用开源 OpenStack 平台替代部分 VMware 商用软件，为电网业务系统提供基础设施服务。随着 Docker 等容器化技术的成熟，云基础设施中以容器为资源形式开始用于生产环境。容器应用具有跨平台、颗粒度小，尤其在自动化扩容、灰度升级、故障自愈方面的天然优点，使得各大企业都开始从 OpenStack 往容器化方向发展，也随之在企业界和学术界产生"云原生"概念。

2018 年，国网江苏电力自主研发、搭建企业私有云容器化平台，掌握了多个开源云原生项目，如容器编排项目 Kubernetes、监控项目 Prometheus、DNS 项目 Coredns、日志采集项目 Fluentd 等。至 2019 年底，国网江苏电力已实现近千台物理服务器和两百多套各类应用系统上云，取得了巨大的应用成效。

为了将国网江苏电力在云原生研究、规划和实践过程中积累的宝贵经验分享给各行各业，本书编委会细心谋划，并且得到了国家电网有限公司有关部门的关心鼓励，获得了相关应用系统开发单位的大力支持，得到安全、高效、高质量推进，在此深表感谢！同时，本书在编写中也参考应用了许多开源的软件系统和公开的技术资料，在此向有关机构和作者一并致谢！

由于笔者水平有限，技术发展日新月异，书中难免有疏漏和不足之处，恳请广大读者批评指正。

编写组
2020 年 8 月

目录 >>>>

1

云 原 生 工 具

云原生（Cloud Native）概念是随着 Docker、Kubernetes 等容器技术的发展而产生 2015 年云原生基金会（Cloud Native Computing Foundation，CNCF）的成立，云原生被认为让应用更有弹性、容错性、观测性的基础技术，让应用更容易部署、管理的基础软件、让应用更容易编写、编排的运行框架等。

国网江苏省电力有限公司信息通信分公司根据云原生的应用架构，结合自身的基础设施建设情况，将传统运行在物理集群的应用部署至 Kuberenetes 国网云平台。本章首先介绍云原生的相关概念和工具。

1.1　云原生的介绍

云原生的概念由 Pivotal 公司的 Matt Stine 于 2013 年首次提出，后一直延续至今。这个概念是 Matt Stine 根据其多年的架构和咨询经验总结出来的一个思想集合，并得到了社区的不断完善，包括 DevOps、持续支付、微服务、敏捷基础设施等 12 个要素，不但包含根据业务能力对公司进行文化、组织架构的重组，也包括方法论与原则、具体的操作工具。通过使用云原生技术和一系列管理方法，能够更好地把业务迁移至云平台，进而可以享受云带来的高效和持续服务能力。目前公认云原生主要内容如图 1-1 所示。

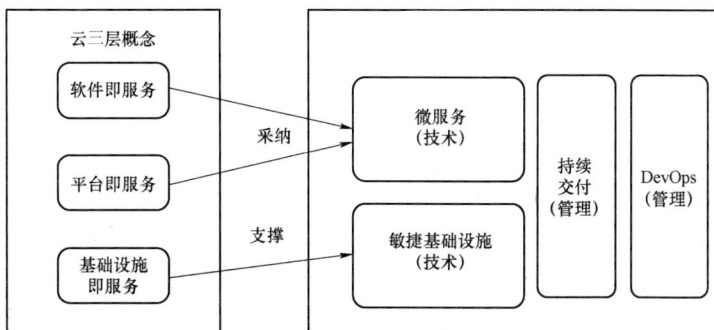

图 1-1　云原生的内容

借助云服务能实现更优雅的设计，比如弹性资源的需求、跨机房的高可用、11 个 9（99.999 999 999%）的数据可靠性等特性，这些基本是云计算服务本身就能提供的能力，开发者直接选择对应的服务即可，一般不需要过多考虑本身机房的问题。如果架构设计本身又能支持多云的设计，可用性会进一步提高，比如 Netfix 能处理在 AWS 的某个机房无法正常工作的情况，还能为用户提供服务，这就是云带来的魔力。当然，云服务架构设计对技术人员的要求也很高。除了对场景的考虑外，对隔离故障、容错、自动恢复等非功能需求会考虑更多。

1.2 云原生的应用架构

1.2.1 云三层架构

基础设施即服务（Infrastructure as a Service，IaaS）、平台即服务（Platform as a Service，PaaS）、软件即服务（Software as a Service，SaaS）是云服务提供的三种层次，最基础的是 IaaS，中间为 PaaS，最后直观呈现出来的是 SaaS。

IaaS 层包含服务器、存储、网络等硬件设备。用户可以在任何时候利用这些硬件来运行应用，节省维护成本和办公场地。目前比较知名的 IaaS 公司有亚马逊、GoGrid、IBM 等。

PaaS 为应用开发提供软件平台环境，例如中间件、数据库、商业智能和开发工具等。PaaS 公司与 IaaS 公司有许多重叠，除了上面列出的，还有 Google、Microsoft Azure、Force.com、Heroku、Engine Yard 等。

SaaS 是目前普通用户接触最多的层面，网络上任意一个远程服务器上的应用都属于 SaaS。比如阿里的钉钉、JIBUU 以及苹果的 iCloud 都属于这一类。

1.2.2 敏捷基础设施

正如通过业务代码能够实现产品需求，通过版本化的管理能够保证业务的快速变更，在基于云计算的新开发模式下，运维人员可以更频繁地构建更强、可控和更稳定的基础设施，开发人员可以随时拉取一套基础设施来服务于开发、测试、联调和灰度上线等需求。技术人员部署服务器、管理服务器模板、更新服务器和定义基础设施的模式都是通过代码来完成的，并且是自动化的，不能通过手动安装或克隆的方式来管理服务器资源。运维人员和开发人员一起以资源配置的应用代码为中心。基础设施通过代码来进行更改、测试，在每次变更后，执行测试的自动化流程，确保能维护稳定的基础设施服务。

1.2.3 持续交付

为了满足业务需求频繁变动和快速迭代，软件产品要拥有能随时能发布的能力，这也是持续支付的开发实践方法。它可分为持续集成、持续部署、持续发布等阶段，用来保证从需求提出到设计开发和测试，再到代码快速、安全部署到产品环境中。持续集成是指每当开发人员提交一次变动，就立刻进行构建、自动化测试，确保业务应用和服务能符合预期，从而可以确定新代码和原有代码能否正确地集成在一起。持续交付是软件发布能力，是在持续集成完成之后，达到能够将系统发布到生产环境的条件。持续部署是指使用完全的自动化过程来把每个变更自动提交到测试环境，然后将应用安全部署到产品环境，打通开发、测试、生产的各个环节，自动持续、增量地交付产品，也是大量产品追求的最终目的。当然，在实际运行过程中，有些产品会增加灰度发布等环境。总之，它更多是代表一种软件交付的能力。

1.2.4　DevOps

DevOps 如果从字面上来理解只是 Dev（开发人员）+Ops（运维人员），实际上它是一组过程、方法与系统的统称，其概念从 2009 年首次提出发展到现在，内容非常丰富，有理论也有实践，包括组织文化、自动化、精益、反馈和分享等不同方面：① 组织架构、企业文化与理念等，需要自上而下设计，用于促进开发部门、运维部门和质量保障部门之间的沟通、协作与整合，简单而言组织形式类似于系统分层设计；② 自动是指所有的操作都不需要人工参与，全部依赖系统自动完成，比如上述的持续交付过程必须自动化才有可能完成快速迭代；③ DevOps 的起因是 IT 行业渐渐意识到，如果要准时交付软件产品或者服务，开发部、运维部必须紧密合作。总之，DevOps 提倡的是高效组织团队之间的合作，通过自动化软件协作，完成软件的生命周期管理，目的是迅速频繁地交付应用软件。

1.2.5　微服务

随着企业的发展，传统业务架构面临着很多问题：① 单体架构在需求越来越多时无法满足其变更要求，因此开发人员对大量代码进行变更会越来越困难，同时也无法很好地评估风险，造成迭代速度慢；② 系统经常会因为某处业务的瓶颈导致整个业务瘫痪，架构无法扩展，木桶效应严重，无法满足业务的可用性要求；③ 整体效率低下，无法很好地利用资源，存在大量的浪费。因此，架构迫切需要进行改变。随着大量开源技术的成熟和云计算的发展，服务化的改造应运而生，微服务架构设计风格随之涌现，最有代表性的是 Netfix 公司。它是国外最早基于云进行服务化架构改造的公司，2008 年因为全站瘫痪被迫停业 3 天后，通过改造实现了从单体架构到微服务全球化的变迁，满足了业务的千倍增长，并产生了一系列的最佳实践。

随着微服务化架构的优势展现和快速发展，2013 年，Martin Flower 对微服务概念进行了比较系统的理论阐述，总结了相关的技术特征。微服务是一种架构风格，也是一种服务；微服务的颗粒比较小，一个大型复杂软件应用由多个微服务组成，比如 Netfix 目前由 500 多个的微服务组成；它采用 Unix 设计哲学，单个微服务只做一件事，是完全解耦并且可以被独立开发和部署的服务。

由微服务的定义分析可知，一个微服务基本是一个能独立发布的应用服务，因此可以作为独立组件升级、灰度或复用等，对整个大应用的影响较小。每个服务可以由专门的组织来单独完成，依赖方只要定好输入和输出即可完成开发，甚至整个团队的组织架构也会更精简，因此沟通成本低、效率高。根据业务需求，不同的服务可以根据业务特性进行不同的技术选型，不管是计算密集型还是 I/O 密集型应用都可以依赖不同的语言编程模型或者运行软件，各团队可以根据本身的特色独自运作。

微服务架构确实有很多优势，但它的引入也是有成本的，会带来更多技术挑战，比如性能延迟、分布式事务、集成测试、故障诊断等，企业需要根据业务不同阶段进行合理引入。

1.3 工具链

工具链是通过一系列软件组件构建成一套完整的串行流水线，如通过 Gitlab 进行文本、程序包的存储，用 Jenkins 执行配置流程，使用 Git、DockerBuild、SSH 等工具进行相互配合，最后通过 Helm 模板引擎部署系统，形成一套完整的部署流程工具链。

1.3.1 Gitlab

Gitlab 是一个代码仓库管理系统的开源项目，它与 Github 功能相似，可以查看源代码、维护缺陷、注释，能够管理团队对 Gitlab 仓库的使用，能够浏览提交过的版本并提供一个文件历史库。团队成员可以通过 Gitlab 进行交流。它还提供代码片段收集功能，能够实现代码复用。

Git 是一个分布式版本控制系统，是用来追踪计算机文件变化的工具，也是一个供多人使用的协同工具，被用来从 Gitlab 下拉、推送和合并程序代码。简单来说，就是多人一起完成一项任务，但是他们之间要互相交换修改，查看自己的历史版本等，这些需要版本控制系统助其实现。由于 Git 是一个分布式文件控制系统，所以一般采用一个服务器方便大家交换修改。每个人本地都有一个版本库，保存自己的历史版本，每个人可以把各自修改的内容提交到服务器，其他人就可以获取到修改内容。因此，Git 的版本库（Repository）对于每个人来说有两个，一个是远程的，一个是本地的。

1.3.1.1 Gitlab 的由来

Git 的诞生源于开发人员对传统集中式版本控制系统升级发展，Git 是分布式的，而传统的版本控制系统（如 SVN）是集中式的。分布式带来的好处是开发人员可以离线进行版本管理。每一个客户端计算机上都有本地仓库，离线状态下也可以提交，可以查看历史版本记录，进行创建项目分支等操作，互联网连接之后，再 Push 到 Server 端。Git 内容存储使用的是哈希算法，完整性要好于 SVN，在遇到磁盘故障和网络问题时，对版本库的破坏性小很多。

GitLab 和 GitHub 一样属于第三方基于 Git 开发的作品，免费且开源，基于 MIT 协议，与 Github 类似，可以注册用户，任意提交代码，添加 SSHKey 等。不同的是，GitLab 可以部署到自己的服务器上，适合团队内部协作开发。简单来说可以把 GitLab 看作个人版的 GitHub。

1.3.1.2 Gitlab 的目标

Gitlab 是 Git 服务端的集成管理平台，提供的服务包括：
（1）代码托管服务。
（2）访问权限控制。
（3）问题跟踪，Bug 记录、跟踪和讨论。
（4）管理项目说明和文档。
（5）代码审查，可以查看、评论代码。

1.3.1.3　Gitlab 的特点

Gitlab 是版本管理、代码审核、任务管理、项目管理、持续集成五合一的平台。它主要用 yml 类型文件来配置，其优点是：① 缓存，缓存是通过键值来提取的，可以使用系统变量来配置是某一个分支缓存还是某一个提交缓存，避免每次都要进行重复性劳动，同时避免缓存过期；② 使用标签（label），label 非常好用，如果每个人对自己的任务用一个简洁易懂的 label 描述，团队其他人就能清楚地了解这是一件什么事，它进行到哪一步了；③ 配置提交格式，Gitlab 对 commit message 是可以配置格式的，统一的格式可以减少复杂度，增强可理解性；④ 在一个 job 里面做尽可能多的事情，每一个 job 都需要准备时间，可能还要保存缓存和提取缓存，如果 job 少了，花费时间就少了。

1.3.2　Jenkins

组件 Jenkins 是个可扩展的持续集成引擎，主要用来持续构建系统，测试软件系统。Jenkins 的特性有：

（1）易安装，只要把 Jenkins 部署包到 Web 容器，可以选择使用数据库，也可以不使用数据库，方便灵活。

（2）易配置，所有配置都是通过 Web 界面实现。

（3）多节点集群部署，可以并行持续构建、单元测试等。

（4）Jenkins 可以查看构建历史，查看每次构建的应用程序包。

（5）支持扩展插件，可以开发自定义插件。

1.3.2.1　Jenkins 的由来

目前持续集成已成为许多软件开发团队在整个软件开发生命周期内用于保证代码质量的正常做法，它主要用来稳固软件的构建过程，而且能够帮助开发团队应对如下挑战：

（1）应用组件自动化构建。通过配置，持续集成 Jenkins 系统会根据配置模板制定的执行计划构建系统。

（2）自动化测试构建检查。开发人员会根据代码的不断更新，结合 Jenkins 的配置，每次修改代码都可以持续构建系统，开发人员不需要长时间等待构建时间，节约时间。

（3）实现自动化测试。配置单元测试或者测试规则，点击构建测试，将测试结果推送给配置管理员。

（4）实现管道流水线的自动化过程。当代码从代码仓库中拉下来后，通过 maven、ant 等编译工具构建系统，生成应用包，构建软件并集成部署插件，部署系统，完成整个流水线的自动化。

1.3.2.2　Jenkins 的目标

Jenkins 的主要目标是管理软件的持续构建部署流程，节约开发人员的时间，提高开发人员的效率，保证业务系统。

持续集成系统能够通过不断地构建系统软件，高效迅速反应结果，并且通过插件机制，能够很方便地集成各种插件，如 SSH 部署插件、自动化测试插件、Docker 插件，可扩展性非常强，适合配置不同的构建情况，大大提高了开发人员、运维人员的生产效率。

1.3.2.3 Jenkins 的特点

（1）Jenkins 配置简单，所有的配置都是在 Web 界面上完成的。Jenkins 也可以通过修改 XML 进行配置，配置的参数或者变量作为全局变量供所有任务使用。

（2）Jenkins 支持 Maven 类型的模块（Module），能够自识别模块，每个模块可以配置成一个 job，相当灵活。

（3）Jenkins 能够聚合测试报告，结果很清晰。

（4）Jenkins 的每次构建结果能够统一自动管理，不需要任何配置就可以方便浏览和下载。

1.3.3 Helm

Helm 是类似于 CentOS 的 YUM 包管理、Ubuntu 的 APT 包管理工具，用来管理 Kubernetes 上应用部署的脚本。它能够把创建一个应用所需的所有 Kubernetes API 对象声明文件组合并打包在一起，并提供仓库的机制便于分发共享。支持模板变量替换，还具有版本的概念，使之能够对一个应用进行版本管理。

1.3.3.1 Helm 的由来

Helm 是一个用于 Kubernetes 应用的包管理工具，主要用来管理部署包。Helm 部署包是用来封装 Kubernetes 原生应用程序的一系列 yaml 文件。

1.3.3.2 Helm 的目标

Helm 希望一个 chart 能包含某个应用所需的全部基础组件依赖，比如 wordpress 应用，chart 包中包含了 PHP、MySQL 等相关基础组件依赖，这样就可以通过 Helm 一键安装。

使用 Helm 的目的是为了管理服务间的依赖，而不是基础组件的依赖。

1.3.3.3 Helm 的特点

Helm 把零散的 Kubernetes 应用配置文件作为一个部署模板包管理，部署模板包源码可以和源代码一起放到 Git 库中管理。通过把部署模板参数化，可以在测试环境和生产环境采用不同的部署模板参数配置。

2

OpenStack 架构和原理

OpenStack 是一个开源的云计算管理平台项目，是一系列软件开源项目的组合，是由美国国家航空航天局（National Aeronautics and Space Administration，NASA）和 Rackspace（全球三大云计算中心之一，1998 年成立，是一家全球领先的托管服务器及云计算提供商）合作研发，以 Apache 许可证（Apache 软件基金会发布的一个自由软件许可证）授权的开源代码项目。

本章主要介绍 Openstack 的背景、架构模型，其中包括了 Openstack 的主要核心模型计算管理（Nova）、存储管理（Cinder）、网络管理（Neutron）、镜像仓库（Glance）等功能。

2.1 背景介绍

OpenStack 平台是一个开源的云计算管理平台，平台本身包括多个组件，匹配很多类型的云环境，主要特点是实施简单、扩展方便、组件丰富、标准统一。OpenStack 提供了基础设施层的组件，每个组件通过 HTTP 的协议暴露出 API 接口，供其他组件使用。

OpenStack 主要组件包括计算服务、认证服务、镜像服务、网络服务、仪表板、对象存储和块存储。

OpenStack 组件的 API 结果都是以 REST 形态实现的，图 2-1 为 OpenStack 的架构，是一个官方标准的项目集成架构。客户可以根据公司基础设施云平台需求选择合适的组件搭建 IaaS 层的云计算平台。

OpenStack 项目是多个组件组成的一个整体，每个组件通过 API 的 Rest 接口通信，也可以通过消息组件 MQ 进行消息传递，提供组件之间的通信性能。用户可以选择性地组合 OpenStack 小组件，如计算组件、存储组件、网络组件，镜像仓库，这些组件相互独立，共同支撑了整个平台的业务。

OpenStack 是一个分布式的构架系统，组件是高可用架构，每个组件可以单独部署，也可以组合部署，灵活性非常高。

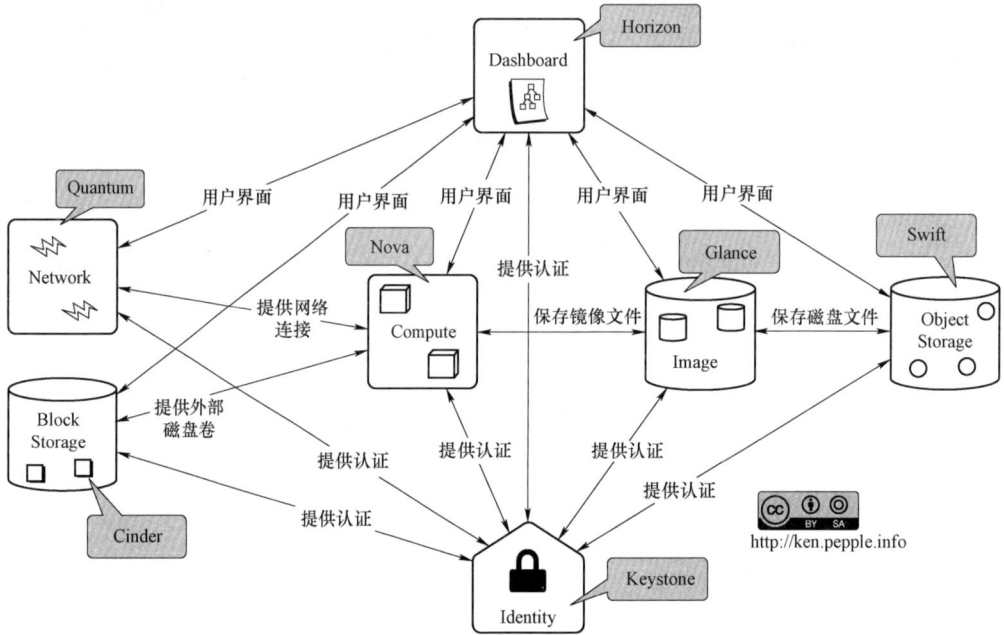

图 2-1 OpenStack 架构

2.2 架构模型及原理

2.2.1 计算管理（Nova）

Nova 是 OpenStack 云平台组件的计算控制节点，可以对虚拟机的实例进行 CURD 的操作。Nova 功能是管理实例、计算资源、管理网络、通过 API 接口相互调用，服务和组件间的通信都是松耦合。

Nova 服务架构图如图 2-2 所示。

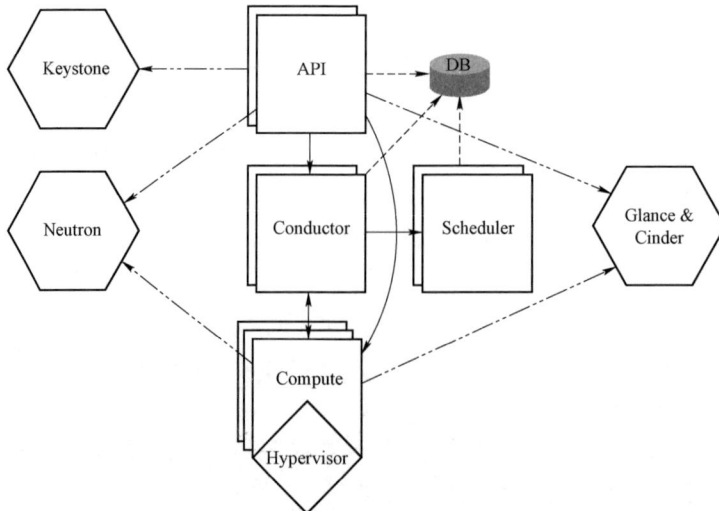

图 2-2 Nova 服务架构图

（1）Nova API：HTTP 服务，用于处理客户端发送的 HTTP 请求。

（2）Nova Compute：Nova 组件中最重要的服务，实现管理虚拟机的功能。实现了在计算节点上创建、启停、关闭、删除虚拟机。

（3）Nova Cert：用于管理证书，为了兼容 AWS，提供统一的标准，便于应用系统的接入。

（4）Nova Conductor：RPC 服务，主要提供数据库查询功能。

（5）Nova Scheduler：调度服务，根据调度策略，决定虚拟机实例创建在哪台物理服务器上。

（6）Rabbit MQ Server：组件之间以消息组件 MQ 传递消息。Nova 使用异步通信通信机制，发出请求之后，能够立即得到初始响应，而实际的数据响应是异步通过 MQ 获取之后进行处理。

（7）Nova Console、Nova Consoleauth、Nova VNCProxy：Nova 控制台子服务。功能是通过 Web 页面，使用代理 SSH 访问虚拟机实例控制台。

（8）nova-volume：是对持久化的虚拟机磁盘进行操作，包括新增、挂载等。Volume 的职责包括创建硬盘、删除硬盘、扩容缩容硬盘和为虚拟机增加块设备存储。Nova 工作流程运行架构如图 2-3 所示。

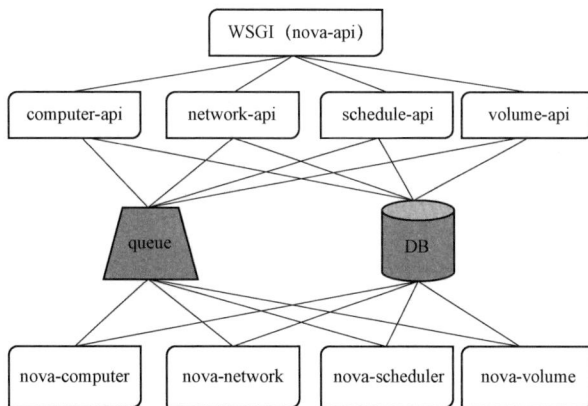

图 2-3　Nova 工作流程运行架构

Nova 各个子模块通过标准的 API 接口相互调用，接口数据存储在数据库 DB 中，组件之间的通信使用消息组件 MQ 传递，如果组件 A 调用无法直接调用组件 C，要通过组件 A→B，B→C 进行调用，这样做的直接目的是为了解耦。

以创建虚拟机为例，其调用流程如下：

（1）调用 nova-api 创建虚拟机的接口，nova-api 对参数进行解析、初步合法性校验。

（2）调用 compute-api 创建虚拟机接口，将创建虚拟机的请求封包成消息包发送消息队列。

（3）nova-scheduer 订阅了消息队列的内容，收到消息响应，根据请求的虚拟资源在物理机上创建虚拟机。

（4）nova-computer 通过调用网络组件分配网络地址 IP 信息。

（5）nova-network 接到 MQ 的消息后，从数据库 IP 表中搜索可用的 IP 地址，根据私网资源池，结合 DHCP，实现 IP 分配。

（6）nova-computer 通过请求 volume-api 存储接口，创建存储，挂载到所创建的虚拟机中。

2.2.2　存储管理（Cinder）

Cinder 提供对 volume 从创建到删除的整个生命周期管理，从实例的角度看，挂载的每一个 volume 都是一块虚拟硬盘。

OpenStack 的一些早期版本使用 nova-volume 为云平台虚拟机提供持久性块存储。从 F 版本后，就把 Nova 组成部分的 nova-volume 分离了出来，形成独立的 Cinder 组件。Cinder 主要组件如下：

（1）cinder-api：负责接收、处理外界 API 请求，根据 MQ 消息队列的请求执行存储相关的操作。

（2）cinder-volume：存储节点上面的服务，用于管理存储空间，主要执行卷管理相关的功能，和存储的提供者合作使用。

每个存储节点都会运行一个卷服务，所有存储节点卷的集合就是存储池。

（3）cinder-scheduler：Cinder 的子服务通过消息队列实现进程间通信、相互协作。有了消息队列，子服务之间实现了解耦，这种松散架构也是分布式系统的一个重要特征。

（4）Database：Cinder 有一些数据需要存放到 MySQL 数据库中，数据库可以安装在控制节点上的。

以 Cinder 为例，存储节点支持多种 volume provider，包括 LVM、NFS、Ceph、GlusterFS，以及 EMC、IBM 等商业存储系统。cinder-volume 是标准的接口，volume provider 是 cinder-volume 的实现，然后以驱动的方式对接 Openstack。图 2-4 是 cinder driver 的架构示意图。

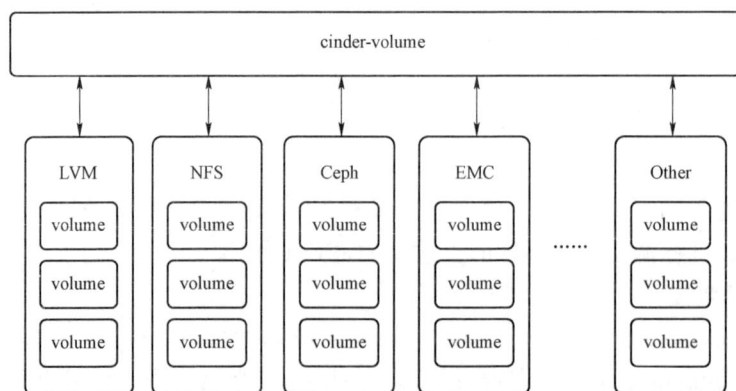

图 2-4　cinder driver 架构示意图

在 cinder-volume 的配置文件/etc/cinder/cinder.conf 中，volume_driver 配置项定义该存储节点使用哪种 volume provider 的驱动，比如使用 LVM，进行如下设置：

```
volume_driver = cinder.volume.drivers.lvm.LVMVolumeDrive
```

Volume 最主要的用途是作为虚拟硬盘提供给 instance 使用。Volume 通过 Attach 操作挂载到 instance 上。

每个 volume 实际上是存储节点 VG 中的一个 LV，通常情况存储节点和计算节点是不同的物理节点，通过使用 iSCSI 将存储节点上本地的 LV 挂载到计算节点的 instance 上。SCSI 是 Client-Server 架构，有 target 和 initiator 两个术语。

（1）Target：提供 iSCSI 存储资源的设备，简单地说就是 iSCSI 服务器。

（2）Initiator：使用 iSCSI 存储资源的设备，也就是 iSCSI 客户端。

Initiator 需要与 Target 建立 iSCSI 连接，执行 login 操作，然后就可以使用 Target 的块存储设备。

Target 提供的块存储设备支持多种实现方式，本书实验环境中使用的是 LV。

Cinder 的存储节点 cinder-volume 默认使用 tgt 软件来管理和监控 iSCSI Target，在计算节点 nova-compute 使用 iscsiadm 执行 initiator 相关操作。

Attach 操作的流程图如图 2-5 所示。

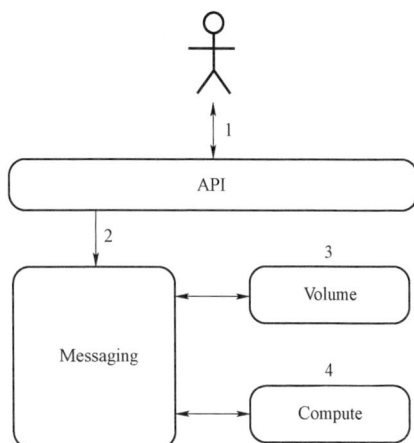

图 2-5　attach 操作流程图

2.2.3　网络管理模块（Neutron）

OpenStack 网络允许创建和管理网络对象，如网络、子网和端口，提供给其他 OpenStack 服务使用，如 Nova 等组件。Neutron 是网络接口模块，可以适配各种网络设备商，该网络模块以 API 的方式对外提供服务，能够配置管理各种网络服务，有 NAT、虚拟专用网络、L3 转发等。具体组件如下：

（1）API 服务：OpenStack 网络 API 接口支持二层网络、IP 地址管理、三层路由器构造扩展，该网络的可扩展性非常高，能够和很多网络设备相互对接。

（2）网络插件：能够提供 IP 寻址功能。

（3）消息队列：接受代理的 RPC 请求以完成 API 操作。消息队列在 ML2 插件中用于保存和传输每个管理程序上的 neutron 服务器和 neutron 代理之间的 RPC 请求，是 openvSwitch 和 Linux 桥的 ML2 机制驱动程序。

要配置丰富的网络拓扑，可以创建和配置网络和子网，并指示其他 OpenStack 服务（如计算）将虚拟设备附加到这些网络上的端口。

OpenStack 的 Neutron 组件为实例提供网络连通性，OpenStack 网络支持拥有多个专用网络的每个租户，并使租户能够选择自己的 IP 寻址方案，即使这些 IP 地址与其他租户使用的协议重叠。Neutron 提供两种类型的网络，租户和管理员网络，作为网络创建过程的一部分，可以在租户之间共享这些类型的网络。

创建单个 Neutron 网络过程如图 2-6 所示：获取可寻址 IP，创建外网和子网，建立路

11

由并且连接租户和外网，创建虚拟机。

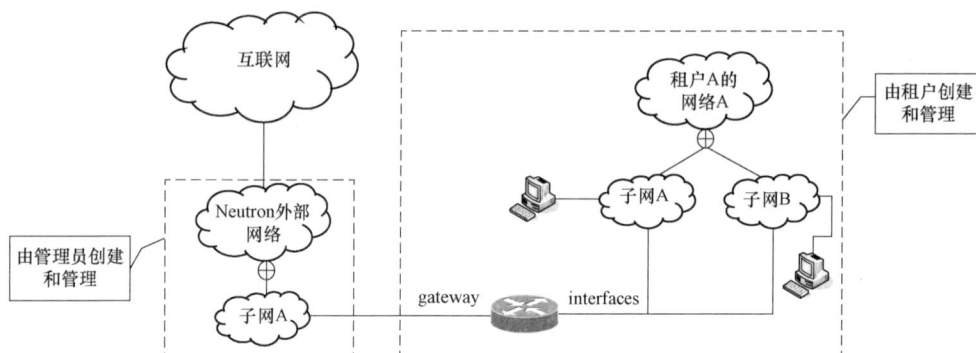

图 2－6　创建单个 Neutron 网络过程

Neutron 的整体网络分为管理网络和外部网络，其中管理网络是组件的内部通信网络，外部网络是互联网可以访问的。

网络模式主要有 Flat、Flat DHCP 和 VLAN 网络三种模式。

（1）Flat 模式。

1）指定一个子网，规定虚拟机能使用的 IP 池。

2）配置网桥，能够在虚拟机实例中共享网络。

3）网络控制器对虚拟机实例进行 NAT 转换，实现与外部的通信。

（2）Flat DHCP 模式。

该模式是在 Flat 模式下面增加了 DHCP 相关的配置信息，能够分配固定 IP，正常释放、回收 IP 资源信息。

（3）VLAN 网络模式。

该模式是默认网络管理模式，通过 VLAN 交换机创建网桥和 VLAN，所有的实例桥接到此 VLAN，每个实例是由 VLAN 分配私有 IP 地址，在一定情况下，该网络模式会创建 VPN 实例信息，用户可以通过 VPN 连接到目标实例中。

2.2.4　镜像仓库模块（Glance）

Glance 是 OpenStack 中的管理镜像的服务，可以用来注册、登录、查询虚拟机镜像，与其他组件的关系如图 2－7 所示。通过 API 接口，搜索镜像元数据，查询镜像存储位置，可以使用类似 Swift 的对象存储组件，默认情况下，上传的虚拟机镜像存储路径为 /var/lib/glance/images/。

glance-api 接受 image API 请求，处理 image 查询和存储等，glance-registry 负责存储、处理和检索 image 的元数据（大小、类型等），使用数据库来存储 image 文件的元数据，支持不同的存储仓库来存储 image 文件，包括 swift、本地磁盘、RADOS 块设备、Amazon S3、HTTP 等。

镜像使用 URL 作为唯一标识。URL 符合的格式：/images/。一般 Glance 部署完毕，OpenStack 默认将用户上传的镜像文件保存在/var/lib/glance/images 中，在这个文件路径下可以查看 Glance 管理的镜像文件。

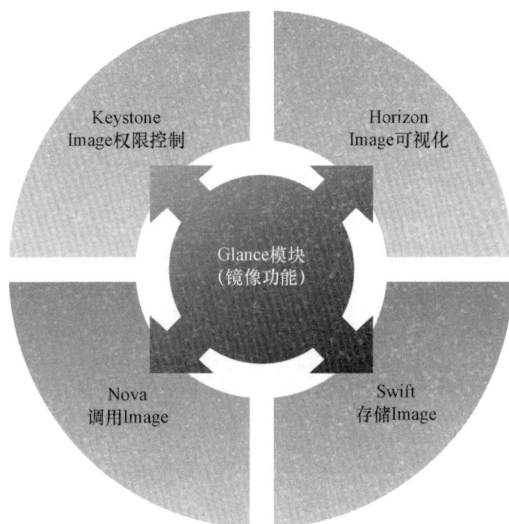

图 2-7　Glance 模块与其他组件关系图

镜像状态是 Glance 管理镜像重要的一个内容，Glance 组件给整个 OpenStack 提供镜像查询和检索，Glance 可以通过虚拟机镜像的状态感知某一镜像的可用状态。一般来讲，OpenStack 中镜像的状态分成以下 6 种：

（1）Queued：Queued 状态是一种初始化镜像状态，镜像文件刚刚创建，在 Glance 数据库中保存镜像标示符，但还没有上传至 Glance，此时的 Glance 对镜像数据没有任何描述，其存储空间为 0。

（2）Saving：Saving 状态是镜像的原始数据在上传中的一种过渡状态，它产生在镜像数据上传至 Glance 的过程中，一般来讲，Glance 收到一个 image 上传请求后，才将镜像上传给 Glance。

（3）Active：Active 状态是镜像成功上传完毕以后的一种状态，它表明 Glance 中可用的镜像。

（4）Killed：Killed 状态出现在镜像上传失败或者镜像文件不可读的情况下，Glance 将镜像状态设置成 Killed。

（5）Deleted：Deleted 状态表明一个镜像文件马上会被删除，只是当前 Glance 仍然保留该镜像文件的相关信息和原始镜像数据。

（6）Pending_delete：Pending_delete 状态类似于 Deleted，虽然此时的镜像文件没有删除，但镜像文件不能恢复。

图 2-8 描述的是 Glance 中镜像文件的状态转换过程，正常情况一个镜像一般会经历 Queued、Saving、Active 和 Deleted 过程，其他几种状态在镜像出现异常的特殊情况才会出现。

13

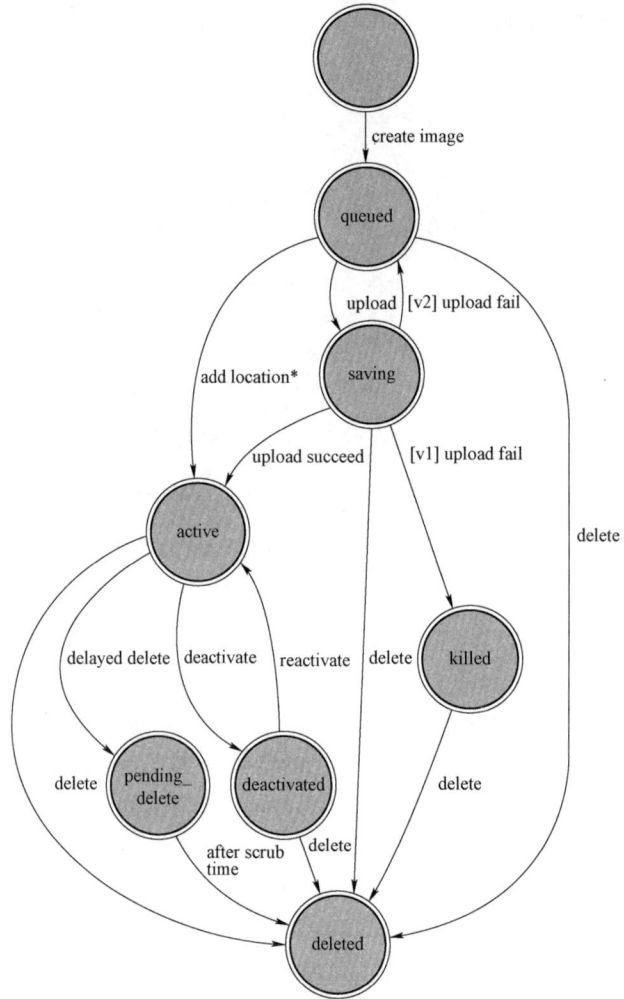

图 2-8　Glance 镜像文件状态转换图

3

Kubernetes 架构和原理

Kubernetes 是一个 Google 开源的容器集群管理系统，可以实现容器集群的编排部署、弹性伸缩、扩容、缩容、监控、健康检查等功能。通过对业务系统容器化改造，将容器镜像以轻量化的方式部署至 Kubernetes 中。国网江苏省信通公司结合江苏自身资源设施，搭建了一套基于 Gitlab、Jenkins、Helm、Kubernete 的江苏国网云平台。本章主要介绍 Kubernetes 的背景、主要架构以及 Kubernetes 的主要核心资源概念容器组、服务、部署、命名空间、标签、任务工作等功能。

3.1 背景介绍

Kubernetes 是一个 Google 开源的容器集群管理系统，可以实现容器集群的编排部署、弹性伸缩、扩容、缩容、监控、健康检查等功能。Kubernetes 的名字来自希腊语，意思是舵手或领航员。Kubernetes 简称 K8s，是将 8 个字母"ubernete"替换为"8"的缩写。

传统的应用部署方式是人工手动部署或者脚本来部署系统，这种部署方式在多环境的情况下，会出现环境变量不对、不同的环境很难排查问题。此外，对于版本更新、回滚、重启等日常正常运行极其不方便，需要投入大量的人力、资源。

Kubernetes 提供容器方式实现部署，支持 Docker 等容器技术，容器的轻量化可以快速创建应用，加快了程序部署速度。不仅应用程序软件包可以创建到镜像中，而且操作系统的环境变量，配置均可创建到镜像中，能够做到多环境部署的无缝迁移。

综上所述，容器具有如下优势：

（1）快速部署应用：只要使用 Docker 技术制作镜像即可使用。

（2）持续开发、集成和部署：提供可靠且频繁的容器镜像构建、部署，并使用快速和简单的回滚（由于镜像不可变性）。

（3）开发和运行相分离：在 build 或者 release 阶段创建容器镜像，使得应用和基础设施解耦。

（4）云平台或其他操作系统：可以在 Ubuntu、RHEL、CoreOS、on-prem、Google Container Engine 或其他任何环境中运行。

（5）分布式、弹性、微服务化：使用微服务架构的系统更适合容器技术，部署极其方便。

3.2 架构模型及原理

Kubernetes 最初源于 Google 内部的大规模容器集群管理系统，提供了面向应用的容器集群部署系统。

Kubernetes 具有服务编排部署、扩容缩容、健康检查、多命名空间和基于 RBAC 的权限安全机制等特性，能够对多主机服务器的资源根据调度策略，实现资源自动调度。对应用服务进行分级管理，对不同级别的系统进行不同程度的管理，满足业务系统稳定性需求，内部集成了 ingress 的负载均衡组件接口，支持 Nginx 等不同的负载均衡软件。

Kubernetes 借鉴了 Borg 的设计理念，比如 pod、Service、Labels 和单 pod 单 IP 等。Kubernetes 整体架构图如图 3－1 所示。

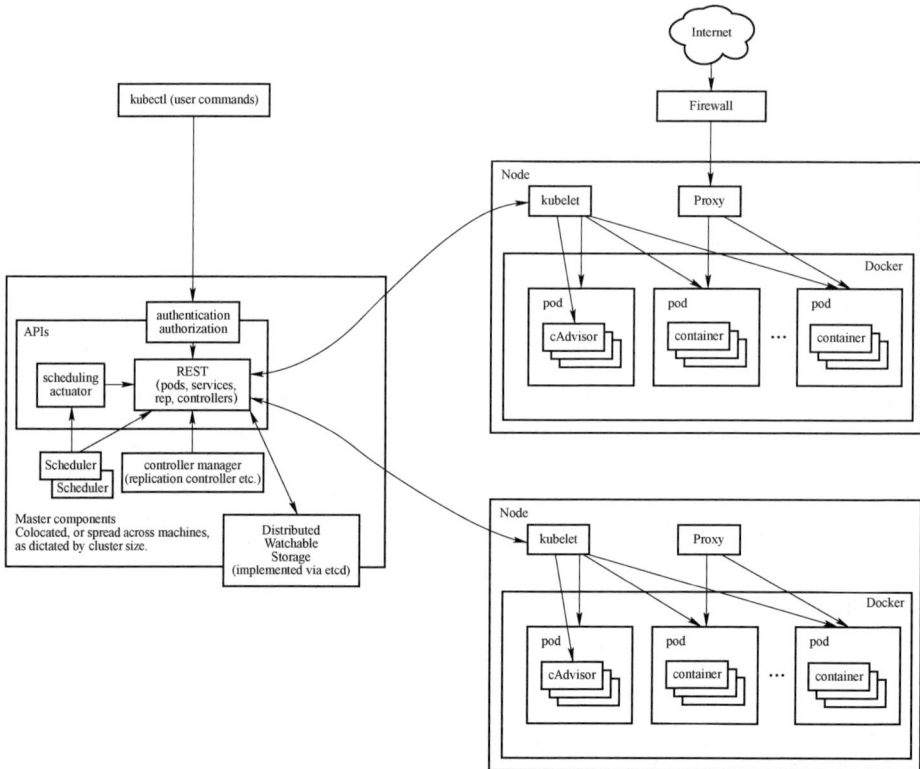

图 3－1 Kubernetes 整体架构图

Kubernetes 主要由以下 6 个核心组件组成：

（1）Etcd：存储集群基础资源数据，如 deploy、svc、pod 等。

（2）Apiserver：K8s 的 master 节点对外提供的 API 入口通道，所有的资源信息都要通过这个 API 接口进行调用。

（3）Controller manager：主要实现健康监测，部署升级，扩容、缩容。

（4）Scheduler：主要实现资源调度，根据设置的调度策略（label、nodeselect 等）将 pod 调度到指定的 node 节点。

（5）Kubelet：主要维护容器的全过程管理，如容器的创建、销毁、重启等功能。

（6）Kube-proxy：主要维护集群内部 service 的负载均衡。

除了核心组件，还有一些推荐的 Add-ons：

（1）Kube-dns：主要负责为整个集群提供 DNS 服务。

（2）Ingress Controller：为服务提供外网入口。

（3）Heapster：提供资源监控。

（4）Dashboard：提供 GUI。

（5）Federation：提供跨可用区的集群。

（6）Fluentd-elasticsearch：提供集群日志采集、存储与查询。

Kubernetes 功能架构如图 3－2 所示。

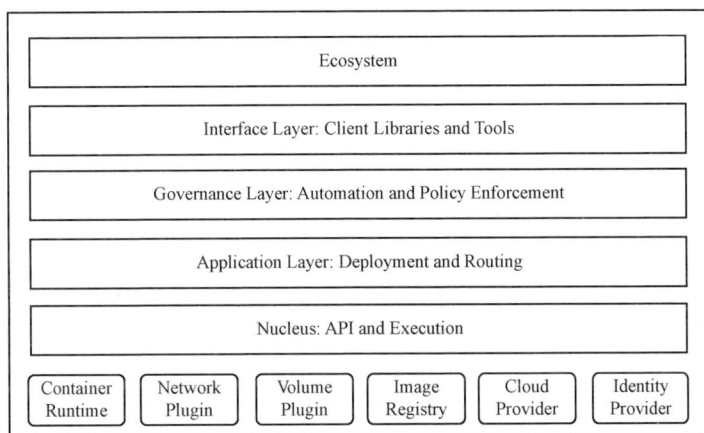

图 3－2　Kubernetes 功能架构

（1）核心层：Kubernetes 核心 API 接口层，K8s 组件内部通过此 API 进行消息传递，接口调用。

（2）应用层：创建各种资源对象如（deployment、service、pod、label、namespace 等）。

（3）接口层：kubectl 命令工具、客户端 SDK、集群联邦。

（4）Kubernetes 外部：日志、监控、配置管理、CI/CD、Workflow、FaaS、OTS 应用、ChatOps 等。

（5）Kubernetes 内部：CRI、CNI、CVI、镜像仓库、Cloud Provider、集群自身的配置和管理等。

3.3　资源对象

3.3.1　容器组（pod）

Pod 是 Kubernetes 最小的基本单位，一个 pod 运行唯一的一个 daemon 进程。

一个 pod 可创建运行一个或者多个容器，一个或者多个存储、一个独立的网络 IP。pod 代表部署的一个 Kubernetes 应用的实例，它可以是由单个容器或多个容器共享组成的资源，处于一个 pod 中的多个容器共享 PID、network、IPC、Volumes。

Pod、容器与 Node（工作主机）之间的关系如图 3－3 所示。

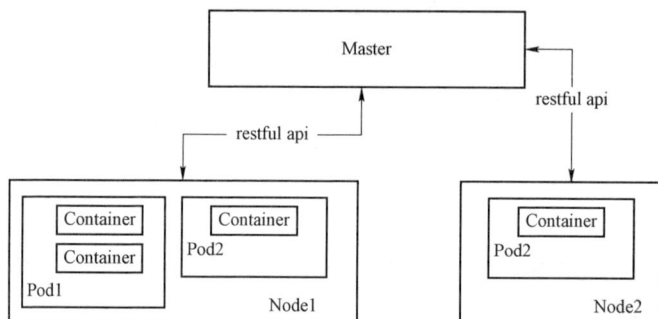

图 3－3　容器组内部示意

3.3.1.1　pod 的定义

通过 yaml 文件或者 json 描述 pod 和其内容器的运行环境、期望状态。例如一个最简单的运行 nginx 应用的 pod，yaml 如下：

```
apiVersion:v1
kind:Pod
metadata:
  name:nginx-image
  labels:
    app:nginx-image
spec:
  containers:
  -name:nginx-iamge
   image:nginx-image
   ports:
   -containerPort:80
```

将上述 pod 描述文件保存为 nginx-pod.yaml，使用 kubectl apply 命令运行 pod：

```
kubectl apply-f nginx-pod.yaml
```

现简要分析一下上述的 pod 定义文件：

（1）ApiVersion：使用哪个版本的 Kubernetes API 来创建此对象。

（2）Kind：要创建的对象类型，例如 pod、Deployment 等。

（3）Metadata：唯一区分对象的元数据，包括 name、UID 和 namespace。

（4）Labels：是一个个的 key/value 对，定义这样的 label 到 pod 后，其他控制器对象可以通过这样的 label 来定位到此 pod，从而对 pod 进行管理（参见 Deployment 等控制器对象）。

（5）Spec：其他描述信息，包含 pod 中运行的容器、容器中运行的应用等。不同类型的对象拥有不同的 spec 定义。

3.3.1.2 pod 的生命周期

pod 的生命周期由 RC 管理。pod 的生命周期过程如下：

（1）可以通过 yaml 或 json 对 pod 进行描述。

（2）Apiserver（运行在 Master 主机）收到创建 pod 的请求后，将此 pod 对象的定义存储在 etcd 中。

（3）Scheduler（运行在 Master 主机）将此 pod 分配到 Node 上运行。

（4）pod 中的全部容器杀掉后，此 pod 死亡。

在 pod 的生命周期中：

（5）Pending：pod 处于容器创建中。

（6）Running：pod 正常运行。

（7）Succeeded：pod 成功运行。

（8）Failed：pod 启动失败。

（9）Unknown：pod 状态未知，无法与 Node 节点通信。

3.3.2 服务（Service 服务）

Kubernetes Service 定义了一种服务访问抽象：一个 pod 的逻辑分组，一种可以访问它们的策略（通常称为微服务）。这一组 pod 能够被 Service 访问到，通常是通过 Label Selector 实现的。

在 Kubernetes 集群中创建了 Endpoints，Service 中的某个 pod 发生变更，应用程序就会被更新。非集群中的应用，Kubernetes 提供基于 VIP 网桥的方式访问 Service，再由 Service 重定向到 backend pod。

一个 Service 在 Kubernetes 中是一个 REST 对象，和 pod 类似。Service 定义可以基于 POST 方式，请求 apiserver 创建新的实例；Service 能够将一个接收端口映射到任意的 targetPort，targetPort 可以是一个字符串，引用 backend pod 的一个端口的名称。Kubernetes Service 能够支持 TCP 和 UDP 协议，默认 TCP 协议。Servcie 抽象了该如何访问 Kubernetes pod，也能够抽象其他类型的 backend。

Kubernetes 解决的另外一个问题就是服务发现。服务发现机制和容器开放访问都是通过 Service 来实现的，Deployment 和 Service 只需要 Label 标签相同就可以关联起来形成负载均衡。基于 Kuberneres 的 DNS 服务，用户只需要访问 Service 的名字，就能以负载的方式访问到各个容器。

Service 有 3 种类型：

（1）ClusterIP：默认类型，自动分配一个仅 cluster 内部可以访问的虚拟 IP 用于内部程序的互相访问，比如 Gitlab 需要访问 Redis 的 postgresql。如果仅仅是内部使用，不需要外部访问，用 ClusterIP 比较合适。

（2）NodePort：在 ClusterIP 基础上为 Service 在每台机器上绑定一个端口，可以通过<NodeIP>：NodePort 来访问该服务。当 Gitlab 需要提供访问，可以使用 NodePort 指定一个端口释放服务，外层负载均衡映射就可以在外部访问，或者直接访问对应的端口。

（3）LoadBalancer：在 NodePort 基础上，借助 cloud provider 创建一个外部负载均衡器，并将请求转发到<NodeIP>：NodePort。LoadBalancer 是 NodePort 的升级版本，相当于和 cloud provider 结合，不需要手动指定。

3.3.2.1　ClusterIp 模式

创建 ClusterIp 模式的 service，通过 selector 选择器，查找 pod 的标签，进行软负载均衡，在集群内部通过 clusterIp 访问 pod 的服务：

```
>vim test-clusterip-service.yaml
apiVersion:v1
kind:Service
metadata:
  name:test-clusterip-service        # 名称
  labels:
    name:test-clusterip-service
spec:
  type:ClusterIP                      # 开发端口的类型
  selector:                           # service 负载的容器需要有同样的 labels
    app:nginx
ports:
-port:80                              # 通过 service 来访问的端口
    targetPort:80                     # 对应容器的端口
kubectl create-f test-clusterip-service.yaml
service "test-clusterip-service" created

kubectl get service
NAME                       TYPE        CLUSTER-IP      EXTERNAL-IP PORT(S)AGE
kubernetes                 ClusterIP   10.43.0.1       <none>443/TCP 12d
test-clusterip-service     ClusterIP   10.43.202.97 <none>80/TCP  18s
```

3.3.2.2　NodePort 模式

NodePort 设计出来的主要目的是方便外部访问：

```
>vim test-nodeport-service.yaml
apiVersion:v1
```

20

```
kind:Service
metadata:
  name:test-nodeport-service              # 名称
  labels:
    name:test-nodeport-service
spec:
  type:NodePort                           # 开发端口的类型
  selector:                               # service 负载的容器需要有同样的 labels
    app:nginx
  ports:
 -port:80                                 # 通过 service 来访问的端口
    targetPort:80                         # 对应容器的端口
    nodePort:30080                        # 对应需要放到宿主机 IP 上的端口
>kubectl create-f test-nodeport-service.yaml
service "test-nodeport-service" created
>kubectl get service
NAME                     TYPE        CLUSTER-IP    EXTERNAL-IP  PORT(S) AGE
kubernetes               ClusterIP   10.43.0.1     <none> 443/TCP 12d
test-clusterip-service   ClusterIP   10.43.202.97  <none> 80/TCP   14m
test-nodeport-service    NodePort    10.43.101.60  <none> 80:30080/TCP 5s
```

此时在宿主机 30080 端口可以访问到两个 Nginx 容器。如果机器绑定了 IP，可以直接访问或者使用负载均衡对外暴露服务。

3.3.2.3　LoadBalancer 模式

在那些支持外部负载均衡器的云上将 type 字段设置成 "LoadBalancer"，可以为 Service 设置一个负载均衡器。该负载均衡器的实际创建是异步进行的，该均衡器会在 Service 的 status.loadBalancer 字段中显示出来。从外部负载均衡器来的流量将会被引到后端的 pod，实现细节还要看云的具体策略。一些云允许指定 loadBalancerIP，此场景下负载均衡器将随用户指定的 loadBalancerIP 一起创建。如果字段 loadBalancerIP 没有指定，该负载均衡器会被指定一个临时 IP；如果指定了 loadBalancerIP 但是云不支持这个特性，这个字段将会被忽略。

3.3.3　部署（Deployment）

Deployment 为 pod 和 ReplicaSet 提供一个声明式定义（declarative）方法，用来替代 ReplicationController 以方便管理与应用。典型的应用场景包括：

（1）定义 Deployment 来创建 pod 和 ReplicaSet。

（2）滚动升级和回滚应用。

（3）扩容和缩容。

（4）暂停和继续 Deployment。

比如，一个简单的 nginx 测试镜像的 deployment 的 yaml 为：

```
apiVersion: extensions/v1beta1
kind: Deployment
metadata:
  name: nginx-deployment-test
spec:
  replicas: 3
  template:
    metadata:
      labels:
        app: nginx-image-test
    spec:
    containers:
    - name: nginx-test
      image: nginx:1.8.1
      ports:
      - containerPort: 80
```

扩容：

```
kubectl scale deployment nginx-deployment--replicas 10
```

如果集群支持 horizontal pod autoscaling 的话，还可以为 Deployment 设置自动扩展：

```
kubectl autoscale deployment nginx-deployment--min = 10--max = 15-- cpu-
percent = 80
```

镜像更新为：

```
kubectl set image deployment/nginx-deployment nginx = nginx:1.9.1
```

回滚：

```
kubectl rollout undo deployment/nginx-deployment
```

Deployment 为 pod 和 Replica Set（下一代 Replication Controller）提供声明式更新。用户可以定义一个全新的 Deployment，也可以创建一个新的替换旧的。一个典型的用例如下：

（1）使用 Deployment 创建 ReplicaSet，ReplicaSet 在后台创建 pod。检查启动状态，确认成功与否。

（2）更新 Deployment 的 PodTemplateSpec 字段来声明 pod 的新状态。这将创建一个新的 ReplicaSet，Deployment 将 pod 从旧的 ReplicaSet 移动到新的 ReplicaSet。

（3）如果当前状态不稳定，回滚到之前的 Deployment revision。每次回滚都会更新 Deployment 的 revision。

（4）扩容 Deployment 以满足更高的负载。

（5）暂停 Deployment 来应用 PodTemplateSpec 的多个修复，然后恢复上线。

（6）根据 Deployment 的状态判断是否正常上线。

（7）清除旧的不必要的 ReplicaSet。

3.3.4 命名空间（Namespace）

Namespace 是 Kubernetes 系统中一个非常重要的概念，Namespace 主要用于实现多租户间的资源隔离。将在集群中的资源对象部署到不同的命名空间下，可以做到逻辑上面的隔离，如按照管理上的业务域的划分或者多环境的划分，配合 RBAC 机制，实现多命名空间共享平台资源。

常见的 pod、service、replication controller 和 deployment 等都属于某一个 namespace（默认是 default），而 node、persistent volume 等资源则不属于任何 namespace。

```
$ kubectl get namespaces
NAME            STATUS      AGE
default         Active      1d
kube-system     Active      1d
kube-public     Active      1d
```

通过上述命令，可以查看到 Kubernetes 初始化的三个 Namespace：

（1）default：所有未指定 Namespace 的对象都会被分配在 default 命名空间。

（2）kube-system：所有由 Kubernetes 系统创建的资源都处于这个命名空间。

（3）kube-public：此命名空间下的资源可以被所有人访问（包括未认证用户）。

3.3.5 标签（Label）

Label 是 Kubernetes 资源中基础概念，以键值对的形式可以追加到任何资源对象上，例如 pod、Service、Node、RC 等。Label 能够在资源整个生命周期中进行增加和修改。Label 的最常见用法是通过 spec.selector 来引用对象。

通常使用 metadata.labels 字段来为对象添加 Label，Label 可以有多个。一个简单的例子如下：

```
apiVersion:v1
kind:Pod
metadata:
  name:nginx
```

```
    labels:
      app:nginx
      release:stable
  spec:
    containers:
    -name:nginx
      image:nginx
      ports:
      -containerPort:80
```

上面的描述文件为名为 nginx 的 pod 添加了两个 Label，分别为 app：nginx 和 release：stable。

一般来说，要对资源对象定义多个 Label，在业务上面进行区分。例如：部署不同版本的应用到不同的环境中；或者监控和分析应用（日志记录、监控、报警等）。通过多个 Label 的设置，就可以多维度对 pod 或其他对象进行精细化管理。一些常用的 Label 示例如下：

```
relase:stable
release:canary
environment:dev
environemnt:qa
environment:production
tier:frontend
tier:backend
tier:middleware
```

带有 Label 的对象创建之后，可以通过 Label Selector 来引用这些对象。

通常通过描述文件中 spec.selector 字段来指定 Label，Kubernetes 寻找到所有包含指定 Label 的对象进行管理。Kubernetes 目前支持两种类型的 Label Selector：

（1）基于等式的 Selector（Equality-based）。

（2）基于集合的 Selector（Set-based）。

3.3.6　任务工作（DeamonSet）

DaemonSet 确保全部（或者一些）Node 上运行一个 pod 的副本。当有 Node 加入集群时，为他们新增一个 pod；当有 Node 从集群移除时，这些 pod 会被回收。删除 DaemonSet 将会删除它创建的所有 pod。

一个简单的用法是所有的 Node 上都存在一个 DaemonSet，作为每种类型的 daemon 使用。稍微复杂的用法，是对单独的每种类型 daemon 使用多个 DaemonSet 但具有不同的标志，或对不同硬件类型有不同的内存、CPU 要求。

4

企业级云架构部署

很多企业在转型过程中面临的一个重要问题就是基础云平台的架构规划和部署。本章重点讲述在转型过程中如何保证规划设计的数据完整性，针对不同业务系统和应用的特点如何选择云平台。本章详细介绍企业级云平台的规划、需求、应用全生命周期需求管理、服务支持需求管理，以及 OpenStack 和 Kubernetes 云平台的部署、故障恢复的具体步骤。

4.1 架构综述

针对数据中心承载信息系统的基础资源分散、部署运维自动化程度低、信息设备依赖程度大等问题，将基础设施、数据、服务、应用等 IT 资源进行一体化管理，构建企业私有云生态，实现数据资产集中管理、数据资源充分共享、信息服务按需获取、信息系统安全可靠的新型数据中心。同时，随着近年 AR、VR、无人机、无人驾驶、智慧终端等应用场景的出现，电信运营商和云服务提供商纷纷在 5G、边缘计算、物联网技术投入人力物力开展系统架构、应用开发、运维管理方面研发。各行业通过将数字技术与实体经济深度融合，不断提高实体产业数字化、智能化水平，加速云计算、大数据、人工智能高速发展。其中企业私有云平台不仅仅作为基础设施提供计算、存储和网络等服务，更重要的是对应用提供整个全生命周期的闭环管理，灵活定义服务需求，在此基础上协同数据或者 AI 组件，提供大数据分析和 AI 所需的核心分析能力。

4.1.1 云平台规划

在云平台生态建设规划中，需要同时考虑到不同用户多场景使用需求。业务部门希望能够满足经营管理、生产调度、项目建设等业务需求；开发单位希望云平台能够提供应用开发平台或框架需求；运维单位则希望能提升信息存储、传输、集成、共享等服务水平，降低运维成本。因此，整个平台可以分为云平台服务、应用全生命周期管理、服务支持管理三个方面规划建设，云平台服务包括 IaaS、PaaS 和 SaaS 服务。云上应用全生命周期管理是采用一组工具如 CI/CD 工具 jenkins、仓库工具 GitLab、自动化工具 Ansible，对业务系统进行一键发布、更新、删除等操作。云上支持服务管理是为了使平台运行更好更稳定而建设的一些管理功能，例如平台和服务的监控、日志数据分析、应用服务调用跟踪、云安全管控等。通过这些功能协调配合，支撑云平台的良好运行，如图 4-1 所示。

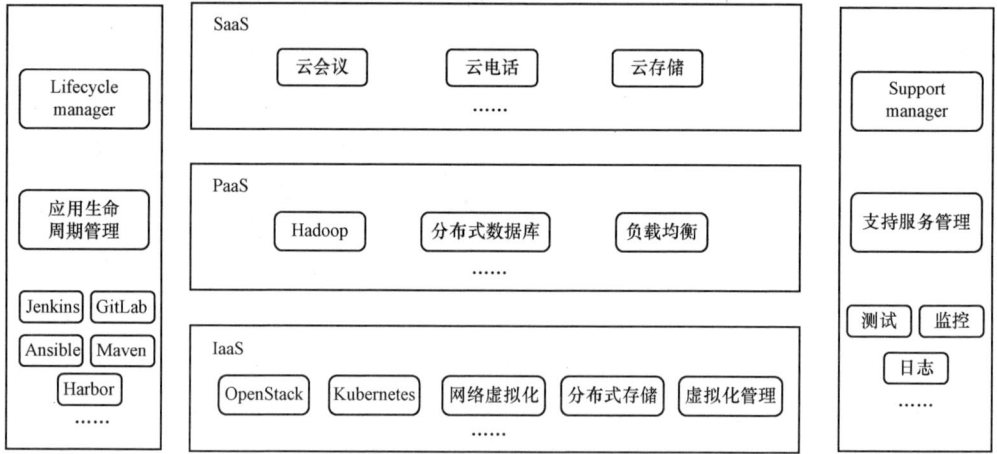

图 4-1 云平台规划示意图

4.1.2 云平台需求

考虑到基础资源分散、部署运维自动化程度低、信息设备依赖程度大等问题，云平台需提升信息存储、传输、集成、共享等服务水平。在实际的数据中心，业务系统只有通过测试环境进行上线前的功能和性能测试，才能在生产环境中部署，所以云平台应能划分测试环境和生产环境。根据信息系统安全保护等级划分标准，业务系统依据重要性的不同划分为不同的保护等级，不同等级的系统需要进行安全隔离。

根据业务系统部署要求的不同，云平台可以以虚拟机或者容器形式提供资源。在实际运维中，考虑到云平台的高可靠性要求，需要对云平台的物理设备进行跨域分布、云平台的业务系统进行多节点多平台部署、从底层到上层对业务系统进行高可靠性架构规划。因此，云平台架构设计需要从生产测试环境、安全等、高可靠性等要求角度出发，规划一体化多实例云管理架构，提供基础设施服务。

图 4-2 是一种典型的云平台架构。其中，由 VMware 商业软件和 OpenStack 开源软件提供虚拟机资源，Kubernetes 开源软件提供容器资源。运维平台对用户提供统一的管理入口，能对 VMware、OpenStack 和 Kubernetes 进行资源服务调用，并且为用户提供业务系统的一键部署、服务监控和配置管理等服务。

如图 4-3 所示，在机房 A 和机房 B 分别部署了 OpenStack 和 Kubernetes 二级和三级等保域，相同等保域的资源规模相当。通过对云实例冗余建设，提高云服务的可用性；在单个云实例中，控制节点分布在不同机架中，提高单个云实例的可靠性；应用资源分配时，将节点分布在不同云实例中，提高对外服务的连续性。

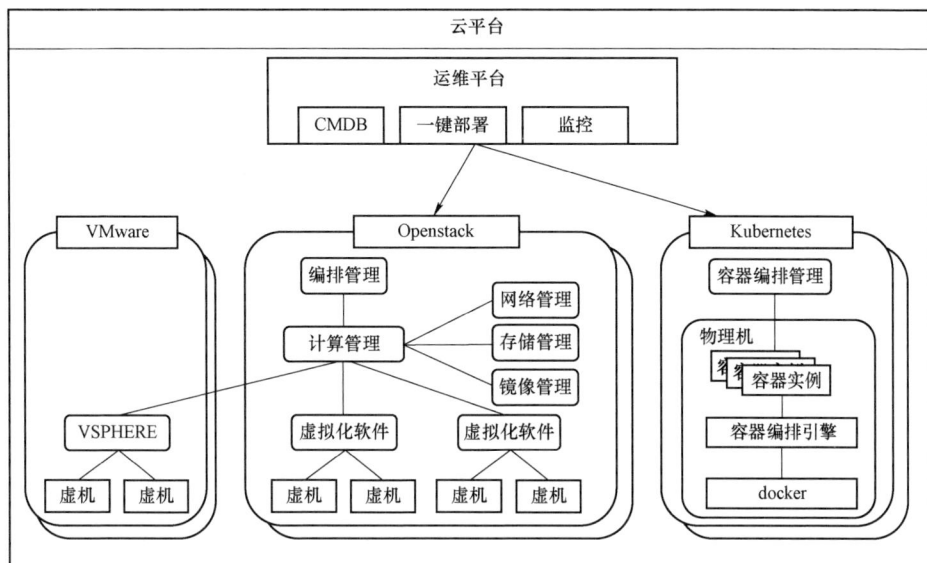

图 4-2 电网企业云平台架构

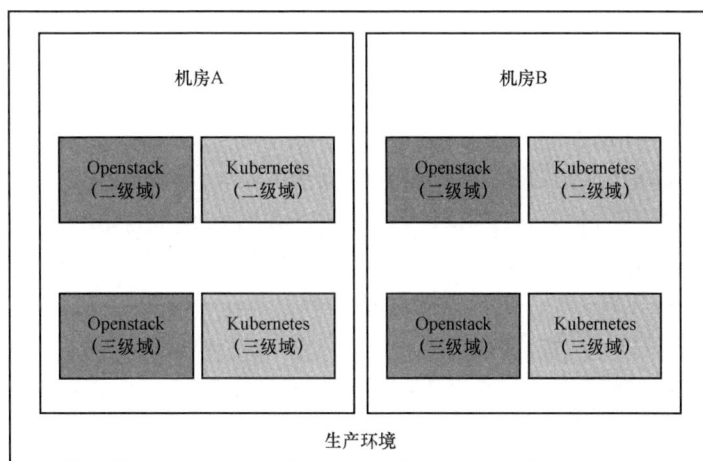

图 4-3 省级电网云部署示意

4.1.3 应用全生命周期管理需求

互联网时代，企业的业务系统需要快速迭代，但是传统数据基础设施中系统很难实现持续集成和持续交付（CI/CD）。云环境，特别是容器技术，由于调度资源的粒度小，很容易完成资源的分配和弹性伸缩，业务系统从上线准备、系统部署、系统运行、系统检修、应急处置和系统下线全生命周期管理可以快速自动完成。常用的有持续集成工具 jenkins、软件仓库管理工具 gitlab、容器镜像仓库管理工具 harbor、自动化运维工具 ansible，如果要额外配置平台监控和日志采集功能，需要联合使用表 4-1 所示的工具集。通过组合使用这些工具，用户将业务系统的软件包上传到 gitlab 中，jenkins 从仓库取出程序包，分析环境参数和依赖文件，然后发送给 ansible 自动化部署工具，最终在云环境中完成系统部署或更新，如图 4-4 所示。

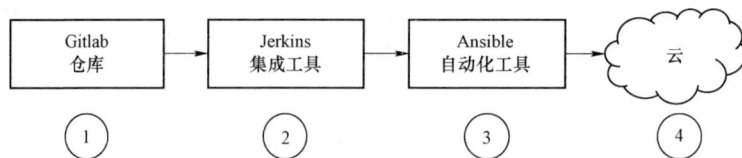

图 4-4　devops 流程示意

表 4-1 Devops 工 具 链

工具名称	工具作用
可视化工具 Grafana	监控指标度量分析与可视化套件，对云平台和应用服务运行情况进行实时展示
监控工具 Prometheus	系统监控报警框架，对云平台和应用服务进行状态信息采集、存储和发送
日志采集工具 Fluent	日志采集工具，对云平台中的容器应用进行日志采集
日志分析工具 Elasticsearch	实时日志存储、搜索和分析工具，对云采集来的日志集中进行处理
日志可视化工具 Kibana	日志分析和可视化平台，对云平台和应用服务的日志信息进行可视化展示
跟踪系统 Opentracing	应用服务调用跟踪系统，对云平台应用服务调用情况进行跟踪统计

4.1.4　服务支持需求管理

一套云平台服务能够稳定可靠提供服务，需要实时监控云平台和云上应用的运行状态、保存运行日志、分析日志数据、指导问题处置和运行方式的变更。云平台本身的功能和性能，也要定期进行健康检查测试，查看是否持续提供优秀的计算、存储和网络服务，排除由于平台原因可能给应用带来的性能影响。图 4-5 是针对云平台进行运行状态检查的综合测试平台架构，它包括了云环境、工具箱、平台层和服务层 4 个层面，如图 4-5 所示。

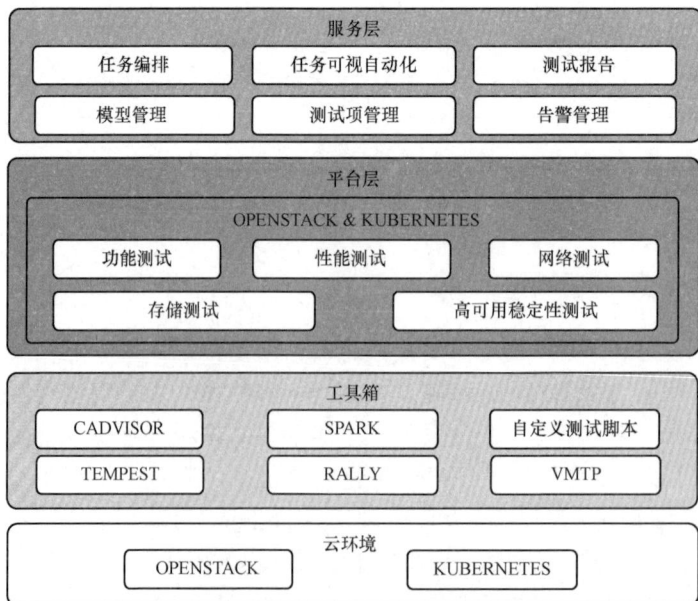

图 4-5　综合测试平台架构示意

此外，安全也是云平台规划建设重要考虑的问题。针对云计算服务模式和资源池的特征，云安全继承了传统信息安全特点，更凸显了传统信息安全在数据管理、共享虚拟安全、安全管理等方面面临的新问题，云安全联盟在 2016 年列出了"十二大云安全威胁"，包括数据泄露、共享技术等。

4.2   OpenStack 平台部署

OpenStack 平台的部署方式有多种，自动化部署是部署企业私有云的高效方式。Kolla-Ansible 是 OpenStack 云平台容器化部署的工具，能够快速部署多节点 OpenStack 环境，并能方便 OpenStack 各个组件的升级。Docker 容器化再加上 Ansible 自动化运维工具的部署方式，构成了 Kolla-Ansible 项目。

本节详细介绍在离线情况下使用 Kolla-Ansible 项目部署多节点 OpenStack 的步骤。本书中的 yum 安装、Python 安装涉及的源均为搭建好的离线源，Docker 的 registry 为本地私有仓库。其中 yum 源、Python 源以及 Docker 仓库的搭建可参照对应小节，此处不详细叙述。

4.2.1   部署架构设计

1. 节点参数

本节部署示例采用七台机器部署高可用的 OpenStack 环境，分别是 monitor、controller01、controller02、controller03、computer01、computer02、computer03。本节的 yum 源、pip 源以及 Docker 仓库节点地址均为 192.168.1.183，具体参数见表 4-2。

表 4-2   部署节点信息

Hostname	CPU（核）	内存	（/sda）	（/sdb）	网卡 bond0	网卡 bond1
controller01	8	8GB	100G	—	192.168.1.180	无 IP
controller02	8	8GB	100G	—	192.168.1.181	无 IP
controller03	8	8GB	100G	—	192.168.1.182	无 IP
computer01	8	8GB	100G	100G	192.168.1.183	无 IP
computer02	8	8GB	100G	100G	192.168.1.184	无 IP
computer03	8	8GB	100G	100G	192.168.1.178	无 IP
monitor	8	8GB	100G	—	192.168.1.179	无 IP

2. 部署架构

本书 Kubernetes 集群中，使用 controller01、controller02、controller03 三个节点组成控制节点集群，同时在本 Kubernetes 集群中部署 ceph 分布式集群，由三台 controller 和三台 computer 共同组成 storage 存储。

网卡做 bond 设置，取 mode4，链路聚合（LACP）。两个万兆网卡绑定做 bond0（平衡负载模式），两个千兆网卡绑定做 bond1（主备模式）。bond0 走 OpenStack 管理和 ceph 存储，bond1 走虚拟机对外访问公开网络。

4.2.2 节点基础环境准备

在三台 controller 和三台 computer 以及 monitor 上执行下列操作，包括 yum 源修改以及 pip 源修改：

（1）修改 yum 源配置（修改成 source 的源）。

```
# vim/etc/yum.repos.d/CentOS-Media.repo
```

将 baseusrl 的地址修改为（ftp://192.168.1.183/yum-custom/），如图 4-6 所示。

```
[base-source]
name=CentOS-$releasever
baseurl=ftp://192.168.1.183/yum-custom/
gpgcheck=0
enabled=1
```

图 4-6 节点 yum 源文件修改示意图

然后清空一下，以及 makecache 命令：# yum clean all && yum makecache

（2）修改 pip 源配置（修改成 source 的源）。

```
# mkdir/root/.pip && vi/root/.pip/pip.conf
```

在 pip.conf 文件中，添加以下内容：

```
[global]
index-url = http://192.168.1.183/pypi/packages/simple
[install]
trusted-host = 192.168.1.183
```

（3）安装必需的软件。

这里安装必需的 gcc 编译环境、net 工具包、vim 编译器、Python 环境、OpenStack 客户端，ansible 工具也在这一并装好。

```
# yum install git net-tools ntp vim wget ansible gcc openssl-devel
python-devel python-pip libffi-devellibselinux-python python-openstackclient
python-neutronclient y
```

（4）添加 ntp 时钟服务器。

vi/etc/ntp.conf，添加时钟服务器个数内容，如图 4-7 所示。

```
server 192.168.100.10 perfer
server 192.168.100.20
server 0.rhel.pool.ntp.org iburst
server 1.rhel.pool.ntp.org iburst
server 2.rhel.pool.ntp.org iburst
server 3.rhel.pool.ntp.org iburst
```

图 4-7 ntp 配置文件修改示意图

添加 ntp 时钟主备服务器，"192.168.100.10，192.168.100.20"时钟主备服务器。
设置开启自启，并启动 ntp 服务。

```
# systemctl enable ntpd.service
# systemctl start ntpd.service
# systemctl status ntpd.service
# ntpq-p
```

按照图 4-8 中的命令执行可以查看到同步的时间主机：

[root@controller01 ~]# ntpq -p

图 4-8　ntp 时间同步验证操作示意图

（5）关闭 libvirtd 服务。
物理机安装 kolla 必须要执行这步操作，VMware 操作可忽略。

```
# systemctl stop libvirtd.service
# systemctl disable libvirtd.service
# systemctl status libvirtd.service
```

（6）关闭防火墙。

```
# systemctl stop firewalld
# systemctl disable firewalld
# systemctl status firewalld
```

（7）关闭 SElinux。

```
# sed-i '/^SELINUX=.*/c SELINUX=disabled'/etc/selinux/config
```

或是直接修改：

```
# vim/etc/selinux/config
```

设置"SELINUX=disabled"，如图 4-9 所示。

```
# This file controls the state of SELinux on the system.
# SELINUX= can take one of these three values:
#     enforcing - SELinux security policy is enforced.
#     permissive - SELinux prints warnings instead of enfo
#     disabled - No SELinux policy is loaded.
SELINUX=disabled
# SELINUXTYPE= can take one of three two values:
#     targeted - Targeted processes are protected,
#     minimum - Modification of targeted policy. Only sele
#     mls - Multi Level Security protection.
SELINUXTYPE=targeted
```

图 4-9　SELINUX 配置文件修改示意图

reboot 之后生效。

（8）设置 Hostname。七台机器按照每台对应的角色执行如下命令修改 hostname：

```
# hostnamectl set-hostname monitor
# hostnamectl set-hostname controller01
# hostnamectl set-hostname controller02
# hostnamectl set-hostname controller03
# hostnamectl set-hostname computer01
# hostnamectl set-hostname computer02
# hostnamectl set-hostname computer03
```

这里选取 bond0 的 IP 地址。七台机器均执行命令如下：

```
# cat>>/etc/hosts<<EOF
192.168.1.179 monitor
192.168.1.180 controller01
192.168.1.181 controller02
192.168.1.182 controller03
192.168.1.183 computer01
192.168.1.184 computer02
192.168.1.178 computer03
EOF
```

（9）授信monitor节点。七台机器，七个节点都执行ssh-keygen操作，执行过程如图4-10所示。

```
[root@monitor ~]# ssh-keygen
Generating public/private rsa key pair.
Enter file in which to save the key (/root/.ssh/id_rsa):
Created directory '/root/.ssh'.
Enter passphrase (empty for no passphrase):
Enter same passphrase again:
Your identification has been saved in /root/.ssh/id_rsa.
Your public key has been saved in /root/.ssh/id_rsa.pub.
The key fingerprint is:
SHA256:Vq8iJNB5fB38UxyNj2D/L9zyen13AccmqCvgeowvWPg root@monitor
The key's randomart image is:
+---[RSA 2048]----+
|           ..  ..+|
|     . o   ...o +.|
|    . o o .oo.+.o |
|     . . . oooo+. |
|     . . . S . ..=.|
|    . ..+ . . . ..|
|     + + o .o . .+|
|    . E + o o    +.B|
|     .=. .     .*=|
+----[SHA256]-----+
[root@monitor ~]# ll .ssh/
total 8
-rw------- 1 root root 1679 Nov 27 17:42 id_rsa
-rw-r--r-- 1 root root  394 Nov 27 17:42 id_rsa.pub
```

图4-10　生成 RSA 公钥和私钥

然后将公钥分发给七台机器，执行操作成功和查看授信主机公钥操作如图4-11、图4-12所示：

```
# ssh-copy-id-i~/.ssh/id_rsa.pub root@monitor
# ssh-copy-id-i~/.ssh/id_rsa.pub root@controller01
# ssh-copy-id-i~/.ssh/id_rsa.pub root@controller02
# ssh-copy-id-i~/.ssh/id_rsa.pub root@controller03
# ssh-copy-id-i~/.ssh/id_rsa.pub root@computer01
# ssh-copy-id-i~/.ssh/id_rsa.pub root@computer02
        # ssh-copy-id-i~/.ssh/id_rsa.pub root@computer03
```

```
[root@monitor ~]# ssh-copy-id -i ~/.ssh/id_rsa.pub root@monitor
/usr/bin/ssh-copy-id: INFO: Source of key(s) to be installed: "/root/.ssh/id_rsa.pub"
The authenticity of host 'monitor (fe80::250:56ff:fe98:aa91%ens192)' can't be establish
ECDSA key fingerprint is SHA256:mIUSpBsQspikevQjvjJPTBpKUDzwnmiaaMooBFsFcvw.
Are you sure you want to continue connecting (yes/no)? yes
/usr/bin/ssh-copy-id: INFO: attempting to log in with the new key(s), to filter out any
/usr/bin/ssh-copy-id: INFO: 1 key(s) remain to be installed -- if you are prompted now
root@monitor's password:

Number of key(s) added: 1

Now try logging into the machine, with:   "ssh 'root@monitor'"
and check to make sure that only the key(s) you wanted were added.
```

图4-11 将公钥复制到授信主机操作示意图

```
[root@monitor ~]# cat .ssh/authorized_keys
ssh-rsa AAAAB3NzaC1yc2EAAAADAQABAAABAQDSp537EtnabMHMk9SZN16s55sMf)
3GoDu4yHUyQSU98rfbLCV3KEA+delFHetUiwrk7lSbf9q70oKhCTS90HhYh+wpLcR(
1afTuhB3pwUBxfhWYBZYYn6mT4z1GFE0z99fVPPF2pBgKsfTM9XrMKGrsjrgJszAR)
```

图4-12 查看授信主机公钥操作示意图

这样每个节点的authorized_keys都有monitor的公钥，授信成功。

最后在monitor上分别对各节点进行ssh登录操作，都不需要输入密码，表示互信成功。

```
# ssh monitor
# ssh controller01
# ssh controller02
# ssh controller03
# ssh computer01
# ssh computer02
# ssh computer03
```

（10）安装配置Docker。在三台controller和三台computer以及monitor上安装Docker。

1）安装Docker软件包。

```
# yum install-y docker-engine docker-engine-selinux
# pip install docker urllib3 shade
```

2）启动 Docker 服务。

```
# systemctl daemon-reload
# systemctl enable docker
# systemctl start docker
# systemctl status docker
```

3）修改 Docker 服务配置。

添加信任 source 源节点的 Registry 服务：

```
# vim/usr/lib/systemd/system/docker.service
```

修改 docker.service 文件中包含 ExecStart 关键字的行，如下：

```
 [global]
index-url = http://192.168.1.183/pypi/packages/simple
[install]
trusted-host = 192.168.1.183
```

4） 配置 Docker 共享挂载。

```
# mkdir-pv/etc/systemd/system/docker.service.d
# vim/etc/systemd/system/docker.service.d/kolla.conf
```

添加如下内容：

```
  [Service]
MountFlags = shared
```

5）重启 Docker 服务。

```
# systemctl daemon-reload
# systemctl restart docker
# systemctl status docker
```

可以看到 Docker 的运行状态为 running。

6）测试 Registry 服务是否正常。

```
# curl-X GET http://192.168.1.183：4000/v2/_catalog
```

其中，192.168.1.183：4000 是 source 主机 Docker 私有仓库地址和端口号。

正常如图 4-13 返回数据即可。

```
[root@controller01 ~]# curl -X GET http://192.168.1.183:4000/v2/_catalog
```

{"repositories":["kolla/centos-source-aodh-api","kolla/centos-source-aodh-base","kolla/centos-source-ac
fier","kolla/centos-source-barbican-api","kolla/centos-source-barbican-base","kolla/centos-source-barbi
t-base","kolla/centos-source-bifrost-deploy","kolla/centos-source-blazar-api","kolla/centos-source-blaz
base","kolla/centos-source-ceilometer-central","kolla/centos-source-ceilometer-collector","kolla/centos
lla/centos-source-ceph-base","kolla/centos-source-ceph-mds","kolla/centos-source-ceph-mgr","kolla/centc
"kolla/centos-source-chrony","kolla/centos-source-cinder-api","kolla/centos-source-cinder-backup","koll
os-source-cloudkitty-api","kolla/centos-source-cloudkitty-base","kolla/centos-source-cloudkitty-process
ntos-source-congress-datasource","kolla/centos-source-congress-policy-engine","kolla/centos-source-cron
base","kolla/centos-source-designate-central","kolla/centos-source-designate-mdns","kolla/centos-source

图 4-13　测试 Docker 仓库结果示意图

4.2.3　为 Ceph 硬盘打标签

1. 为计算节点空白硬盘打 ceph 标签

在三台计算主机（computer01、computer02、computer03）均执行。

物理服务器上可能存在第二块或是第三~六块等硬盘（未格式化、未挂载、没有使用的空白硬盘），均执行相同操作。接下来，打上 ceph 标签。

输入图 4-14 所示命令，可以查看主机有哪些硬盘。

```
# fdisk-l
```

```
TASK [destroy : Destroying all Kolla containers and volumes] ***********************
changed: [monitor]
changed: [compute02]

TASK [destroy : Removing Kolla images] ********************************************
skipping: [monitor]
skipping: [compute02]

TASK [destroy : Destroying Kolla host configuration] *****************************
changed: [monitor]
changed: [compute02]

TASK [destroy : Destroying kolla-cleanup folder] *********************************
changed: [monitor]
changed: [compute02]

PLAY RECAP ***********************************************************************
compute02          : ok=9    changed=4    unreachable=0    failed=0
monitor            : ok=9    changed=8    unreachable=0    failed=0
```

图 4-14　查看硬盘信息示意图

看到了"/dev/sdb"此块硬盘，现在为此块硬盘打上 ceph 标签。

```
# parted/dev/sdb-s--mklabel gpt mkpart KOLLA_CEPH_OSD_BOOTSTRAP 1-1
```

再查看结果，如图 4-15 所示。

"/dev/sdb"硬盘被打上"KOLLA_CEPH_OSD_BOOTSTRAP"的 name 标签。后续安装的时候，ceph 容器安装会自动寻找这个标签进行操作。

```
[root@compute01 ~]# fdisk -l

Disk /dev/sda: 53.7 GB, 53687091200 bytes, 104857600 sectors
Units = sectors of 1 * 512 = 512 bytes
Sector size (logical/physical): 512 bytes / 512 bytes
I/O size (minimum/optimal): 512 bytes / 512 bytes
Disk label type: dos
Disk identifier: 0x0008cdce

   Device Boot      Start         End      Blocks   Id  System
/dev/sda1   *        2048     1026047      512000   83  Linux
/dev/sda2         1026048   104857599    51915776   8e  Linux LVM
WARNING: fdisk GPT support is currently new, and therefore in an experimental pha

Disk /dev/sdb: 10.7 GB, 10737418240 bytes, 20971520 sectors
Units = sectors of 1 * 512 = 512 bytes
Sector size (logical/physical): 512 bytes / 512 bytes
I/O size (minimum/optimal): 512 bytes / 512 bytes
Disk label type: gpt

#         Start          End    Size  Type            Name
1          2048     20969471     10G  Microsoft basic KOLLA_CEPH_OSD_BOOTSTRAP

Disk /dev/mapper/VolGroup-root: 44.7 GB, 44669337600 bytes, 87244800 sectors
Units = sectors of 1 * 512 = 512 bytes
Sector size (logical/physical): 512 bytes / 512 bytes
I/O size (minimum/optimal): 512 bytes / 512 bytes
```

图 4-15　查看打标签硬盘结果示意图

若还存在别的硬盘也作为 ceph 存储，同样打上标签即可：

```
# parted/dev/sdc-s--mklabel gpt mkpart KOLLA_CEPH_OSD_BOOTSTRAP 1-1
# parted/dev/sdd-s--mklabel gpt mkpart KOLLA_CEPH_OSD_BOOTSTRAP 1-1
```

2. 为 Ceph_rgw 创建池

Ceph_rgw 是 ceph 的对象存储，RGW 需要一个健康的集群才能成功部署。在初次启动时，RGW 将创建几个池，第一个池应处于可操作状态才能创建第二个。在进行一体化部署时，须在部署前更改池的默认副本数，本示例部署选用三个池副本。

本次部署针对 monitor 机器和所有的 computer 机器（computer01、computer02、computer03），修改文件/etc/kolla/config/ceph.conf 并添加如下：

```
# mkdir-pv/etc/kolla/config/
# vim/etc/kolla/config/ceph.conf
```

添加内容如下：

```
[global]
osd pool default size = 3
osd pool default min size = 3
```

OSD pool 的数量由服务器的空白硬盘数量决定。

4.2.4　Ansible 和 Kolla-Ansible 的安装以及配置

在 monitor 机器上安装 Kolla-Ansible，使用 pip 方式安装更为稳定。

（1）Ansible 的配置。Ansible 已经在上面安装好了，现在只需配置即可。

```
# vim/etc/ansible/ansible.cfg
[defaults]
host_key_checking = False
pipelining = True
forks = 100
timeout = 1000
deprecation_warnings = False
```

需要注意的是：

1）host_key_checking 设置为 false，在 ansible 远程主机时就不要主机的 key 校验。

2）timeout 设置 1000s，防止后面运行剧本时候会报超时 12s 错误。

（2）安装 Kolla-Ansible 及其配置。

```
# pip install kolla kolla-ansible
```

配置 kolla-ansible：

1）拷贝 globals.yml 和 passwords.yml 到/etc/kolla 目录：

```
# cp-r/usr/share/kolla-ansible/etc_examples/kolla/etc/kolla
```

2）拷贝 kolla-ansible 的主机清单文件（all-in-one 和 multinode）：

```
# mkdir-pv/opt/kolla/config
# cd/opt/kolla/config
# cp-rv/usr/share/kolla-ansible/ansible/inventory/*.
```

（3）配置 Nova（可选）。

需要注意的是：在 VMware 虚拟机上安装需要此步骤，直接在物理机上安装则跳过。

该操作在所有节点上进行：

虚拟机操作使用 qemu，不是 kvm，进行如下修改：

```
# mkdir-pv/etc/kolla/config/nova
# vim/etc/kolla/config/nova/nova-compute.conf
```

添加如下内容：

```
[libvirt]
virt_type = qemu
cpu_mode = none
```

禁用宿主机的 Libvirt 服务。大多数操作系统默认启动 Libvirt 服务，使用 kolla 部署 OpenStack，Libvirt 在容器中运行并管理虚拟机，因此宿主机的 Libvirt 需要被关闭。在计算节点上执行：

```
# systemctl stop libvirtd.service
# systemctl disable libvirtd.service
# systemctl status libvirtd.service
```

（4）修改 Kolla-Ansible 相关配置文件。

1）生成随机密码文件 passwords.yml：

```
# kolla-genpwd
```

修改生成的密码文件中包含 keystone_admin_password 变量的行，将该变量的值修改为 admin，它是管理员登陆 OpenStack 控制台页面的密码，如图 4-16 所示。

```
# vim/etc/kolla/passwords.yml
ironic_inspector_keystone_password: yhJANR5bnDpYAJmxh6Vncu6nRyBxsAcMY5o3ISdG
ironic_keystone_password: pBk5iUTXWfRP7DNXDqK7VQrQpTLzAl9jiQn2HL9h
karbor_database_password: 3YYk9bWZpupcED36fBmSiLx4qJFU69semQ9aMM27
karbor_keystone_password: b0hmwUFpWyHfLR1TRBafEiNsxYEennbUOWVf2dqQ
karbor_openstack_infra_id: a0eff8d2-c612-4d52-b05b-831dddd6a22d
keepalived_password: dU0vIX15TM8u66yV1DLfI2bvHztm0koIgyF8rRiP
keystone_admin_password: admin
keystone_database_password: 2mnTkJOSDplu3mV0UiSQYwWimP7zYiL3KUgKHSXg
keystone_ssh_key:
  private_key: '-----BEGIN PRIVATE KEY-----

  MIIJQgIBADANBgkqhkiG9w0BAQEFAASCCSwwggkoAgEAAoICAQC+ttZKl/KXVibD
```

图 4-16 passwords.yml 文件修改示意图

2）修改物理网卡的 neutron 配置：

```
# vim
/usr/share/kolla-ansible/ansible/roles/neutron/templates/ml2_conf.ini.j2
```

将第 35 和 37 行修改成如图 4-17 所示内容。

```
[ml2_type_vlan]
{% if enable_ironic | bool %}
network_vlan_ranges = physnet1
{% else %}
network_vlan_ranges = physnet1
{% endif %}
```

图 4-17 修改 neutron 配置示意图

3）修改全局配置。

全局配置文件 globals.yml 包含了如下修改项：

```
# vim/etc/kolla/globals.yml
```

按照以下内容进行修改：

```
olla_base_distro:"centos"
kolla_install_type:"source"
OpenStack_release:"queens"
docker_registry:"192.168.1.183:4000"
docker_namespace:"kolla"
kolla_internal_vip_address:"192.168.1.21"
network_interface:"bond0"
neutron_external_interface:"bond1"
neutron_plugin_agent:"openvswitch"
enable_ceph:"yes"
enable_ceph_rgw:"yes"
enable_haproxy:"yes"
enable_neutron_dvr:"yes"
enable_neutron_agent_ha:"yes"
ceph_pool_pg_num:128
ceph_pool_pgp_num
```

以上各项解释：

docker_registry："192.168.1.183：4000"，此处为配置的 source 的离线私有 docker 仓库的 IP 以及端口号。

docker_namespace："kolla"，这个是仓库镜像的统一命名空间即前缀，所给镜像前缀是"kolla/"开头的。

kolla_internal_vip_address："192.168.1.21"，这个是 OpenStack 的页面登录地址，走的是"bond0"网卡。

network_interface："bond0"，OpenStack 内部的 API 服务都会绑定到这个网卡接口上，除此之外，vxlan、隧道和存储网络也默认走这个网络接口。

neutron_external_interface："bond1"，OpenStack 外部管理网络的网卡接口。

enable_ceph："yes"和 **enable_ceph_rgw**："yes"，选择为 yes，就可默认安装 ceph。

enable_haproxy："yes"，OpenStack 的外部管理网络地址没有使用过，需要启用高可用 proxy，确定可以使用。

ceph_pool_pg_num：128

OSD 小于 5 个时可把 pg_num 设置为 128，OSD 数量在 5～10 个时，可以把 pg_nu 设置为 512，OSD 数量在 10～50 个时，可以把 pg_num 设置为 4096，OSD 大于 50 时，借助

pgcalc 工具计算 pg_num 取值。

neutron_plugin_agent："openvswitch"和 enable_neutron_dvr："yes"，这个配置可以使创建虚机时直接选择外部网络，而不需要绑定内部地址。enable_neutron_agent_ha 启用，会为该虚机外部网络创建两个 dhcp 分配 IP，符合高可用模式。

openStack_release：OpenStack 的版本名称，为了方便演示文档后续的升级操作，这里选择 Docker 仓库中的较低版本 pike，后续升级选择 queens，如图 4−18 所示。

```
# Valid options are ['centos', 'debian', 'oraclelinux', 'rhel', 'ubuntu']
kolla_base_distro: "centos"

# Valid options are [ binary, source ]
kolla_install_type: "source"

# Valid option is Docker repository tag
openstack_release: "pike"

# Location of configuration overrides
#node_custom_config: "/etc/kolla/config"
```

图 4−18　修改 OpenStack 版本示意图

（5）配置主机清单。

因为采用集群方式安装，需要修改 multinode 文件，即可做到修改剧本执行的主机清单文件。control 角色配置三台，即可做到高可用，如图 4−19 所示。

```
# vim/opt/kolla/config/multimode

[control]
# These hostname must be resolvable from your deployment host
controller01
controller02
controller03

# The above can also be specified as follows:
#control[01:03]      ansible_user=kolla

# The network nodes are where your l3-agent and loadbalancers will run
# This can be the same as a host in the control group
[network]
controller01
controller02
controller03

# inner-compute is the groups of compute nodes which do not have
# external reachability
[inner-compute]

# external-compute is the groups of compute nodes which can reach
# outside
[external-compute]
compute01
compute02

[compute:children]
inner-compute
external-compute

[monitoring]
monitor
```

图 4−19　multinode 主机配置清单示意图

4.2.5 进行部署安装

在 monitor 节点执行脚本，进行安装操作。

（1）检查环境配置。检查部署节点到各计算、存储节点是否可达，执行结果如图 4-20 所示。

```
# cd/opt/kolla/config/
# ansible -i multinode all-m ping
```

```
[root@monitor /opt/kolla/config]# ansible -i multinode all -m ping
compute02 | SUCCESS => {
    "changed": false,
    "ping": "pong"
}
controller01 | SUCCESS => {
    "changed": false,
    "ping": "pong"
}
controller03 | SUCCESS => {
    "changed": false,
    "ping": "pong"
}
monitor | SUCCESS => {
    "changed": false,
    "ping": "pong"
}
controller02 | SUCCESS => {
    "changed": false,
    "ping": "pong"
}
compute01 | SUCCESS => {
    "changed": false,
    "ping": "pong"
}
[root@monitor /opt/kolla/config]#
```

图 4-20 检查待部署主机是否能 ping 通操作示意图

检查各计算、存储节点环境准备情况，执行过程如图 4-21 所示，若环境检查全部通过，结果将如图 4-22 所示，全部显示 OK，且无检查失败节点。

```
# kolla-ansible -i./multinode prechecks
```

```
[root@monitor /opt/kolla/config]# kolla-ansible -i ./multinode prechecks
Pre-deployment checking : ansible-playbook -i ./multinode -e @/etc/kolla/globa
 [WARNING]: Found variable using reserved name: action


PLAY [Gather facts for all hosts] **********************************************

TASK [setup] *******************************************************************
ok: [controller01]
ok: [monitor]
ok: [compute02]
ok: [controller03]
ok: [controller02]
ok: [compute01]

PLAY [Gather facts for all hosts (if using --limit)] ***************************
```

图 4-21 检查待部署主机配置环境操作示意图（一）

```
TASK [setup] **********************************************************************
skipping: [controller01] => (item=controller01)
skipping: [controller01] => (item=controller02)
skipping: [controller01] => (item=controller03)
skipping: [controller01] => (item=compute01)
skipping: [controller01] => (item=compute02)
skipping: [controller01] => (item=monitor)
skipping: [controller02] => (item=controller01)
skipping: [controller02] => (item=controller02)
skipping: [controller02] => (item=controller03)
skipping: [controller02] => (item=compute01)
skipping: [controller02] => (item=compute02)
skipping: [controller02] => (item=monitor)
skipping: [controller03] => (item=controller01)
skipping: [controller03] => (item=controller02)
```

图 4-21　检查待部署主机配置环境操作示意图（二）

```
PLAY RECAP ************************************************************************
compute01               : ok=21    changed=1    unreachable=0    failed=0
compute02               : ok=21    changed=1    unreachable=0    failed=0
controller01            : ok=84    changed=1    unreachable=0    failed=0
controller02            : ok=79    changed=1    unreachable=0    failed=0
controller03            : ok=79    changed=1    unreachable=0    failed=0
monitor                 : ok=7     changed=1    unreachable=0    failed=0
```

图 4-22　待部署主机配置环境结果示意图

（2）拉取镜像。

相较于官方文档，在 deploy 部署之前增加此步骤，可以大大缩短部署 OpenStack 的时间（此步骤时间较长，预计 2h 左右），拉取过程和结果展示如图 4-23 和图 4-24 所示。

```
# kolla-ansible -i./multinode pull
```

```
[root@monitor /opt/kolla/config]# kolla-ansible -i ./multinode pull
Pulling Docker images : ansible-playbook -i ./multinode -e @/etc/kolla/globals.yml -e (
 [WARNING]: Found variable using reserved name: action


PLAY [Gather facts for all hosts] ***********************************************:

TASK [setup] ********************************************************************:
ok: [controller03]
ok: [controller01]
ok: [controller02]
ok: [compute01]
ok: [compute02]
ok: [monitor]

PLAY [Gather facts for all hosts (if using --limit)] **************************:

TASK [setup] ********************************************************************:
```

图 4-23　拉取镜像操作过程示意图

```
TASK [common : Registering common role has run] *****************************:
skipping: [controller01]
skipping: [controller02]
skipping: [controller03]

TASK [blazar : include] ****************************************************:
skipping: [controller01]
skipping: [controller02]
skipping: [controller03]

PLAY RECAP ***************************************************************:
compute01               : ok=14    changed=0    unreachable=0    failed=0
compute02               : ok=14    changed=0    unreachable=0    failed=0
controller01            : ok=33    changed=0    unreachable=0    failed=0
controller02            : ok=33    changed=0    unreachable=0    failed=0
controller03            : ok=33    changed=0    unreachable=0    failed=0
monitor                 : ok=1     changed=0    unreachable=0    failed=0
```

图 4-24　拉取镜像操作结果示意图

（3）执行部署。开始部署 OpenStack（此步骤预计半小时之内），执行过程如图 4-25 所示。

```
# kolla-ansible -i ./multinode deploy
```

```
RUNNING HANDLER [nova : Restart nova-consoleauth container] ****************************
changed: [controller02]
changed: [controller01]
changed: [controller03]

RUNNING HANDLER [nova : Restart nova-novncproxy container] ****************************
changed: [controller01]
changed: [controller02]
changed: [controller03]

RUNNING HANDLER [nova : Restart nova-compute container] ****************************
changed: [compute01]
changed: [compute02]

TASK [nova : include] ****************************
included: /usr/share/kolla-ansible/ansible/roles/nova/tasks/simple_cell_setup.yml for

TASK [nova : Create cell0 mappings] ****************************
[DEPRECATION WARNING]: Using tests as filters is deprecated. Instead of using `result|
warnings can be disabled by setting deprecation_warnings=False in ansible.cfg.
changed: [controller01 -> controller01]
```

图 4-25　部署过程示意图

过程省略，结果如图 4-26 所示，则运行正确。

```
TASK [common : Registering common role has run] ****************************
skipping: [controller01]
skipping: [controller02]
skipping: [controller03]

TASK [blazar : include] ****************************
skipping: [controller01]
skipping: [controller02]
skipping: [controller03]

PLAY RECAP ****************************
compute01              : ok=92    changed=38   unreachable=0    failed=0
compute02              : ok=90    changed=38   unreachable=0    failed=0
controller01           : ok=260   changed=91   unreachable=0    failed=0
controller02           : ok=204   changed=62   unreachable=0    failed=0
controller03           : ok=204   changed=62   unreachable=0    failed=0
monitor                : ok=1     changed=0    unreachable=0    failed=0
```

图 4-26　部署成功结果示意图

（4）生成环境变量与脚本。部署完成之后，生成环境变量和脚本，如图 4-27 所示。

```
# kolla-ansible -i ./multinode post-deploy
```

```
[root@monitor /opt/kolla/config]# kolla-ansible -i ./multinode post-deploy
Post-Deploying Playbooks : ansible-playbook -i ./multinode -e @/etc/kolla/globals.yml

PLAY [Creating admin openrc file on the deploy node] ****************************

TASK [Gathering Facts] ****************************
ok: [localhost]

TASK [template] ****************************
changed: [localhost]

PLAY RECAP ****************************
localhost              : ok=2     changed=1    unreachable=0    failed=0
```

图 4-27　生成环境变量操作示意图

```
# cat/etc/kolla/admin-openrc.sh
```

环境变量文件示意图如图 4-28 所示。

```
[root@monitor /opt/kolla/config]# cat /etc/kolla/admin-openrc.sh
export OS_PROJECT_DOMAIN_NAME=Default
export OS_USER_DOMAIN_NAME=Default
export OS_PROJECT_NAME=admin
export OS_TENANT_NAME=admin
export OS_USERNAME=admin
export OS_PASSWORD=admin
export OS_AUTH_URL=http://            :35357/v3
export OS_INTERFACE=internal
export OS_IDENTITY_API_VERSION=3
export OS_REGION_NAME=RegionOne
export OS_AUTH_PLUGIN=password
```

图 4-28　环境变量文件示意图

至此 multinodes 部署完成，浏览器输入外网访问地址 http://192.168.1.21，即可访问 OpenStack 的登录页面，用户名和密码都是之前设置的 admin，登录界面如图 4-29 所示。

图 4-29　登录界面示意图

登录后在 Admin→Hypervisor 可看到两个计算节点 CPU、内存、硬盘等资源的使用情况，可看到之前在 compute 节点上配置的 libvirt 类型为 QUME。

在 Admin→Compute→Host Aggregates 里可看到配置的 controller 和 compute 高可用 AZ，如图 4-30 所示。

（5）销毁 OpenStack 环境。假如不需要这个 OpenStack 环境，可执行如下命令销毁该环境：

```
# kolla-ansible destroy-i./multinode--yes-i-really-really-mean-i
```

该销毁指令会停止并删除各机器上运行的 Docker 容器，但是对 yum 和 Python 安装的文件以及 pull 的 Docker 的 images 镜像文件不做变更。

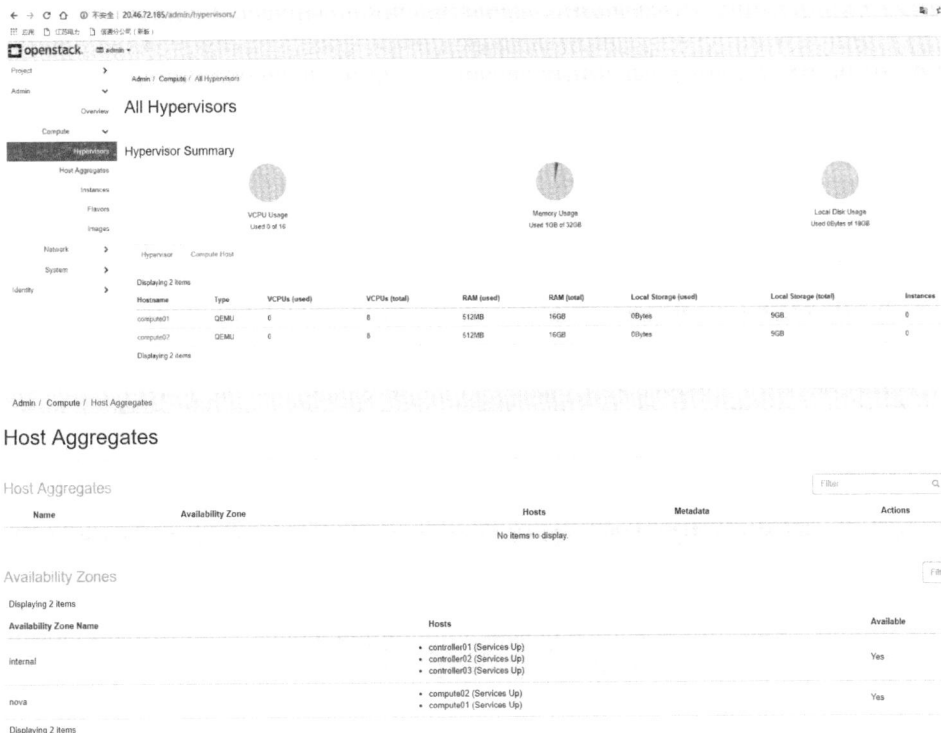

图 4-30   平台部分信息展示图

4.2.6   OpenStack 故障节点删除与扩容

为方便扩容操作，可以先模拟节点故障，将故障节点删除后，重置机器，再进行三个控制节点一个计算节点扩容为三个控制节点两个计算节点的操作。

（1）故障节点删除。

本次操作模拟 compute02 节点发生故障，需要删除该节点。删除故障节点有两种方式：直接在命令行执行：nova service-delete compute02_ID；在 monitor 节点上执行 destroy，删除 compute02 节点的 OpenStack 环境。

1）采用第一种方式。查看当前 OpenStack 服务节点的状态，如图 4-31 所示。

```
# nova service-list
```

```
[root@controller01 ~]# nova service-list
+--------------------------------------+------------------+--------------+----------+---------+-------+
| Id                                   | Binary           | Host         | Zone     | Status  | State |
+--------------------------------------+------------------+--------------+----------+---------+-------+
| e5b5bd87-d6f7-4bf7-87c0-38329957c092 | nova-scheduler   | controller03 | internal | enabled | up    |
| c009dd95-db0c-47b4-89b8-d6535eb47ab2 | nova-scheduler   | controller02 | internal | enabled | up    |
| 546b0c29-1259-4471-a5bc-845b84e4de02 | nova-scheduler   | controller01 | internal | enabled | up    |
| 637bff8f-89c4-4ebb-a7e6-b7c99aa5b351 | nova-conductor   | controller02 | internal | enabled | up    |
| b3e9ce33-4141-491e-9e36-235b538c11a7 | nova-conductor   | controller01 | internal | enabled | up    |
| e3645b35-32a3-437f-8f99-1edeaa4608e7 | nova-conductor   | controller03 | internal | enabled | up    |
| 95737aa2-fea3-4b6a-acca-6862c7e8ebef | nova-consoleauth | controller02 | internal | enabled | up    |
| 2cc712c9-f94d-4d0d-aa88-3ee0b1dd6901 | nova-consoleauth | controller01 | internal | enabled | up    |
| 294d23ee-040e-4a3d-b55a-1a9fb65e1fb6 | nova-consoleauth | controller03 | internal | enabled | up    |
| 9e48588c-b1ac-491b-abd9-12509974c2d0 | nova-compute     | compute01    | nova     | enabled | up    |
| 58bac8bd-6783-4df4-b246-e2dd2933bef4 | nova-compute     | compute02    | nova     | enabled | up    |
+--------------------------------------+------------------+--------------+----------+---------+-------+
```

图 4-31   节点删除前平台服务示意图

当前 compute01 和 compute02 节点均正常。

删除 compute01 节点：

```
# nova service-delete compute02_ID
```

查看计算节点状态，如图 4-32 所示。

```
# nova service-list
```

```
[root@controller01 ~]# nova service-list
+--------------------------------------+------------------+--------------+----------+---------+-------+
| Id                                   | Binary           | Host         | Zone     | Status  | State |
+--------------------------------------+------------------+--------------+----------+---------+-------+
| e5b5bd87-d6f7-4bf7-87c0-38329957c092 | nova-scheduler   | controller03 | internal | enabled | up    |
| c009dd95-db0c-47b4-89b8-d6535eb47ab2 | nova-scheduler   | controller02 | internal | enabled | up    |
| 546b0c29-1259-4471-a5bc-845b84e4de02 | nova-scheduler   | controller01 | internal | enabled | up    |
| 637bff8f-89c4-4ebb-a7e6-b7c99aa5b351 | nova-conductor   | controller02 | internal | enabled | up    |
| b3e9ce33-4141-491e-9e36-235b538c11a7 | nova-conductor   | controller01 | internal | enabled | up    |
| e3645b35-32a3-437f-8f99-1edeaa4608e7 | nova-conductor   | controller03 | internal | enabled | up    |
| 95737aa2-fea3-4b6a-acca-6862c7e8ebef | nova-consoleauth | controller02 | internal | enabled | up    |
| 2cc712c9-f94d-4d0d-aa88-3ee0b1dd6901 | nova-consoleauth | controller01 | internal | enabled | up    |
| 294d23ee-040e-4a3d-b55a-1a9fb65e1fb6 | nova-consoleauth | controller03 | internal | enabled | up    |
| 9e48588c-b1ac-491b-abd9-12509974c2d0 | nova-compute     | compute01    | nova     | enabled | up    |
+--------------------------------------+------------------+--------------+----------+---------+-------+
```

图 4-32　节点删除后平台服务展示图

可以看到当前只剩下 compute01 计算节点，compute02 已经不存在。

2）采用第二种方式。删除故障节点之前，需要关闭 compute02 节点上相关的 Docker 容器：nova-libvirt。

修改 monitor 节点上的部署脚本，复制 multinode 脚本为 destroy，将 destroy 脚本中的 controller 和 compute01 节点注释掉，如图 4-33 所示。

```
# cp multinode destroy
```

```
[control]
# These hostname must be resolvable from your
#controller01
#controller02
#controller03

# The above can also be specified as follows:
#control[01:03]      ansible_user=kolla

# The network nodes are where your l3-agent
# This can be the same as a host in the contr
[network]
#controller01
#controller02
#controller03

# inner-compute is the groups of compute node
# external reachability
[inner-compute]

# external-compute is the groups of compute r
# outside
[external-compute]
#compute01
compute02
```

图 4-33　删除故障节点 multinode 脚本示意图（一）

```
[compute:children]
inner-compute
external-compute

[monitoring]
monitor
```

图 4－33　删除故障节点 multinode 脚本示意图（二）

执行脚本过程如图 4－34 所示。

```
# kolla-ansible destroy-i./destroy--yes-i-really-really-mean-i
```

```
[root@monitor /opt/kolla/config]# kolla-ansible destroy -i ./destroy --yes-i-really-really-mean-i
Destroy Kolla containers, volumes and host configuration : ansible-playbook -i ./destroy -e @/etc/kolla/
e/ansible/destroy.yml

PLAY [Apply role destroy] ************************************************************

TASK [Gathering Facts] **************************************************************
ok: [monitor]
ok: [compute02]

TASK [destroy : Creating /kolla-cleanup/tools directory on node] ********************
changed: [monitor]
changed: [compute02]
```

图 4－34　执行脚本操作示意图

执行成功后如图 4－35 所示。

```
TASK [destroy : Destroying all Kolla containers and volumes] ***********************
changed: [monitor]
changed: [compute02]

TASK [destroy : Removing Kolla images] ********************************************
skipping: [monitor]
skipping: [compute02]

TASK [destroy : Destroying Kolla host configuration] ******************************
changed: [monitor]
changed: [compute02]

TASK [destroy : Destroying kolla-cleanup folder] **********************************
changed: [monitor]
changed: [compute02]

PLAY RECAP ************************************************************************
compute02          : ok=9     changed=4    unreachable=0    failed=0
monitor            : ok=9     changed=8    unreachable=0    failed=0
```

图 4－35　删除节点成功结果示意图

查看所有节点服务状态，可以看到 compute02 节点为 down，如图 4－36 所示。

```
# nova service-list
```

（2）计算节点扩容。当前 compute02 节点已经被删除，compute02 主机所有环境被重置，相当于一台新增的计算节点。新增的计算点 compute02 按照前文步骤重新配置好环境，安装好相关的软件，并配置 ssh 密钥认证、授信 monitor 节点。

如果是新增的计算节点 compute03，还需要在 monitor 节点上修改部署脚本 multinode，如图 4－37 所示。

```
[root@controller01 ~]# nova service-list
+--------------------------------------+------------------+--------------+----------+----------+-------+----------------------------+
| Id                                   | Binary           | Host         | Zone     | Status   | State | Updated_at                 |
+--------------------------------------+------------------+--------------+----------+----------+-------+----------------------------+
| e5b5bd87-d6f7-4bf7-87c0-38329957c092 | nova-scheduler   | controller03 | internal | enabled  | up    | 2018-12-11T02:27:14.000000 |
| c009dd95-db0c-47b4-89b8-d6535eb47ab2 | nova-scheduler   | controller02 | internal | enabled  | up    | 2018-12-11T02:27:14.000000 |
| 546b0c29-1259-4471-a5bc-845b84e4de02 | nova-scheduler   | controller01 | internal | enabled  | up    | 2018-12-11T02:27:08.000000 |
| 637bff8f-89c4-4ebb-a7e6-b7c99aa5b351 | nova-conductor   | controller02 | internal | enabled  | up    | 2018-12-11T02:27:11.000000 |
| b3e9ce33-4141-491e-9e36-235b538c11a7 | nova-conductor   | controller01 | internal | enabled  | up    | 2018-12-11T02:27:11.000000 |
| e3645b35-32a3-437f-8f99-1edeaa4608e7 | nova-conductor   | controller03 | internal | enabled  | up    | 2018-12-11T02:27:21.000000 |
| 95737aa2-fea3-4b6a-acca-6862c7e8ebef | nova-consoleauth | controller02 | internal | enabled  | up    | 2018-12-11T02:27:16.000000 |
| 2cc712c9-f94d-4d0d-aa88-3ee0b1dd6901 | nova-consoleauth | controller01 | internal | enabled  | up    | 2018-12-11T02:27:14.000000 |
| 294d23ee-040e-4a3d-b55a-1a9fb65e1fb6 | nova-consoleauth | controller03 | internal | enabled  | up    | 2018-12-11T02:27:14.000000 |
| 9e48588c-b1ac-491b-abd9-12509974c2d0 | nova-compute     | compute01    | nova     | enabled  | up    | 2018-12-11T02:27:15.000000 |
| 58bac8bd-6783-4df4-b246-e2dd2933bef4 | nova-compute     | compute02    | nova     | disabled | down  | 2018-12-11T02:05:31.000000 |
+--------------------------------------+------------------+--------------+----------+----------+-------+----------------------------+
```

图 4-36 删除节点后服务状态示意图

```
[network]
controller01
controller02
controller03

# inner-compute is the groups of comput
# external reachability
[inner-compute]

# external-compute is the groups of cor
# outside
[external-compute]
compute01
compute02
compute03

[compute:children]
inner-compute
external-compute

[monitoring]
monitor

# When compute nodes and control nodes
# you need to comment out "api_interfa
# and specify like below:
#compute01 neutron_external_interface=e

[storage]
controller01
controller02
controller03
compute01
compute02
compute03
```

图 4-37 新增节点脚本示意图

然后进行校验、pull 镜像、deploy 部署、post-deploy 操作，即可完成计算节点的扩容：

```
# kolla-ansible  -i./multinode prechecks
# kolla-ansible  -i./multinode certificates
# kolla-ansible  -i./multinode pull
# kolla-ansible  -i./multinode deploy
# kolla-ansible  -i./multinode post-deploy
```

部署成功后会出现新增的计算节点和控制节点，其 changed 状态为非 0，如图 4-38 所示。

```
TASK [common : Registering common role has run] *****************************
skipping: [controller01]
skipping: [controller02]
skipping: [controller03]

TASK [blazar : include] *****************************************************
skipping: [controller01]
skipping: [controller02]
skipping: [controller03]

PLAY RECAP ******************************************************************
compute01                  : ok=80    changed=0    unreachable=0    failed=0
compute02                  : ok=88    changed=40   unreachable=0    failed=0
controller01               : ok=230   changed=7    unreachable=0    failed=0
controller02               : ok=181   changed=7    unreachable=0    failed=0
controller03               : ok=181   changed=7    unreachable=0    failed=0
monitor                    : ok=1     changed=0    unreachable=0    failed=0
```

图 4-38　部署脚本成功执行结果示意图

4.2.7　升级 OpenStack

将 OpenStack 由 pike 版本（v = 5.0.0）升级为 queens 版本（v = 6.0.0）。

（1）升级 Kolla-Ansible。

```
# pip install--upgrade kolla-ansible==6.0.0
```

（2）修改全局变量。

```
# vim  /etc/kolla/globals.yml
```

修改 globals.yaml 文件中包含 openstack_release 关键字的行，内容如下：

```
openstack_release:"queens"
```

升级到 queens 版本，只需将"openstack_release"改为"queens"即可，私有仓库仍然使用 source 源的。

需注意，假如使用在线 hub.docker 仓库，请将"docker_registry"置为空。

（3）更换 source 源的私有仓库的 kolla 镜像。

现在制作好了 pike 和 queens 镜像的一体压缩包。

1）解压 OpenStack 的 pike 和 queens 的 Docker 一体镜像：

```
# tar zxvf centos-source-registry-pike-and-queens.tar.gz-C/opt/registry/
```

2）测试 registry 服务数据：

```
# curl  -X GET http://192.168.1.187: 4000/v2/_catalog
```

返回含有"conne cted"字符串的返回数据即可证明接口正常对外服务。

选取一个镜像（kolla/centos-source-kolla-toolbox）查看其版本号，执行结果如图 4-39 所示。

49

```
# curl  -X GET

http://192.168.1.187: 4000/v2/kolla/centos-source-kolla-toolbox/tags/list
```

```
[root@monitor ~]# curl -X GET http:// ■ ■ ■   ■ ■:4000/v2/kolla/centos-source-kolla-toolbox/tags/list
{"name":"kolla/centos-source-kolla-toolbox","tags":["pike","queens"]}
[root@monitor ~]#
```

图 4-39 查看镜像仓库版本结果示意图

图 4-39 可以看到"pike"和"queens"版本号。

（4）拉取镜像。

```
# kolla-ansible  -i./multinode pull
```

（5）执行升级。

```
# kolla-ansible  -i./multinode upgrade
```

过程省略，如果执行的结果条目都为黄色，则表明升级成功。

（6）生成环境变量脚本。

```
# kolla-ansible  -i./multinode post-deploy
# cat/etc/kolla/admin-openrc.sh
```

```
export
OS_PROJECT_DOMAIN_NAME = Default
export OS_USER_DOMAIN_NAME = Default
export OS_PROJECT_NAME = admin
export OS_TENANT_NAME = admin
export OS_USERNAME = admin
export OS_PASSWORD = admin
export OS_AUTH_URL = http://192.168.1.21:35357/v3
export OS_INTERFACE = internal
export OS_IDENTITY_API_VERSION = 3
export OS_REGION_NAME = RegionOne
```

登录页面的地址以及用户名和密码均不变。

浏览器输入外网访问地址：192.168.1.21，即可访问 OpenStack 的登录页面，用户名和密码都是之前设置的 admin。

4.2.8 HA 故障恢复

已经安装好的 OpenStack 集群有三台控制节点 controller01、controller02 和 controller03，现在 poweroff 一台控制节点，模拟其出现故障宕机，然后进行添加一台 controller04 的恢复过程。

（1）查看现有的状态。首先登录部署（deployment）机器，即 controller01 上，查看各个角色对应的 nova 服务的状态，现在看 contoller03 的状态是如下图所示为“up”，如图 4－40 所示。

```
#./etc/kolla/admin-openrc.sh
# nova service-list
```

```
[root@controller01 ~]# nova service-list
+--------------------------------------+------------------+--------------+----------+---------+-------+------------------
----------+-----------------+-------------+
| Id                                   | Binary           | Host         | Zone     | Status  | State | Updated_at
          | Disabled Reason | Forced down |
+--------------------------------------+------------------+--------------+----------+---------+-------+------------------
----------+-----------------+-------------+
| 3e593115-f253-4394-bab9-fa49d6e1947b | nova-scheduler   | controller01 | internal | enabled | up    | 2018-07-04T06:10:
15.000000 | -               | False       |
| 1381b18c-cc32-4e11-b859-72d7bf628d75 | nova-conductor   | controller01 | internal | enabled | up    | 2018-07-04T06:10:
19.000000 | -               | False       |
| 59787ffa-e13d-4a70-81b5-52b11c600d5e | nova-scheduler   | controller02 | internal | enabled | up    | 2018-07-04T06:10:
21.000000 | -               | False       |
| 1351686c-e1da-4120-8f01-0e94649b834d | nova-conductor   | controller02 | internal | enabled | up    | 2018-07-04T06:10:
16.000000 | -               | False       |
| a77d5ec7-8b35-42e7-83c7-a244413c10d2 | nova-consoleauth | controller01 | internal | enabled | up    | 2018-07-04T06:10:
16.000000 | -               | False       |
| 210f2b21-825b-44d9-bcd7-8c2f0b775e58 | nova-scheduler   | controller03 | internal | enabled   up    | 2018-07-04T06:10:
19.000000 | -               | False       |
| a159b488-6167-475d-b1fe-37e110570e98 | nova-consoleauth | controller03 | internal | enabled   up    | 2018-07-04T06:10:
23.000000 | -               | False       |
| 1e18a7fb-2db5-47f2-8358-ca2d3538d9cd | nova-conductor   | controller03 | internal | enabled   up    | 2018-07-04T06:10:
20.000000 | -               | False       |
| 0bdf7f3f-885c-42aa-88b4-9d3eb684d409 | nova-consoleauth | controller02 | internal | enabled | up    | 2018-07-04T06:10:
14.000000 | -               | False       |
| cf4d8b4a-7afe-4a3b-9045-61abeae9830e | nova-compute     | computer01   | nova     | enabled | up    | 2018-07-04T06:10:
16.000000 | -               | False       |
+--------------------------------------+------------------+--------------+----------+---------+-------+------------------
----------+-----------------+-------------+
```

实例名称	镜像名称	IP 地址	实例类型	密钥对	状态	可用域	任务	电源状态	创建后的时间	动作
demo1	cirros	10.0.0.8	m1.nano	mykey	运行	nova	无	运行中	4 days, 22 hours	创建快照

图 4－40　发生故障前节点服务和虚拟机运行状态图

如图 4－40 所示，现在 nova 服务都是 up，且创建的虚拟机正在运行。

（2）模拟故障。现在 poweroff 一台控制机器，即 controller03，模拟该台机器出现故障宕机的情况下，再查看 nova 服务状态以及虚机是否还在正常运行。

1）对 controller03 关机处理：

```
# poweroff
```

2）去 controller01 查看 nova 状态，如图 4－41 所示。

```
# nova service-list
```

```
[root@controller01 ~]# nova service-list
+--------------------------------------+------------------+--------------+----------+---------+-------+------------------
----------+-----------------+-------------+
| Id                                   | Binary           | Host         | Zone     | Status  | State | Updated_at
          | Disabled Reason | Forced down |
+--------------------------------------+------------------+--------------+----------+---------+-------+------------------
----------+-----------------+-------------+
| 3e593115-f253-4394-bab9-fa49d6e1947b | nova-scheduler   | controller01 | internal | enabled | up    | 2018-07-04T06:14:
35.000000 | -               | False       |
| 1381b18c-cc32-4e11-b859-72d7bf628d75 | nova-conductor   | controller01 | internal | enabled | up    | 2018-07-04T06:14:
40.000000 | -               | False       |
| 59787ffa-e13d-4a70-81b5-52b11c600d5e | nova-scheduler   | controller02 | internal | enabled | up    | 2018-07-04T06:14:
41.000000 | -               | False       |
| 1351686c-e1da-4120-8f01-0e94649b834d | nova-conductor   | controller02 | internal | enabled | up    | 2018-07-04T06:14:
46.000000 | -               | False       |
| a77d5ec7-8b35-42e7-83c7-a244413c10d2 | nova-consoleauth | controller01 | internal | enabled | up    | 2018-07-04T06:14:
36.000000 | -               | False       |
| 210f2b21-825b-44d9-bcd7-8c2f0b775e58 | nova-scheduler   | controller03 | internal | enabled | down  | 2018-07-04T06:13:
19.000000 | -               | False       |
| a159b488-6167-475d-b1fe-37e110570e98 | nova-consoleauth | controller03 | internal | enabled | down  | 2018-07-04T06:13:
23.000000 | -               | False       |
| 1e18a7fb-2db5-47f2-8358-ca2d3538d9cd | nova-conductor   | controller03 | internal | enabled | down  | 2018-07-04T06:13:
25.000000 | -               | False       |
| 0bdf7f3f-885c-42aa-88b4-9d3eb684d409 | nova-consoleauth | controller02 | internal | enabled | up    | 2018-07-04T06:14:
44.000000 | -               | False       |
| cf4d8b4a-7afe-4a3b-9045-61abeae9830e | nova-compute     | computer01   | nova     | enabled | up    | 2018-07-04T06:14:
40.000000 | -               | False       |
+--------------------------------------+------------------+--------------+----------+---------+-------+------------------
```

图 4－41　controller03 发生故障后服务状态图

从图 4-41 可以看到 contoller03 的 nova 服务已经 down，再查看之前创建的虚机是否还存在。如图 4-42 所示，虚机仍然存在，且正常运行，证明现在的 HA 高可用环境虽然宕机一台 contoller，但是仍然正常运行。

	实例名称	镜像名称	IP 地址	实例类型	密钥对	状态	可用域	任务	电源状态	创建后的时间	动作
☐	demo1	cirros	10.0.0.8	m1.nano	mykey	运行	nova	无	运行中	4 days, 22 hours	创建快照 ▾

图 4-42　controller03 发生故障后虚拟机运行状态图

（3）故障恢复。针对 controller03 宕机，添加一台 contoller04 替代，作为紧急故障恢复举措。contoller04 作为备用控制机器，已经安装基础环境和 Docker 环境，并且将 contoller01 授信于 contoller04，之后就可以修改 multinode 进行部署，修改完后内容如图 4-43 所示。

```
# vim /opt/kolla/config/multinode

                    [control]
                    # These hostname must be resolvab
                    controller01
                    controller02
                    controller04

                    # The above can also be specified
                    #control[01:03]    ansible_user=

                    # The network nodes are where you
                    # This can be the same as a host
                    [network]
                    controller01
                    controller02
                    controller04

                    # inner-compute is the groups of
                    # external reachability
                    [inner-compute]

                    # external-compute is the groups
                    # outside
                    [external-compute]
                    compute01
                    compute02

                    [compute:children]
                    inner-compute
                    external-compute

                    [monitoring]
                    monitor
```

图 4-43　故障恢复 multinode 脚本示意图

然后进行校验、pull 镜像、deploy 部署、post-deploy 一系列操作，即可完成故障恢复。

```
# kolla-ansible -i./multinode prechecks
# kolla-ansible -i./multinode certificates
# kolla-ansible -i./multinode pull
# kolla-ansible -i./multinode deploy
```

```
# kolla-ansible  -i./multinode post-deploy
```

最后部署均正常完成，零故障。

登录 controller01 查看 nova 服务，如图 4-44 所示，可以看到 controller03 的状态还是
down，添加的 controller04 状态是 up，同时可以看到之前创建的虚机也正常运行，证明新
增的 controller04 正常加入到了 control 角色中，如图 4-45 所示。至此，HA 环境故障恢复
完成。

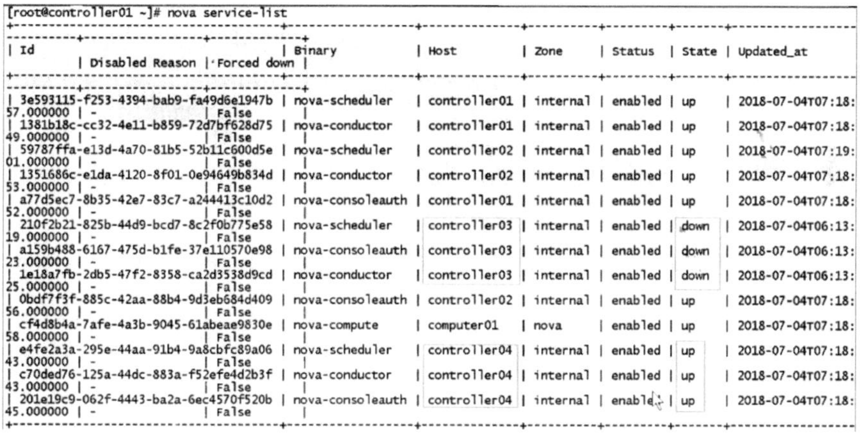

图 4-44　故障恢复后节点服务状态图

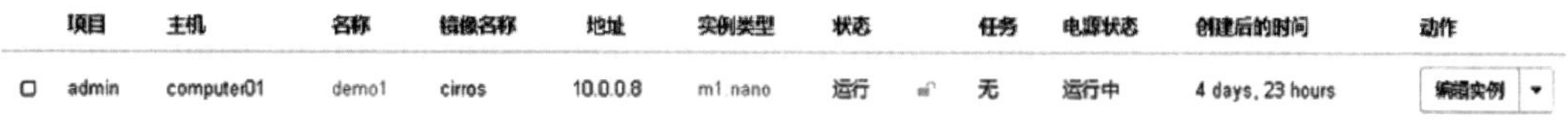

图 4-45　故障恢复后虚拟机运行状态图

4.3　Kubernetes 平台部署

4.3.1　平台部署概述

本节主要介绍 Kubernetes 容器编排系统的部署安装。Kubernetes 所有组件都以镜像启
动容器的方式部署安装，在外网环境下可通过外网镜像源直接下载安装，而在内部生产环
境部署则需要手动准备组件镜像。

4.3.1.1　安装方法简介

当前，较为主流的安装方法如表 4-3 所示。

表 4-3　　　　　　　　　　　　　Kubernets 主流安装方法

部署方案	优点	缺点
Kubeadm	官方出品	部署较麻烦、不够透明
Kubespray	官方出品、部署较简单、懂 Ansible 就可操作	不够透明

53

部署方案	优点	缺点
RKE	部署较简单、需要花一些时间了解 RKE 的 cluster.yml 配置文件	不够透明
手动部署	完全透明、可配置、便于理解 K8s 各组件之间的关系	部署复杂,容易出错
yum 源安装	部署非常简单	不够透明,且组件版本更新较慢

本书介绍的方案采用 Kubespray 在生产环境中部署 Kubernetes 环境。Kubespray 是 Kubernetes incubator 中的项目,其目标是提供 Production Ready Kubernetes 的部署方案。该项目基础是通过 Ansible Playbook 来定义系统与 Kubernetes 集群的部署任务,具有以下几个特点:

(1)可以部署在 AWS、GCE、Azure、OpenStack 以及裸机上。

(2)部署高可用性的 High Available Kubernetes 集群。

(3)具备较高的可组合性,可自行选择不同的网络插件(flannel、calico、canal、weave)来部署 K8s 集群。

(4)支持多种主流的 Linux 操作环境,包括 CoreOS、Debian Jessie、Ubuntu 16.04、CentOS/RHEL7 等。

为在生产环境下实现 Kubernetes 的部署安装,还需要用到以下相关工具:

(1)Ansible,是基于 Python 开发的批量自动化运维工具,主要实现系统的批量配置、程序批量部署、命令批量运行等功能。Kubespray 基于 Ansible 工具实现远程机器的批量配置部署,简化了操作烦琐程度。

(2)Harbor,是一个用于存储和分发 Docker 镜像的企业级 Registry 服务器,添加了一些企业必需的功能特性,如安全、标识和管理等。作为一个企业级私有仓库服务器,Harbor 提供了更好的性能和安全,提升用户使用仓库构建和运行环境传输镜像的效率。由于生产环境的安全隔离要求较高,无法直连外网镜像源拉取组件镜像,因此需要手动搭建私有镜像仓库存储组件镜像。

(3)Pip 源,类似于 Linux 系统中的 apt-get、yum 工具,pip 是一个方便快捷、通用的 Python 包管理工具,提供了对 Python 程序包的查找、下载、安装、卸载等功能。Kubespray 项目要求通过 pip 工具安装必需的组件,否则脚本运行会出错,因此需要搭建私有的 pip 源仓库来存储 Python 格式组件包。

4.3.1.2 系统规划

本节示例采用四台机器部署 Kubernetes 环境,分别是:master - 1、master - 2、node - 1、node - 2。master 节点是 Kubernetes 集群的控制节点,node 节点则是集群的计算节点。若需部署高可用集群,则控制节点的数目至少需达到 3 个,在本书介绍的实际生产应用中,Kubernetes 环境采用了三控制节点架构。

另外,Localhost 是本地的部署机器,不安装 Kubernetes 集群组件,其主要功能是运行 Ansible 命令脚本,全部的部署操作都在 Localhost 上完成,集群环境如图 4 - 4 所示。

表 4-4   **Kubernetes 集群环境**

Hostname	CPU（核）	内存（GB）	硬盘（GB）	网卡 IP
Localhost（本地虚拟机）	4	2	20	192.168.153.3
Master-1	8	16	150	192.168.153.25
Master-2	8	16	150	192.168.153.26
Node-1	8	16	150	192.168.153.27
Node-2	8	16	150	192.168.153.28

在实际的部署操作中，可修改部署脚本中的参数来改变 Kubernetes 中的控制节点与计算节点。

在实际部署过程中，为了区分存储网络与控制网络，并保障网络功能的冗余度，还需要对服务器做双网卡绑定操作（2 个千兆口和 2 个万兆口各自做端口聚合，交换机端配置成 access 聚合模式）。

4.3.2 环境部署准备

Github 官网给出了运行 Kubespray 项目所需的组件要求，在开始实际的环境部署前应对照要求安装所需组件。如图 4-46 所示，主要要求包括：

（1）Ansible 工具，2.4 及以上版本（Kubespray 最新的要求是 Ansible 的版本号要为 2.8 版本以上，同时 2.7 版本的 Ansible 部署会出现严重 bug，在实际工作中要避免使用此版本）。

（2）Jinja 组件，2.9 及以上版本。

（3）防火墙已关闭，Ansible 节点的 ssh 密钥已复制到部署节点机器上，Ansible 节点可以免密钥登录各部署节点。

Requirements

- Ansible v2.4 (or newer) and python-netaddr is installed on the machine that will run Ansible commands
- Jinja 2.9 (or newer) is required to run the Ansible Playbooks
- The target servers must have **access to the Internet** in order to pull docker images.
- The target servers are configured to allow **IPv4 forwarding**.
- **Your ssh key must be copied** to all the servers part of your inventory.
- The **firewalls are not managed**, you'll need to implement your own rules the way you used to. in order to avoid any issue during deployment you should disable your firewall.
- If kubespray is ran from non-root user account, correct privilege escalation method should be configured in the target servers. Then the `ansible_become` flag or command parameters `--become or -b` should be specified.

图 4-46　Kubespray 运行所需要求

4.3.2.1 仓库源配置

在部署机器上修改内网仓库源信息，可通过 yum、pip 工具直接安装所需组件。输入如下命令修改 yum 源：

（1）输入以下命令修改 yum 源配置（修改成内网源）。

```
# mkdir/root/repo && mv/etc/yum.repos.d/*/root/repo
```

```
# cp/root/repo/yum.repo/etc/yum.repos.d/
# vim/etc/yum.repos.d/yum.repo
```

（2）在配置文件中添加下列内容：

```
[server]
name=fsad
baseurl=ftp://192.168.153.72: 10021/yum-custom
gpgcheck=0
enabled=1
```

（3）保存文件并退出，运行# yum clean all && yum makecache 更新 yum 源信息，如图 4-47 所示。

```
[root@localhost ~]# yum clean all
Loaded plugins: fastestmirror
Cleaning repos: server
Cleaning up everything
Maybe you want: rm -rf /var/cache/yum, to also free up space taken by orphaned data from disabled or
removed repos
Cleaning up list of fastest mirrors
[root@localhost ~]# yum makecache
Loaded plugins: fastestmirror
Determining fastest mirrors
server                                              | 2.9 kB  00:00:00
(1/3): server/filelists_db                          | 814 kB  00:00:00
(2/3): server/primary_db                            | 1.4 MB  00:00:00
(3/3): server/other_db                              | 360 kB  00:00:00
Metadata Cache Created
[root@localhost ~]# █
```

图 4-47　更新 yum 源操作

（4）输入以下命令修改 pip 源配置（修改成内网源）。

```
# mkdir /root/.pip && vi /root/.pip/pip.conf
```

（5）添加以下内容：

```
[global]
index-url=http://192.168.153.183/pypi/packages/simple
[install]
trusted-host=192.168.153.183
```

至此，部署节点的 yum 源与 pip 源完成更新部署。

4.3.2.2　上传组件镜像

将 Kubernetes 组件镜像提前上传到镜像仓库托管，这样部署节点根据脚本命令，即可自动从仓库拉取镜像安装组件。可登录镜像仓库部署的服务器地址，通过命令行手动上传。采用命令行手动上传镜像的操作步骤如下：

1）在外网机器上提前下载好 kubespray 所需镜像，执行命令导出镜像文件：

```
# docker save $（docker images|grep kubesp | awk '{print $1:$2}')-o k8s.tar
```

2）通过命令# docker login reg.kolla.org，由部署节点登录 Harbor 仓库服务所在的服务器。

3）将 k8s.tar 镜像压缩包上传至部署节点，执行命令将镜像导入部署节点服务器：

```
# docker load-i k8s.tar
```

4）上传镜像至 Harbor 仓库服务器：

```
# docker push reg.test.org/******: v1.11.1
```

本示例已预先将组件上传到了 Harbor 镜像仓库，各组件镜像上传结果如图 4-48 所示。

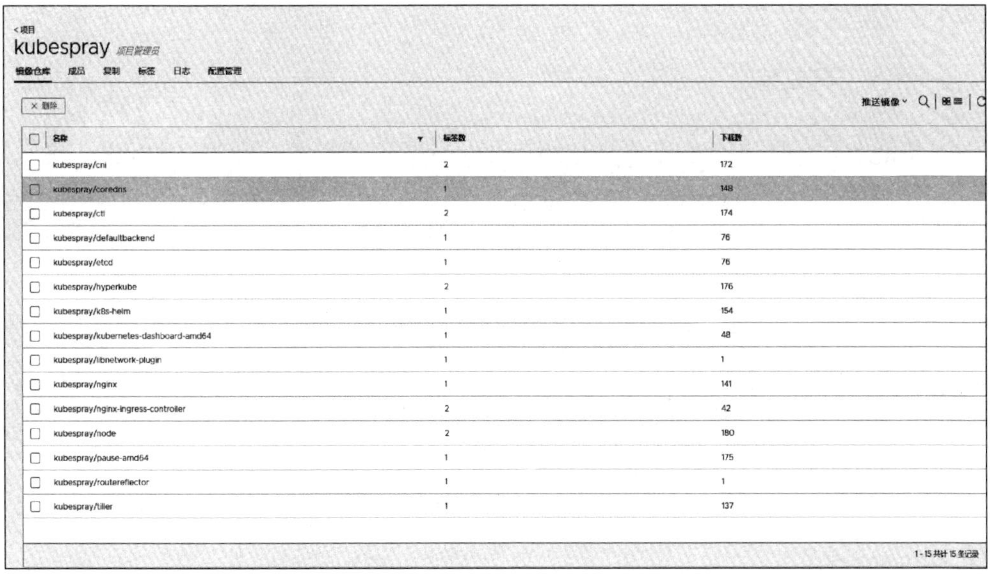

图 4-48　组件镜像上传示意

4.3.2.3　上传依赖包

为了运行 Kubernetes 环境，待部署节点还需安装以下依赖包。本演示示例借助 Ansible 工具，批量复制安装依赖包。因此需要首先在 Ansible 部署机器上预先准备依赖包文件，如图 4-49 所示：

同时要预先准备 Harbor 镜像仓库的认证证书，这样部署节点即可通过证书认证的方式登录镜像仓库下载镜像文件。

```
[root@localhost packages]# ll
total 59212
-rw-r--r-- 1 root root    87272 Dec  6 11:15 bash-completion-2.1-6.el7.noarch.rpm
-rw-r--r-- 1 root root    36048 Dec  6 11:15 container-selinux-2.66-1.el7.noarch.rpm
-rw-r--r-- 1 root root   274292 Dec  6 11:15 curl-7.29.0-46.el7.x86_64.rpm
-rw-r--r-- 1 root root   296144 Dec  6 11:15 device-mapper-1.02.146-4.el7.x86_64.rpm
-rw-r--r-- 1 root root   189256 Dec  6 11:15 device-mapper-event-1.02.146-4.el7.x86_64.rpm
-rw-r--r-- 1 root root   188824 Dec  6 11:15 device-mapper-event-libs-1.02.146-4.el7.x86_64.rpm
-rw-r--r-- 1 root root   323872 Dec  6 11:15 device-mapper-libs-1.02.146-4.el7.x86_64.rpm
-rw-r--r-- 1 root root   414576 Dec  6 11:15 device-mapper-persistent-data-0.7.3-3.el7.x86_64.rpm
-rw-r--r-- 1 root root 42643244 Dec  6 11:15 docker-ce-18.06.0.ce-3.el7.x86_64.rpm
-rw-r--r-- 1 root root   125448 Dec  6 11:15 ebtables-2.0.10-16.el7.x86_64.rpm
-rw-r--r-- 1 root root   225656 Dec  6 11:15 libcurl-7.29.0-46.el7.x86_64.rpm
-rw-r--r-- 1 root root    56988 Dec  6 11:15 libseccomp-2.3.1-3.el7.x86_64.rpm
-rw-r--r-- 1 root root   165680 Dec  6 11:15 libselinux-2.5-12.el7.x86_64.rpm
-rw-r--r-- 1 root root   240876 Dec  6 11:15 libselinux-python-2.5-12.el7.x86_64.rpm
-rw-r--r-- 1 root root   154984 Dec  6 11:15 libselinux-utils-2.5-12.el7.x86_64.rpm
-rw-r--r-- 1 root root   153596 Dec  6 11:15 libsemanage-2.5-11.el7.x86_64.rpm
-rw-r--r-- 1 root root   114804 Dec  6 11:15 libsemanage-python-2.5-11.el7.x86_64.rpm
-rw-r--r-- 1 root root   303736 Dec  6 11:15 libsepol-2.5-8.1.el7.x86_64.rpm
-rw-r--r-- 1 root root    50076 Dec  6 11:15 libtool-ltdl-2.4.2-22.el7_3.x86_64.rpm
-rw-r--r-- 1 root root  1343236 Dec  6 11:15 lvm2-2.02.177-4.el7.x86_64.rpm
-rw-r--r-- 1 root root  1094792 Dec  6 11:15 lvm2-libs-2.02.177-4.el7.x86_64.rpm
-rw-r--r-- 1 root root   503724 Dec  6 11:15 openssl-1.0.2k-12.el7.x86_64.rpm
-rw-r--r-- 1 root root  1249436 Dec  6 11:15 openssl-libs-1.0.2k-12.el7.x86_64.rpm
-rw-r--r-- 1 root root   887548 Dec  6 11:15 policycoreutils-2.5-22.el7.x86_64.rpm
-rw-r--r-- 1 root root   464972 Dec  6 11:15 policycoreutils-python-2.5-22.el7.x86_64.rpm
-rw-r--r-- 1 root root   117968 Dec  6 11:15 python-httplib2-0.9.2-1.el7.noarch.rpm
-rw-r--r-- 1 root root   412928 Dec  6 11:15 rsync-3.1.2-4.el7.x86_64.rpm
-rw-r--r-- 1 root root   463616 Dec  6 11:15 selinux-policy-3.13.1-192.el7_5.4.noarch.rpm
-rw-r--r-- 1 root root  6880880 Dec  6 11:15 selinux-policy-targeted-3.13.1-192.el7_5.4.noarch.rpm
-rw-r--r-- 1 root root   634220 Dec  6 11:15 setools-libs-3.3.8-2.el7.x86_64.rpm
-rw-r--r-- 1 root root   296632 Dec  6 11:15 socat-1.7.3.2-2.el7.x86_64.rpm
-rw-r--r-- 1 root root   173704 Dec  6 11:15 unzip-6.0-19.el7.x86_64.rpm
```

图 4-49　所需依赖包列表

4.3.2.4　pip 工具安装

（1）在线安装。在完成 yum 源配置操作后，可通过 yum 命令直接安装 pip 工具，输入 # yum search pip 命令查找合适的 pip 安装包，输入 # yum install-y 命令进行安装，过程如图 4-50 所示，在线安装的 pip 工具版本如图 4-51 所示。

```
[root@localhost ~]# yum search pip
Loaded plugins: fastestmirror
Loading mirror speeds from cached hostfile
========================== N/S matched: pip ==========================
libpipeline.x86_64 : A pipeline manipulation library
python2-pip.noarch : A tool for installing and managing Python 2 packages
python34-pip.noarch : A tool for installing and managing Python3 packages

  Name and summary matches only, use "search all" for everything.
[root@localhost ~]# yum install -y python2-pip.noarch
```

图 4-50　在线安装 pip 工具

```
[root@localhost ~]# pip --version
pip 8.1.2 from /usr/lib/python2.7/site-packages (python 2.7)
[root@localhost ~]#
```

图 4-51　安装的 pip 工具版本

（2）离线安装。如果在特殊情况下，无法连接 yum 源安装 pip 工具，可从官网手动下载源码编译安装。离线安装 pip 工具的步骤如下：

1）从 Python 官网下载 pip 源码压缩包以及 setuptools 工具源码压缩包，将依赖包手动上传至 Ansible 部署服务器并解压，如图 4-52 所示。

```
[root@localhost ~]# ls
anaconda-ks.cfg  ansible  ansible.tar.gz  pip-18.1  pip-18.1.tar.gz  setuptools-40.6.2  setuptools-40.6.2.tar.gz
[root@localhost ~]#
```

图 4-52 pip 安装包解压

2）进入 setuptools 文件夹，输入：# python setup.py install 安装 setuptools 工具。

3）进入 pip 文件夹，重复输入：# python setup.py install 安装 pip 工具。本演示示例中离线安装的 pip 工具版本为最新的 18.1 版，如图 4-53 所示。

```
[root@localhost pip-18.1]# ls
AUTHORS.txt  dist     LICENSE.txt  NEWS.rst  pyproject.toml  setup.cfg  src
build        docs     MANIFEST.in  PKG-INFO  README.rst      setup.py
[root@localhost pip-18.1]# pip --version
pip 18.1 from /usr/lib/python2.7/site-packages/pip-18.1-py2.7.egg/pip (python 2.7)
[root@localhost pip-18.1]#
```

图 4-53 pip 离线安装版本

4.3.2.5 Ansible 工具安装

（1）在线安装。在完成 yum 源配置操作后，可通过 yum 命令直接安装 Ansible 工具，输入# yum install-y Ansible 命令直接安装 Ansible 工具，安装的结果如图 4-54 所示（本章节示例所使用的 Ansible 版本为 2.5.3）。

```
[root@localhost ~]# ansible --version
ansible 2.5.3
  config file = /etc/ansible/ansible.cfg
  configured module search path = [u'/root/.ansible/plugins/modules', u'/usr/share/ansible/plugins/mo
dules']
  ansible python module location = /usr/lib/python2.7/site-packages/ansible
  executable location = /usr/bin/ansible
  python version = 2.7.5 (default, Nov 20 2015, 02:00:19) [GCC 4.8.5 20150623 (Red Hat 4.8.5-4)]
[root@localhost ~]#
```

图 4-54 ansible 安装版本

（2）离线安装。如果在特殊情况下，无法连接 yum 源安装 Ansible 工具，可采用从官网手动下载源码编译安装。离线安装 Ansible 工具的步骤如下：

1）首先在外网环境下载 Ansible 源码，准备一台可以连接外网的 Centos 终端，使用 yumdownloader 下载 Ansible 的安装包以及所需的依赖包，以及 createrepo 工具的安装包：

```
# yumdownloader  --resolve  --destdir  /root/Ansible-setup/Ansible Ansible
# yumdownloader  --resolve  --destdir  /root/Ansible-setup/createrepo createrepo
```

使用 yumdownloader 工具下载的安装包及所需依赖包，如图 4-55。

2）修改 yum 配置文件添加本地 yum 地址。

```
# vim  /etc/yum.repos.d/yum.repo
```

```
[root@localhost ~]# ls
anaconda-ks.cfg  ansible  ansible-setup
[root@localhost ~]# cd ansible-setup/
[root@localhost ansible-setup]# ls
ansible  createrepo
[root@localhost ansible-setup]# cd ansible/
[root@localhost ansible]# ls
ansible-2.4.2.0-2.el7.noarch.rpm                        python-ipaddress-1.0.16-2.el7.noarch.rpm
libyaml-0.1.4-11.el7_0.x86_64.rpm                       python-jinja2-2.7.2-2.el7.noarch.rpm
python2-cryptography-1.7.2-2.el7.x86_64.rpm             python-markupsafe-0.11-10.el7.x86_64.rpm
python2-jmespath-0.9.0-3.el7.noarch.rpm                 python-paramiko-2.1.1-9.el7.noarch.rpm
python2-pyasn1-0.1.9-7.el7.noarch.rpm                   python-passlib-1.6.5-2.el7.noarch.rpm
python-babel-0.9.6-8.el7.noarch.rpm                     python-ply-3.4-11.el7.noarch.rpm
python-backports-1.0-8.el7.x86_64.rpm                   python-pycparser-2.14-1.el7.noarch.rpm
python-backports-ssl_match_hostname-3.5.0.1-1.el7.noarch.rpm  python-setuptools-0.9.8-7.el7.noarch.rpm
python-cffi-1.6.0-5.el7.x86_64.rpm                      python-six-1.9.0-2.el7.noarch.rpm
python-enum34-1.0.4-1.el7.noarch.rpm                    PyYAML-3.10-11.el7.x86_64.rpm
python-httplib2-0.9.2-1.el7.noarch.rpm                  repodata
python-idna-2.4-1.el7.noarch.rpm                        sshpass-1.06-2.el7.x86_64.rpm
[root@localhost ansible]# 
```

图 4-55　Ansible 安装包与依赖包

在文件中添加如下：

```
[Local]
name=myyum
baseurl=file:///root/Ansible-setup/Ansible
gpgcheck=0
enabled=1
```

3）安装 creatrerepo 工具，输入 createrepo 命令生成本地 yum 源。

```
# createrepo/root/ansible-setup/ansible
```

4）输入以下命令更新 yum 源：

```
# yum clean all
# yum repolist
```

输入# yum install-y ansible 命令安装 Ansible，并验证结果，依照此办法安装的 Ansible 版本为 2.4.2，如图 4-56。

```
[root@localhost ~]# ansible --version
ansible 2.4.2.0
  config file = /etc/ansible/ansible.cfg
  configured module search path = [u'/root/.ansible/plugins/modules', u'/usr/share/ansible/plugins/modules']
  ansible python module location = /usr/lib/python2.7/site-packages/ansible
  executable location = /usr/bin/ansible
  python version = 2.7.5 (default, Jul 13 2018, 13:06:57) [GCC 4.8.5 20150623 (Red Hat 4.8.5-28)]
```

图 4-56　离线安装 Ansible 工具版本

5）更新组件版本。Kubespray 项目要求的 Ansible 版本为 2.4 以上、Jinja 组件版本为 2.9 以上，依照此版本安装的 Jinja 组件版本不符合要求。为了方便后续运维，现提供工具更新办法如下：

从 Ansible 官网上下载最新版本（或指定版本）的 Ansible 源码至本地目录，如图 4-57
所示，输入# source./hacking/env-setup 命令运行安装脚本，更新后的版本为 2.8.0，如图 4-58
所示。

```
[root@localhost ansible]# ls
bin                        COPYING    lib           MODULE_GUIDELINES.md  setup.py
changelogs                 docs       licenses      packaging             shippable.yml
CODING_GUIDELINES.md       examples   Makefile      README.rst            test
contrib                    hacking    MANIFEST.in   requirements.txt      tox.ini
[root@localhost ansible]#
```

图 4-57　Ansible 源码文件夹

```
[root@localhost ansible]# ansible --version
ansible 2.8.0.dev0 (devel 257a8af922) last updated 2018/12/04 21:22:04 (GMT -400)
  config file = /etc/ansible/ansible.cfg
  configured module search path = [u'/root/.ansible/plugins/modules', u'/usr/share/ansible/plugins/modules']
  ansible python module location = /root/ansible/lib/ansible
  executable location = /root/ansible/bin/ansible
  python version = 2.7.5 (default, Jul 13 2018, 13:06:57) [GCC 4.8.5 20150623 (Red Hat 4.8.5-28)]
[root@localhost ansible]#
```

图 4-58　Ansible 工具版本更新

下载最新的 Jinja 源码与依赖的组件 MarkupSafe，分别下载源码解压，运行 python
setup.py install 进行安装。安装结果如图 4-59 所示。

```
Jinja2 2.10 is already the active version in easy-install.pth

Installed /usr/lib/python2.7/site-packages/Jinja2-2.10-py2.7.egg
Processing dependencies for Jinja2==2.10
Searching for MarkupSafe==1.0
Best match: MarkupSafe 1.0
Adding MarkupSafe 1.0 to easy-install.pth file

Using /usr/lib/python2.7/site-packages
Finished processing dependencies for Jinja2==2.10
```

图 4-59　Jinja 组件更新

至此 Ansible 工具版本以及 Jinja 组件的版本已更新至最新，Ansible 的工具离线安装已
经完成。

4.3.2.6　配置 ssh 密钥

复制 Ansible 部署机器的 ssh 密钥至部署节点，使部署机器可以免密登录待部署节点。
在部署机器上输入# ssh-keygen 命令，可连续选择缺省选项生成密钥，如图 4-60 所示。

输入命令# ssh-copy-id root@192.168.153.25/26/27/28（待部署节点地址，可根据实际情
况修改），输入待部署节点的用户名与密码，将密钥上传至待部署节点，这样 Ansible 工具
即可免密登录其他机器。

```
[root@localhost ~]# ssh-keygen
Generating public/private rsa key pair.
Enter file in which to save the key (/root/.ssh/id_rsa):
Created directory '/root/.ssh'.
Enter passphrase (empty for no passphrase):
Enter same passphrase again:
Your identification has been saved in /root/.ssh/id_rsa.
Your public key has been saved in /root/.ssh/id_rsa.pub.
The key fingerprint is:
SHA256:GYCrmmatC9BU5jGqLrCcRrBrXdH4zEo3BfI91EahErI root@localhost.localdomain
The key's randomart image is:
+---[RSA 2048]----+
|    =+.o .oo.     |
|    =.oB.= .o     |
|. o .E +.=.       |
|.=  . = oo.       |
|=... o *S         |
|*o+ o o .         |
|=O.. .            |
|Bo .              |
|ooo               |
+----[SHA256]-----+
```

图 4−60　生成 ssh 密钥

4.3.3　环境部署

在完成前述操作内容后，即可使用 Kubespray 工具部署环境。可以手动上传部署脚本文件夹至 Localhost 主机，也可以从 Gitlab 仓库直接拉取文件。部署文件夹如图 4−61。

```
[root@localhost kubernetes-1.11.1]# ls
ansible.cfg          cluster.yml          docs              OWNERS             remove-node.retry       reset.retry    scripts        sit.retry      tune-env.yml
boot_server.retry    code-of-conduct.md   extra_playbooks   post_install.retry remove-node.yml         reset.yml      set_ntp.yml    sit.yml        tune-net.retry
boot_server.yml      contrib              inventory         post_install.yml   remove_ssh_file.retry   roles          setup.cfg      test.cfg       tune-net.yml
ca.crt               CONTRIBUTING.md      library           README.md          remove_ssh_file.yml     scale.retry    setup.ini      tests          upgrade-cluster.yml
cluster.retry        Dockerfile           LICENSE           RELEASE.md         requirements.txt        scale.yml      setup.py       tune-calico.yml Vagrantfile
[root@localhost kubernetes-1.11.1]#
```

图 4−61　Kubespray 部署文件夹

为防止可能出现的依赖组件未安装，可运行# pip install-r requirements 命令检查组件是否满足运行要求。执行结果如图 4−62 所示。

```
ges (from ansible>=2.4.0->-r requirements.txt (line 2))
Collecting MarkupSafe>=0.23 (from jinja2>=2.9.6->-r requirements.txt (line 4))
  Downloading http://20.46.87.183/pypi/packages/simple/markupsafe/MarkupSafe-1.0.tar.gz
Requirement already satisfied (use --upgrade to upgrade): pyasn1>=0.1.7 in /usr/lib/python2.7/site-pa
ckages (from paramiko->ansible>=2.4.0->-r requirements.txt (line 2))
Requirement already satisfied (use --upgrade to upgrade): idna>=2.0 in /usr/lib/python2.7/site-packag
es (from cryptography->ansible>=2.4.0->-r requirements.txt (line 2))
Requirement already satisfied (use --upgrade to upgrade): six>=1.4.1 in /usr/lib/python2.7/site-packa
ges (from cryptography->ansible>=2.4.0->-r requirements.txt (line 2))
Requirement already satisfied (use --upgrade to upgrade): enum34 in /usr/lib/python2.7/site-packages
(from cryptography->ansible>=2.4.0->-r requirements.txt (line 2))
Requirement already satisfied (use --upgrade to upgrade): ipaddress in /usr/lib/python2.7/site-packag
es (from cryptography->ansible>=2.4.0->-r requirements.txt (line 2))
Requirement already satisfied (use --upgrade to upgrade): cffi>=1.4.1 in /usr/lib64/python2.7/site-pa
ckages (from cryptography->ansible>=2.4.0->-r requirements.txt (line 2))
Requirement already satisfied (use --upgrade to upgrade): pycparser in /usr/lib/python2.7/site-packag
es (from cffi>=1.4.1->cryptography->ansible>=2.4.0->-r requirements.txt (line 2))
Installing collected packages: pbr, netaddr, MarkupSafe, jinja2
  Found existing installation: MarkupSafe 0.11
    Uninstalling MarkupSafe-0.11:
      Successfully uninstalled MarkupSafe-0.11
  Running setup.py install for MarkupSafe ... done
  Found existing installation: Jinja2 2.7.2
    Uninstalling Jinja2-2.7.2:
      Successfully uninstalled Jinja2-2.7.2
Successfully installed MarkupSafe-1.0 jinja2-2.10 netaddr-0.7.19 pbr-4.0.4
```

图 4−62　安装所需组件

若出现组件未安装,且仓库源中没有安装包的情况,可在外网环境下手动下载源码,上传至部署服务器手动安装。

4.3.3.1　部署脚本注解

(1)inventory.cfg。inventory.cfg 脚本用来定义集群节点以及各节点角色信息。通过修改 inventory.cfg 文件,可以修改集群中的控制节点、计算节点、etcd 节点等。脚本各段落注释如图 4-63 所示。

```
[all]
master-1    ansible_host=192.168.153.25 ip=192.168.153.25 ansible_user=root ansible_ssh_pass='kubernetes'
node-1      ansible_host=192.168.153.26 ip=192.168.153.26 ansible_user=root ansible_ssh_pass='kubernetes'
node-2      ansible_host=192.168.153.27 ip=192.168.153.27 ansible_user=root ansible_ssh_pass='kubernetes'
#node-3     ansible_host=192.168.153.28 ip=192.168.153.28 ansible_user=root ansible_ssh_pass='kubernetes'


[kube-master]
master-1

[kube-node]
node-1
node-2
#node-3

[etcd]
master-1
node-1
node-2

[kube-ingress]

[k8s-cluster:children]
kube-node
kube-master

[calico-rr]

[vault]
master-1
```

图 4-63　inventory.cfg 脚本注释

在 all 字段内可添加整个集群中的节点;在 kube-master 与 kube-node 字段添加 all 字段的节点,可定义节点是控制节点或是计算节点;在 etcd 字段添加指定节点,即可定义节点具备 etcd 数据存储功能。

若已在脚本中注明了登录用户名与密码,则操作内容可跳过。

k8s-cluster.yml 定义了集群的网络配置、认证信息等部分,本示例中的脚本主要修改了以下字段:

1)kube_network_plugin 字段定义了 Kubernetes 集群的网络插件,默认情况使用 flannel,本书涉及的实例中将其修改为 calico,如图 4-64 所示。

```
# Choose network plugin (cilium, calico, contiv, weave or flannel)
# Can also be set to 'cloud', which lets the cloud provider setup appropriate routing
kube_network_plugin: calico
```

图 4-64　network_plugin 字段

2）kube_proxy 定义了 Kubernetes 集群的转发模式，默认情况下使用的是 ipvs 模式，本书涉及的实例中将其修改为 iptables 模式，如图 4－65 所示。

```
# Kube-proxy proxyMode configuration.
# Can be ipvs, iptables
kube_proxy_mode: iptables
```

图 4－65　proxy_mode 字段

helm 部署字段定义了是否使用 helm 编排工具辅助部署容器应用，为方便后续的容器应用开发部署，如图 4－66 所示进行修改。

```
# Helm deployment
helm_enabled: true
helm_stable_repo_url: "http://192.168.153.233:8080"
helm_version: "v2.9.1"
```

图 4－66　helm 字段

在 k8s-cluster.yml 脚本最后添加在镜像仓库地址，如图 4－67 所示。

```
etcd_image_repo: "reg.test.org/kubespray/etcd"
flannel_image_repo: "reg.test.org/kubespray/flannel"
flannel_cni_image_repo: "reg.test.org/kubespray/flannel-cni"
calicoctl_image_repo: "reg.test.org/kubespray/ctl"
calico_node_image_repo: "reg.test.org/kubespray/node"
calico_cni_image_repo: "reg.test.org/kubespray/cni"
hyperkube_image_repo: "reg.test.org/kubespray/hyperkube"
pod_infra_image_repo: "reg.test.org/kubespray/pause-amd64"
nginx_image_repo: "reg.test.org/kubespray/nginx"
kubedns_image_repo: "reg.test.org/kubespray/k8s-dns-kube-dns-amd64"
coredns_image_repo: "reg.test.org/kubespray/coredns"
dnsmasq_nanny_image_repo: "reg.test.org/kubespray/k8s-dns-dnsmasq-nanny-amd64"
dnsmasq_sidecar_image_repo: "reg.test.org/kubespray/k8s-dns-sidecar-amd64"
elasticsearch_image_repo: "reg.test.org/kubespray/elasticsearch"
fluentd_image_repo: "reg.test.org/kubespray/fluentd-elasticsearch"
kibana_image_repo: "reg.test.org/kubespray/kibana"
tiller_image_repo: "reg.test.org/kubespray/tiller"
registry_proxy_image_repo: "reg.test.org/kubespray/kube-registry-proxy"
ingress_nginx_default_backend_image_repo: "reg.test.org/kubespray/defaultbackend"
kubedns_image_repo: "reg.test.org/kubespray/k8s-dns-kube-dns-amd64"
dnsmasq_nanny_image_repo: "reg.test.org/kubespray/k8s-dns-dnsmasq-nanny-amd64"
dnsmasq_sidecar_image_repo: "reg.test.org/kubespray/k8s-dns-sidecar-amd64"
kubednsautoscaler_image_repo: "reg.test.org/kubespray/cluster-proportional-autoscaler-amd64"
dashboard_image_repo: "reg.test.org/kubespray/kubernetes-dashboard-amd64"

helm_image_repo: "reg.test.org/kubespray/k8s-helm"
ingress_nginx_controller_image_repo: "reg.test.org/kubespray/nginx-ingress-controller"
```

图 4－67　仓库地址修改

（2）boot_server.yml。boot_server.yml 脚本是用来控制待部署节点预先运行安装依赖包、拉取镜像等操作，其主要运行内容注解如图 4－68 所示。

（3）cluster.yml。集群环境部署操作执行的是 cluster.yml 脚本，本书中使用的是官方默认脚本，未做额外修改。

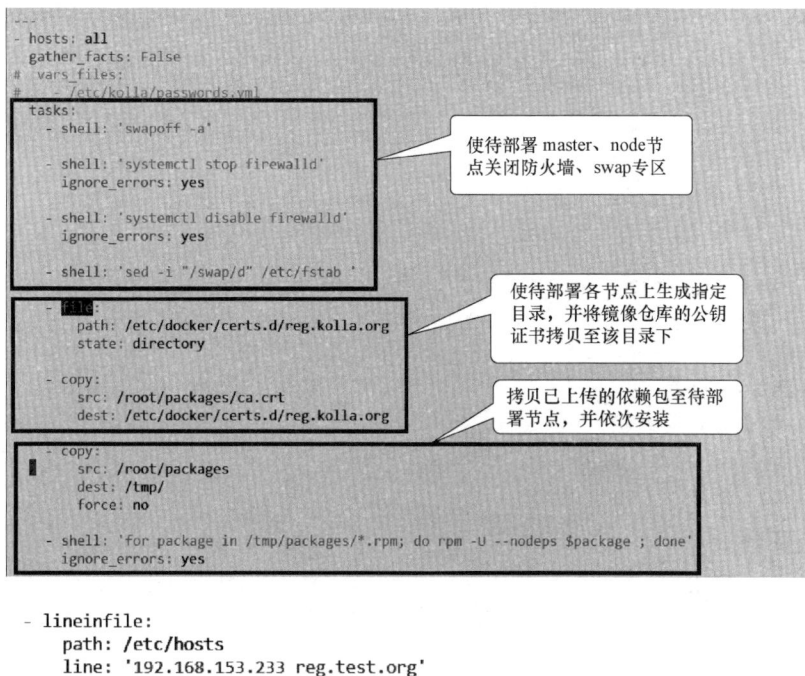

图 4-68　boot_server.yml 脚本注解

4.3.3.2　部署步骤详解

在修改完脚本后，即可执行脚本开始环境部署操作，进入 Kubespray 文件夹，输入如下命令执行 boot_server 脚本：

```
# ansible-playbook -i inventory/inventory.cfg boot_server.yml
```

执行完 boot_server 脚本无误后，输入如下命令执行集群部署脚本 cluster.yml：

```
# ansible-playbook -i inventory/inventory.cfg cluster.yml
```

脚本执行结果如图 4-69 所示。

```
TASK [kubernetes-apps/istio : istio | Create addon dir] ***********************************************************************
skipping: [master-1]

TASK [kubernetes-apps/istio : istio | Lay out manifests] *********************************************************************
skipping: [master-1] => (item={u'type': u'deployment', u'name': u'istio-mixer', u'file': u'istio.yml'})
skipping: [master-1] => (item={u'type': u'deployment', u'name': u'istio-initializer', u'file': u'istio-initializer.yml'})

TASK [kubernetes-apps/istio : istio | Copy istioctl binary from download dir] ***********************************************
skipping: [master-1]

TASK [kubernetes-apps/istio : istio | Set up bash completion] ***************************************************************
skipping: [master-1]

TASK [kubernetes-apps/istio : istio | Set bash completion file] ************************************************************
skipping: [master-1]

TASK [kubernetes-apps/istio : istio | apply manifests] ********************************************************************
skipping: [master-1] => (item={'skipped': True, '_ansible_no_log': False, 'skip_reason': u'Conditional result was False', '_ansible_item_result': True, 'item': {u'type': u'dep
loyment', u'name': u'istio-mixer', u'file': u'istio.yml'}, 'changed': False, '_ansible_ignore_errors': None})
skipping: [master-1] => (item={'skipped': True, '_ansible_no_log': False, 'skip_reason': u'Conditional result was False', '_ansible_item_result': True, 'item': {u'type': u'dep
loyment', u'name': u'istio-initializer', u'file': u'istio-initializer.yml'}, 'changed': False, '_ansible_ignore_errors': None})
```

图 4-69　cluster 脚本执行结果（一）

```
TASK [kubernetes-apps/persistent_volumes/openstack : Kubernetes Persistent Volumes | Lay down OpenStack Cinder Storage Class template] ****************
skipping: [master-1] => (item={u'type': u'StorageClass', u'name': u'storage-class', u'file': u'openstack-storage-class.yml'})

TASK [kubernetes-apps/persistent_volumes/openstack : Kubernetes Persistent Volumes | Add OpenStack Cinder Storage Class] ****************
skipping: [master-1] => (item={'skipped': True, '_ansible_no_log': False, 'skip_reason': u'Conditional result was False', '_ansible_item_result': True, 'item': {u'type': u'Sto
rageClass', u'name': u'storage-class', u'file': u'openstack-storage-class.yml'}, 'changed': False, '_ansible_ignore_errors': None})

PLAY RECAP ****************************************************************************************************************************
localhost                  : ok=2    changed=0    unreachable=0    failed=0
master-1                   : ok=334  changed=81   unreachable=0    failed=0
node-1                     : ok=263  changed=52   unreachable=0    failed=0

[root@localhost k8s-demo-master]#
```

图 4-69 cluster 脚本执行结果（二）

见到图 4-69 的结果即说明集群部署成功，即已经成功部署了一个 master 节点与一个 node 节点。

4.3.3.3　管理界面查看

ssh 登录 master 节点，通过 kubectl 命令可查看整个集群的运行状态，首先输入命令：

```
# ssh root@192.168.153.26
```

登录 master 节点后，输入以下命令：

```
# kubectl get nodes
```

查看集群各节点状态，如图 4-70 所示。

```
[root@master-1 ~]# kubectl get nodes
NAME       STATUS   ROLES    AGE   VERSION
master-1   Ready    master   35m   v1.11.1
node-1     Ready    node     35m   v1.11.1
[root@master-1 ~]#
```

图 4-70　集群查看结果

打开 Web 浏览器，输入以下地址即可通过网页界面查看集群状态：

```
https://192.168.153.26:6443/api/v1/namespaces/kube-system/services/https:
kubernetes-dashboard:/proxy/#!/login
```

在 master 节点上执行以下步骤生成登录令牌，通过令牌认证登录 dashboard 界面：

```
# kubectl create serviceaccount dashboard-n default
# kubectl create clusterrolebinding dashboard-admin-n default \
  --clusterrole=cluster-admin \
  --serviceaccount=default:dashboard
# kubectl get secret $(kubectl get serviceaccount dashboard-o jsonpath=
"{.secrets[0].name}")-o jsonpath="{.data.token}" | base64--decode
```

此步后会产生令牌，生成结果如图 4-71 所示。

```
Last login: Fri Dec  7 11:45:48 2018 from 20.46.23.25
[root@master-1 ~]# kubectl get nodes
NAME       STATUS   ROLES    AGE    VERSION
master-1   Ready    master   1h     v1.11.1
node-1     Ready    node     1h     v1.11.1
node-2     Ready    node     24m    v1.11.1
[root@master-1 ~]# kubectl get secret $(kubectl get serviceaccount dashboard -o jsonpath="{.secrets[0
].name}") -o jsonpath="{.data.token}" | base64 --decode
Error from server (NotFound): serviceaccounts "dashboard" not found
[root@master-1 ~]# kubectl create serviceaccount dashboard -n default
serviceaccount/dashboard created
[root@master-1 ~]# kubectl create clusterrolebinding dashboard-admin -n default \
>   --clusterrole=cluster-admin \
> --serviceaccount=default:dashboard
clusterrolebinding.rbac.authorization.k8s.io/dashboard-admin created
[root@master-1 ~]# kubectl get secret $(kubectl get serviceaccount dashboard -o jsonpath="{.secrets[0
].name}") -o jsonpath="{.data.token}" | base64 --decode
```

生成令牌 token

eyJhbGciOiJSUzI1NiIsImtpZCI6IiJ9.eyJpc3MiOiJrdWJlcm5ldGVzL3NlcnZpY2VhY2NvdW50Iiwia3ViZXJuZXRlcy5pby9zZXJ2aWNlYWNjb3VudC9uYW1lc3BhY2UiOiJkZWZhdWx0Iiwia3ViZXJuZXRlcy5pby9zZXJ2aWNlYWNjb3VudC9zZWNyZXQubmFtZSI6ImRhc2hib2FyZC10b2tlbi01Yjdkb2NISsImt1YmVybmV0ZXMuaW8vc2VydmljZWFjY291bnQvc2VydmljZS1hY2NvdW50Lm5hbWUiOiJkYXNoYm9hcmQiLCJrdWJlcm5ldGVzLmlvL3NlcnZpY2VhY2NvdW50L3NlcnZpY2UtYWNjb3VudC51aWQiOiJkYXNoYm9hcmQiLCJrdWJlcm5ldGVzLmlvL3NlcnZpY2VhY2NvdW50L3NlcnZpY2UtYWNjb3VudC51aWQiOiJkYXNoYm9hcmQiLCJzdWIiOiJzeXN0ZW06c2VydmljZWFjY291bnQ6ZGVmYXVsdDpkYXNoYm9hcmQifQ.OZoEBM9Z1c-x5qeG9WNDrt6cfaVWt56xYBP-PFxeD9DYDCmzaEF0y0lAHVrqD6gGGmfI0-z7UTKKbgFm1KpnD1GItzWJ84yA1rvisQzOhRZnN-mNlH_iWge_yUO1vq1_e0SyKCQrC8Yq_kTSh2LY2pgagPbb47fiDehtAmMYIo9CIl9DflxtPZYeGogQ1WaBKVJBXcYEQrocEHMiWax3ksCnRp8h8fYNRghpisBOzWCtXLORI4Ab5jk-Gb1g3s36qNytka2-IWfTUSu1jHFREasSL5H5zGiSii84dM3qvql3yxL52bW1gjxyApOFTNdR1gUsXV2Ywnu1OvryVyd7Q[root@master-1 ~]#

图 4-71　令牌生成结果

输入令牌即可登录管理界面，如图 4-72 和图 4-73 所示。

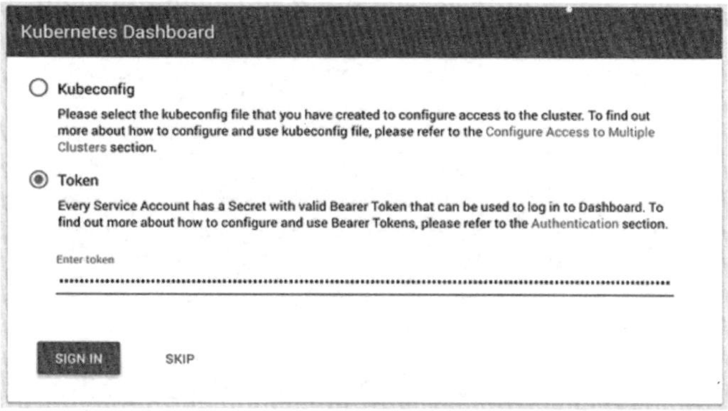

图 4-72　令牌方式登录

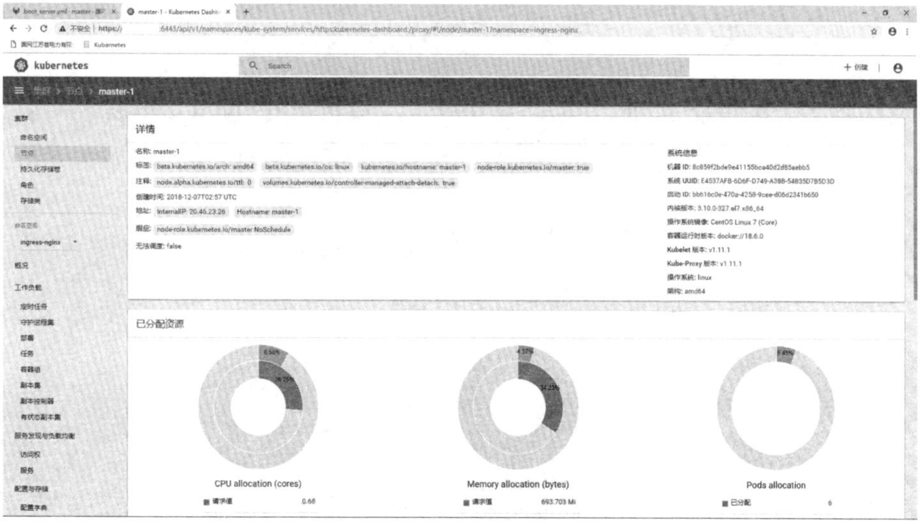

图 4-73　管理界面登录查看

4.3.4 环境扩容

4.3.4.1 扩容脚本注解

如果想要扩容集群节点，主要需要修改 inventory.cfg 脚本中的节点信息。在 all 字段区域以及 kube-node 字段区域分别添加待添加节点 192.168.153.27 信息，集群从两节点扩容至三节点，如图 4-74 所示。

```
[all]
master-1    ansible_host=192.168.153.25 ip=192.168.153.25 ansible_user=root ansible_ssh_pass='kubernetes'
node-1      ansible_host=192.168.153.26 ip=192.168.153.26 ansible_user=root ansible_ssh_pass='kubernetes'
node-2      ansible_host=192.168.153.27 ip=192.168.153.27 ansible_user=root ansible_ssh_pass='kubernetes'


[kube-master]
master-1

[kube-node]
node-1
node-2

[etcd]
master-1
node-1
node-2

[kube-ingress]

[k8s-cluster:children]
kube-node
kube-master

[calico-rr]

[vault]
master-
```

图 4-74　脚本修改

实际扩容操作中，根据所需扩容的节点信息与节点对应的功能，在对应的区域内添加节点信息即可。

4.3.4.2 扩容步骤详解

环境扩容操作可参照之前的环境部署操作，依次执行 booy_server.yml 脚本以及 cluster.yml 脚本。使用 kubectl 命令查看运行结果，如图 4-75 所示。

```
[root@master-1 ~]# kubectl get nodes
NAME       STATUS   ROLES    AGE    VERSION
master-1   Ready    master   1h     v1.11.1
node-1     Ready    node     1h     v1.11.1
node-2     Ready    node     29m    v1.11.1
[root@master-1 ~]#
```
新生成node-2节点

图 4-75　环境扩容结果

参照之前操作，将四个节点全部部署完成后结果如图 4-76 所示。

```
[root@master-1 ~]# kubectl get nodes
NAME        STATUS    ROLES     AGE    VERSION
master-1    Ready     master    5h     v1.11.1
master-2    Ready     master    5h     v1.11.1
node-1      Ready     node      5h     v1.11.1
node-2      Ready     node      5h     v1.11.1
[root@master-1 ~]#
```

图 4－76　环境完整部署结果

4.3.5　环境升级

4.3.5.1　安装升级所需组件

（1）查看升级脚本文件夹内的 requirement.txt 文本，查看运行升级操作脚本所需的组件模块，如图 4－77 所示。

```
[root@localhost k8s_1.13.0]# cat requirements.txt
ansible>=2.5.0,!=2.7.0
jinja2>=2.9.6
netaddr                      新组件
pbr>=1.6
hvac
```

图 4－77　升级脚本所需组件

与环境搭建扩容操作相比，环境升级操作需要额外新的组件 hvac，按 4.3.2 节配置完 pip 源后，可直接通过 pip 工具来安装组件模块，运行# pip install-r requirements 命令来安装 hvac 组件，并检查是否满足运行要求。运行结果如图 4－78 所示。

```
Requirement already satisfied: pyasn1>=0.1.7 in /usr/lib/python2.7/site-packages (from paramiko->ansib
le!=2.7.0,>=2.5.0->-r requirements.txt (line 1)) (0.1.9)
Requirement already satisfied: idna>=2.0 in /usr/lib/python2.7/site-packages (from cryptography->ansib
le!=2.7.0,>=2.5.0->-r requirements.txt (line 1)) (2.7)
Requirement already satisfied: six>=1.4.1 in /usr/lib/python2.7/site-packages (from cryptography->ansi
ble!=2.7.0,>=2.5.0->-r requirements.txt (line 1)) (1.9.0)
Requirement already satisfied: enum34 in /usr/lib/python2.7/site-packages (from cryptography->ansible!
=2.7.0,>=2.5.0->-r requirements.txt (line 1)) (1.0.4)
Requirement already satisfied: ipaddress in /usr/lib/python2.7/site-packages (from cryptography->ansib
le!=2.7.0,>=2.5.0->-r requirements.txt (line 1)) (1.0.16)
Requirement already satisfied: cffi>=1.4.1 in /usr/lib64/python2.7/site-packages (from cryptography->a
nsible!=2.7.0,>=2.5.0->-r requirements.txt (line 1)) (1.6.0)
Requirement already satisfied: chardet<3.1.0,>=3.0.2 in /usr/lib/python2.7/site-packages (from request
s>=2.7.0->hvac->-r requirements.txt (line 5)) (3.0.4)
Requirement already satisfied: urllib3<1.24,>=1.21.1 in /usr/lib/python2.7/site-packages (from request
s>=2.7.0->hvac->-r requirements.txt (line 5)) (1.23)
Requirement already satisfied: certifi>=2017.4.17 in /usr/lib/python2.7/site-packages (from requests>=
2.7.0->hvac->-r requirements.txt (line 5)) (2018.4.16)
Requirement already satisfied: pycparser in /usr/lib/python2.7/site-packages (from cffi>=1.4.1->crypto
graphy->ansible!=2.7.0,>=2.5.0->-r requirements.txt (line 1)) (2.14)
[root@localhost k8s_1.13.0]#
```

图 4－78　安装 hvac 组件

若配置的 pip 源内没有所需组件包，可通过在官网手动下载安装包或源代码来进行安装，如图 4－79 所示。Python 官网提供的安装格式有.whl 后缀安装包与.tar 后缀的源码压缩包，方便起见可直接下载.whl 格式的安装包，使用 pip 工具安装即可。

（2）升级为 1.11.1 以上版本的 Kubernetes 还需要安装 epel 包，否则在运行脚本过程会报错，如图 4－80 所示。

电力物联网电网企业云原生应用实践

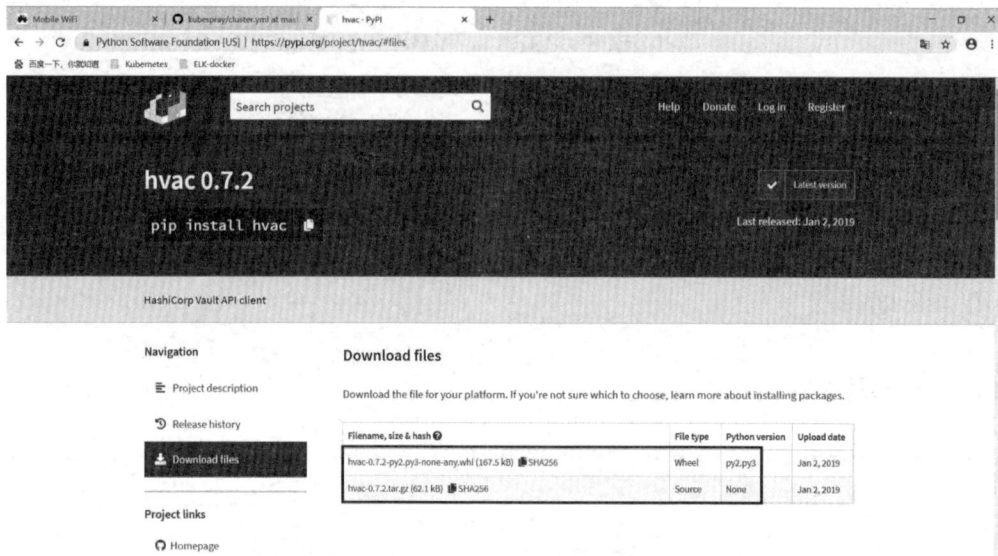

图 4-79　离线安装 hvac 组件

图 4-80　yum 源缺少 epel 安装包

　　按所配置的 yum 源中缺少 epel 安装包，可通过配置额外的包含安装包的 yum 源，或是将安装包上传至 yum 源中来解决，也可通过在外网手动下载合适版本的安装包手动安装。本示例从外网下载 rpm 安装包手动安装，如图 4-81 所示。

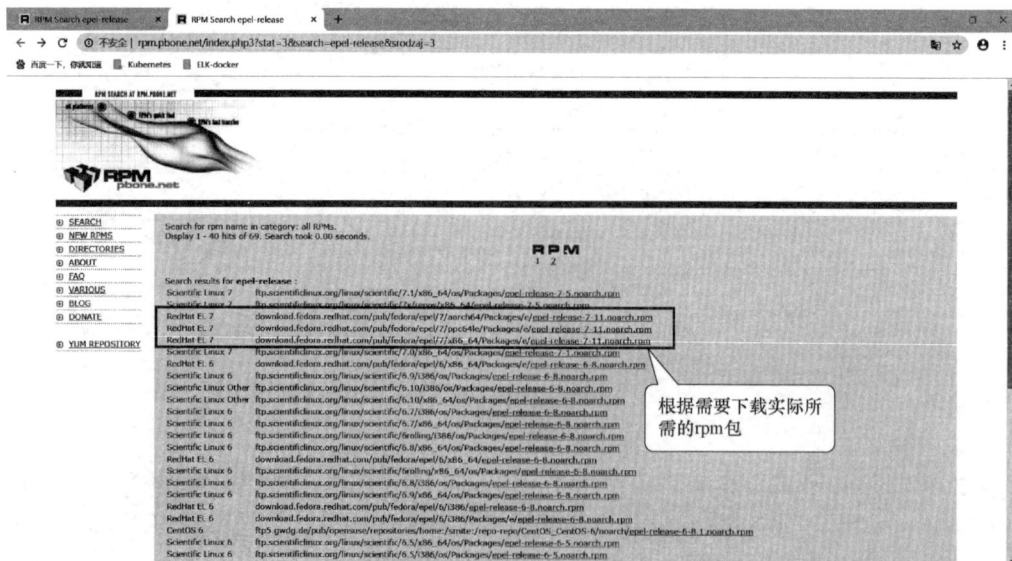

图 4-81　下载所需 rpm 包

70

4.3.5.2 准备升级所需镜像组件

操作步骤与之前基本类似，主要区别在于要下载不同版本的镜像组件，并上传至仓库，其操作流程大致如下：

（1）查看部署文件下/roles/download/defaults/main.yml 文件，可以看到部署 Kubernetes 环境的各组件版本、启动文件及镜像的下载地址，如图 4－82 和图 4－83 所示。

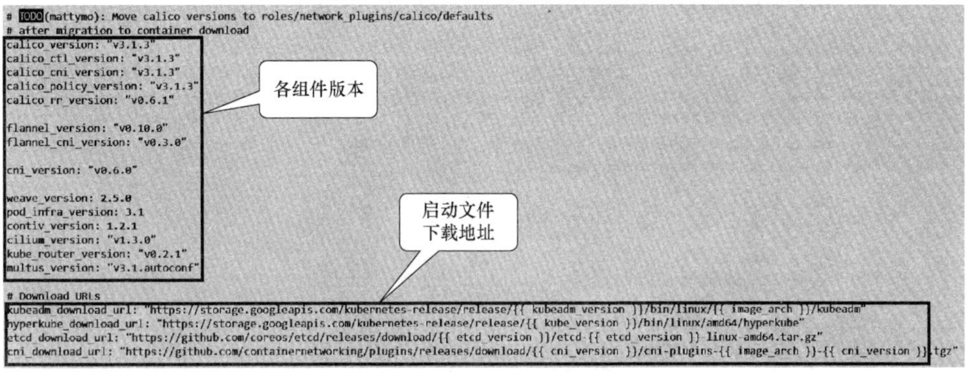

```
# TODO(mattymo): Move calico versions to roles/network_plugins/calico/defaults
# after migration to container download
calico_version: "v3.1.3"
calico_ctl_version: "v3.1.3"
calico_cni_version: "v3.1.3"
calico_policy_version: "v3.1.3"
calico_rr_version: "v0.6.1"

flannel_version: "v0.10.0"
flannel_cni_version: "v0.3.0"

cni_version: "v0.6.0"

weave_version: 2.5.0
pod_infra_version: 3.1
contiv_version: 1.2.1
cilium_version: "v1.3.0"
kube_router_version: "v0.2.1"
multus_version: "v3.1.autoconf"

# Download URLs
kubeadm_download_url: "https://storage.googleapis.com/kubernetes-release/release/{{ kubeadm_version }}/bin/linux/{{ image_arch }}/kubeadm"
hyperkube_download_url: "https://storage.googleapis.com/kubernetes-release/release/{{ kube_version }}/bin/linux/amd64/hyperkube"
etcd_download_url: "https://github.com/coreos/etcd/releases/download/{{ etcd_version }}/etcd-{{ etcd_version }}-linux-amd64.tar.gz"
cni_download_url: "https://github.com/containernetworking/plugins/releases/download/{{ cni_version }}/cni-plugins-{{ image_arch }}-{{ cni_version }}.tgz"
```


图 4－82　组件版本

```
# You need to deploy kubernetes cluster on local private development.
# Also provide the address of your own private registry.
# And use --insecure-registry options for docker
etcd_image_repo: "quay.io/coreos/etcd"
etcd_image_tag: "{{ etcd_version }}{%- if image_arch != 'amd64' -%}-{{ image_arch }}{%- endif -%}"
flannel_image_repo: "quay.io/coreos/flannel"
flannel_image_tag: "{{ flannel_version }}"
flannel_cni_image_repo: "quay.io/coreos/flannel-cni"
flannel_cni_image_tag: "{{ flannel_cni_version }}"
calicoctl_image_repo: "quay.io/calico/ctl"
calicoctl_image_tag: "{{ calico_ctl_version }}"
calico_node_image_repo: "quay.io/calico/node"
calico_node_image_tag: "{{ calico_version }}"
calico_cni_image_repo: "quay.io/calico/cni"
calico_cni_image_tag: "{{ calico_cni_version }}"
calico_policy_image_repo: "reg.test.org/kubespray/kube-controllers"
calico_policy_image_tag: "{{ calico_policy_version }}"
calico_rr_image_repo: "quay.io/calico/routereflector"
calico_rr_image_tag: "{{ calico_rr_version }}"
pod_infra_image_repo: "gcr.io/google_containers/pause-{{ image_arch }}"
pod_infra_image_tag: "{{ pod_infra_version }}"
install_socat_image_repo: "xueshanf/install-socat"
install_socat_image_tag: "latest"
netcheck_version: "v1.0"
netcheck_agent_image_repo: "quay.io/l23network/k8s-netchecker-agent"
netcheck_agent_image_tag: "{{ netcheck_version }}"
netcheck_server_image_repo: "quay.io/l23network/k8s-netchecker-server"
netcheck_server_image_tag: "{{ netcheck_version }}"
weave_kube_image_repo: "docker.io/weaveworks/weave-kube"
weave_kube_image_tag: "{{ weave_version }}"
weave_npc_image_repo: "docker.io/weaveworks/weave-npc"
```

图 4－83　镜像下载地址

（2）根据列举的镜像地址，在外网使用 Docker 服务下载对应的镜像组件，本书涉及的实例主要升级 Kubernetes 系统组件，需要下载的文件包括了 kube-proxy、kube-scheduler、kube-controller-manager、kube-apiserver 组件镜像，以及 kubeadm、hyperkube 等启动文件。

（3）将启动文件上传至 FTP 服务以供下载，上传结果如图 4－84 所示。

为防止 FTP 下载时出现 550 错误，将对应的 FTP 下载文件夹设置 777 权限：# chmod-R

777/var/ftp/kubernetes。

```
[root@host-20-46-21-72 kubernetes]# pwd
/var/ftp/kubernetes
[root@host-20-46-21-72 kubernetes]# ll
total 12
drwxrwxrwx 2 root root 4096 Jan 14 09:17 kubernetes-1.12.3
drwxrwxrwx 2 root root 4096 Jan 14 09:30 kubernetes-1.12.4
drwxrwxrwx 2 root root 4096 Jan 11 11:31 kubernetes-1.13.0
[root@host-20-46-21-72 kubernetes]#

[root@host-20-46-21-72 kubernetes-1.12.3]# ll
total 349996
-rwxrwxrwx 1 root root  30342816 Jan 14 09:17 calico-upgrade
-rwxrwxrwx 1 root root  15385105 Jan 14 09:17 cni-plugins-amd64-v0.6.0.tgz
-rwxrwxrwx 1 root root  10583618 Jan 14 09:17 etcd-v3.2.24-linux-amd64.tar.gz
-rwxrwxrwx 1 root root 248033928 Jan 11 10:25 hyperkube
-rwxrwxrwx 1 root root  54038482 Jan 11 10:31 kubeadm
[root@host-20-46-21-72 kubernetes-1.12.3]#
```

图 4-84 上传镜像文件

（4）在外网环境中下载所需的镜像文件，如图 4-85 所示。

```
[root@localhost ~]# docker search kube-proxy
NAME                                          DESCRIPTION                                    STARS   OFFICIAL   AUTOMATED
jwilder/nginx-proxy                           Automated Nginx reverse proxy for docker con… 1504               [OK]
jrcs/letsencrypt-nginx-proxy-companion        LetsEncrypt container to use with nginx as p… 466                [OK]
mirrorgooglecontainers/kube-proxy-amd64                                                      8
mirrorgooglecontainers/kube-proxy-arm                                                        3       ← 搜索相应镜像源
mirrorgooglecontainers/kube-proxy                                                            3
gcrxio/kube-proxy-amd64                                                                       2
luxas/kube-proxy                                                                             2
anjia0532/kube-proxy-amd64                                                                   1
slongstreet/kube-registry-proxy               Added basic auth to: github.com/kubernetes/k… 1
cloudnil/kube-proxy-amd64                     kubernetes dependency                         1                  [OK]
kylemcc/kube-nginx-proxy                      Automated reverse proxy for Kubernetes power… 1                  [OK]
palmstonegames/kubectl-proxy                  Kubectl running in proxy mode, with port 800… 0
ulm0/kube-proxy                               Kube-proxy multi-arch image                  0
angelnu/kube-proxy-amd64                      kube-proxy for amr, arm64 and amd64          0
keveon/kube-proxy-amd64                                                                      0                  [OK]
ist0ne/kube-proxy-amd64                       https://gcr.io/google_containers/kube-proxy-… 0                  [OK]
flant/kube-prometheus-auth-proxy              kube-prometheus-auth-proxy                    0                  [OK]
anjia0532/kube-proxy                                                                         0
fishchen/kube-proxy-amd64                     k8s.gcr.io/kube-proxy-amd64                   0                  [OK]
tommyvn/kubectl-proxy                         A kubectl proxy sidecar                       0
googlecontainersmirrors/kube-proxy-arm64                                                     0
openstackmagnum/kubernetes-proxy                                                             0
truthbean/kube-proxy-amd64                    mirror FROM k8s.gcr.io/kube-proxy-amd64:vxxx 0                  [OK]
torchbox/kube-registry-proxy                  kube-registry-proxy fork with correct timeou… 0                  [OK]
kubeapps/tiller-proxy                         A web-based UI for deploying and managing …               ← 下载对应版本镜像
[root@localhost ~]# docker pull mirrorgooglecontainers/kube-proxy-amd64:v1.12.3
```

图 4-85 下载升级所需镜像

本书涉及的实例选择谷歌镜像源来下载容器镜像，为安全考虑最好从配置文件中的官方地址下载，注意标明所需的镜像版本。

（5）下载完成后，通过# docker tag 命令，修改镜像标签，如图 4-86 所示，将镜像标签修改为 Harbor 仓库对应格式。

```
[root@localhost ~]# docker tag mirrorgooglecontainers/kube-proxy-amd64:v1.12.3 reg.    .org/kubespray/kube-proxy:v1.12.3
[root@localhost ~]# docker images
REPOSITORY                                          TAG      IMAGE ID       CREATED       SIZE
hello-world                                         latest   fce289e99eb9   2 weeks ago   1.84kB     ← 打上对应标签
kubespray/kube-proxy                                v1.12.3  ab97fa69b926   7 weeks ago   96.5MB
mirrorgooglecontainers/kube-proxy-amd64             v1.12.3  ab97fa69b926   7 weeks ago   96.5MB
mirrorgooglecontainers/kube-proxy                   v1.12.3  ab97fa69b926   7 weeks ago   96.5MB
reg.kolla.org/kubespray/kube-proxy                  v1.12.3  ab97fa69b926   7 weeks ago   96.5MB
kubespray/kube-apiserver                            v1.12.3  6b54f7bebd72   7 weeks ago   194MB
mirrorgooglecontainers/kube-apiserver-amd64         v1.12.3  6b54f7bebd72   7 weeks ago   194MB
mirrorgooglecontainers/kube-apiserver               v1.12.3  6b54f7bebd72   7 weeks ago   194MB
mirrorgooglecontainers/kube-controller-manager      v1.12.3  c79022eb8bc9   7 weeks ago   164MB
kubespray/kube-controller-manager                   v1.12.3  c79022eb8bc9   7 weeks ago   164MB
mirrorgooglecontainers/kube-controller-manager-amd64 v1.12.3 c79022eb8bc9   7 weeks ago   164MB
kubespray/kube-scheduler                            v1.12.3  5e75513787b1   7 weeks ago   58.3MB
mirrorgooglecontainers/kube-scheduler-amd64         v1.12.3  5e75513787b1   7 weeks ago   58.3MB
mirrorgooglecontainers/kube-scheduler               v1.12.3  5e75513787b1   7 weeks ago   58.3MB
[root@localhost ~]#
```

图 4-86 修改镜像标签

（6）将修改好后的镜像文件打包拷贝至内网机器，并上传到 Harbor 镜像仓库，上传结果如图 4－87 所示。

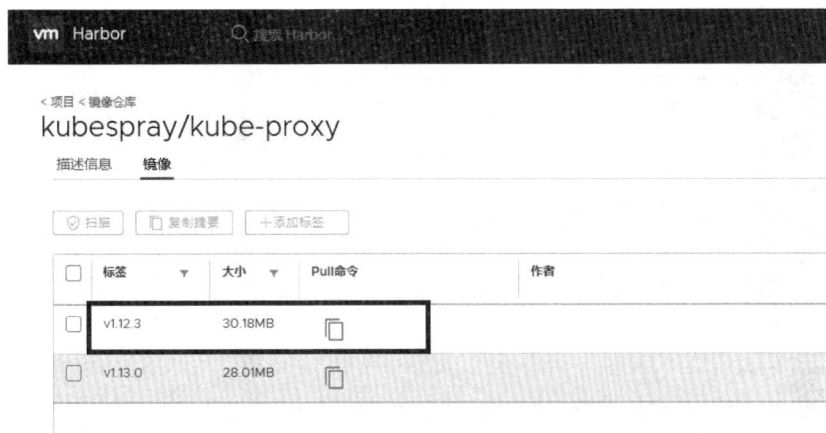

图 4－87　镜像上传结果

4.3.5.3　升级脚本注解

（1）inventory.cfg 脚本。集群脚本根据实际情况进行配置。

（2）k8s-cluster 脚本。将配置脚本中的 kube_network_plugin、kube_proxy、helm deployment 字段进行相应的修改。

由于升级脚本的 kubespray 版本较高，k8s-cluster.yml 脚本的部分参数需要额外修改，如图 4－88 所示。将 kube_image_repo 修改为重定向后的 Harbor 仓库地址。

```
# This is where all the cert scripts and certs will be located
kube_cert_dir: "{{ kube_config_dir }}/ssl"

# This is where all of the bearer tokens will be stored
kube_token_dir: "{{ kube_config_dir }}/tokens"

# This is where to save basic auth file
kube_users_dir: "{{ kube_config_dir }}/users"

kube_api_anonymous_auth: true

## Change this to use another Kubernetes version, e.g. a current beta release
kube_version: v1.13.0

# kubernetes image repo define
kube_image_repo: "reg.test.org/kubespray"
```

图 4－88　修改镜像仓库地址

除了在脚本末添加上传的镜像仓库地址外，还要额外添加新版 Kubernetes 所需组件启动文件的下载地址，如图 4－89 所示。

（3）upgrade.yml。同时，还要修改在部署文件夹目录下的 calico 更新路径，文件位于部署文件夹/roles/network_plugin/calico/tasks/upgrade.yml，修改地址，如图 4－90 所示。

```
kubeadm_download_url: "ftp://192.168.153.72:10021/kubernetes/kubernetes-1.13.0/kubeadm"
hyperkube_download_url: "ftp://192.168.153.72:10021/kubernetes/kubernetes-1.13.0/hyperkube"
cni_download_url: "ftp://192.168.153.72:10021/kubernetes/kubernetes-1.13.0/cni-plugins-amd64-v0.6.0.tgz"
```

```
etcd_image_repo: "reg.test.org/kubespray/etcd"
flannel_image_repo: "reg.test.org/kubespray/flannel"
flannel_cni_image_repo: "reg.test.org/kubespray/flannel-cni"
calicoctl_image_repo: "reg.test.org/kubespray/ctl"
calico_node_image_repo: "reg.test.org/kubespray/node"
calico_cni_image_repo: "reg.test.org/kubespray/cni"
calico_rr_image_repo: "reg.test.org/kubespray/routereflector"
hyperkube_image_repo: "reg.test.org/kubespray/hyperkube"
pod_infra_image_repo: "reg.test.org/kubespray/pause-amd64"
nginx_image_repo: "reg.test.org/kubespray/nginx"
kubedns_image_repo: "reg.test.org/kubespray/k8s-dns-kube-dns-amd64"
coredns_image_repo: "reg.test.org/kubespray/coredns"
dnsmasq_nanny_image_repo: "reg.test.org/kubespray/k8s-dns-dnsmasq-nanny-amd64"
dnsmasq_sidecar_image_repo: "reg.test.org/kubespray/k8s-dns-sidecar-amd64"
dnsautoscaler_image_repo: "reg.test.org/kubespray/cluster-proportional-autoscaler-amd64"
elasticsearch_image_repo: "reg.test.org/kubespray/elasticsearch"
fluentd_image_repo: "reg.test.org/kubespray/fluentd-elasticsearch"
kibana_image_repo: "reg.test.org/kubespray/kibana"
tiller_image_repo: "reg.test.org/kubespray/tiller"
registry_proxy_image_repo: "reg.test.org/kubespray/kube-registry-proxy"
ingress_nginx_default_backend_image_repo: "reg.test.org/kubespray/defaultbackend"
kubedns_image_repo: "reg.test.org/kubespray/k8s-dns-kube-dns-amd64"
dnsmasq_nanny_image_repo: "reg.test.org/kubespray/k8s-dns-dnsmasq-nanny-amd64"
dnsmasq_sidecar_image_repo: "reg.test.org/kubespray/k8s-dns-sidecar-amd64"
kubednsautoscaler_image_repo: "reg.test.org/kubespray/cluster-proportional-autoscaler-amd64"
dashboard_image_repo: "reg.test.org/kubespray/kubernetes-dashboard-amd64"
```

图 4-89　添加启动文件下载地址

```
---
- name: "Download calico-upgrade tool (force version)"
  get_url:
    url: "ftp://192.168.153.72:10021/kubernetes/kubernetes-1.13.0/calico-upgrade"
    dest: "{{ bin_dir }}/calico-upgrade"
    mode: 0755
    owner: root
    group: root
    force: yes
  environment: "{{proxy_env}}"
- name: "Create etcdv2 and etcdv3 calicoApiConfig"
  template:
    src: "{{ item }}-store.yml.j2"
    dest: "/etc/calico/{{ item }}.yml"
  with_items:
  - "etcdv2"
  - "etcdv3"
```

图 4-90　添加更新文件下载地址

4.3.5.4　升级步骤详解

环境升级操作可参照 4.3.3 节的环境部署操作，执行 upgrade-cluster.yml 脚本：

```
#ansible-playbook  -i inventory/local/inventory.cfg upgrade-cluster.yml-e
kube_version=v1.12.3
```

当升级脚本运行结束后，使用 kubectl 命令查看运行结果，如图 4-91 所示。

```
[root@master-1 ~]# kubectl get no
NAME       STATUS   ROLES    AGE   VERSION
master-1   Ready    master   16h   v1.12.3
node-1     Ready    node     16h   v1.12.3
node-2     Ready    node     16h   v1.12.3
node-3     Ready    node     16h   v1.12.3
[root@master-1 ~]#
```

图 4-91　查看升级操作结果

4.3.6　灾备与恢复

K8s 集群在 master 节点发生故障时，并不会影响已有的 pod 运行和服务开放，所以对服务是没有影响的。故而可以在发生故障之后，挑选合适的时间窗口进行维护和恢复，对外部客户造成最低的影响。严格来讲，K8s 主节点的灾备恢复包括两大类，etcd 数据存储恢复和主节点控制组件恢复（包括但不限于 kube-apiserver、kube-controller-manager、kube-scheduler、coredns、dashboard 等组件）。

4.3.6.1　Etcd 数据备份及恢复

etcd 的数据默认会存放在命令工作目录中，数据所在的目录会被分为两个文件夹，其中，snap 用来存放快照数据，etcd 防止 wal 文件过多而设置的快照，存储 etcd 数据状态。wal 文件夹主要用来存放预写式日志，预写式日志的主要作用是记录 Kubernetes 集群数据变化的全部操作过程；etcd 数据库中，所有的数据在提交修改之前，都需要先写入到 wal 文件夹中。文件夹路径如图 4-92 所示。

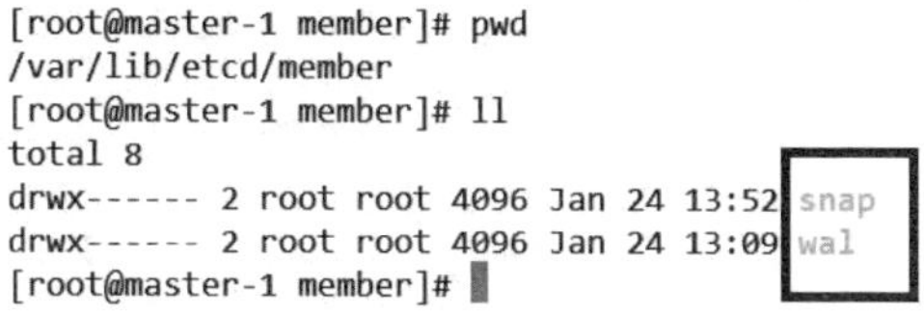

```
[root@master-1 member]# pwd
/var/lib/etcd/member
[root@master-1 member]# ll
total 8
drwx------ 2 root root 4096 Jan 24 13:52 snap
drwx------ 2 root root 4096 Jan 24 13:09 wal
[root@master-1 member]#
```

图 4-92　etcd 数据存放目录

（1）单节点 etcd 数据备份与恢复。新版本 Kubespray 使用了 Kubeadm 工具来部署集群，默认安装情况下会将 etcd 的存储数据落地到宿主机#/var/lib/etcd/目录，将此目录下的文件定期备份，etcd 数据出现问题需要恢复时，直接将文件还原到此目录下，即可实现单节点的etcd 数据恢复。

还可通过脚本部署定时任务，实现 etcd 数据的自动备份，定时任务脚本注解如图 4-93所示：

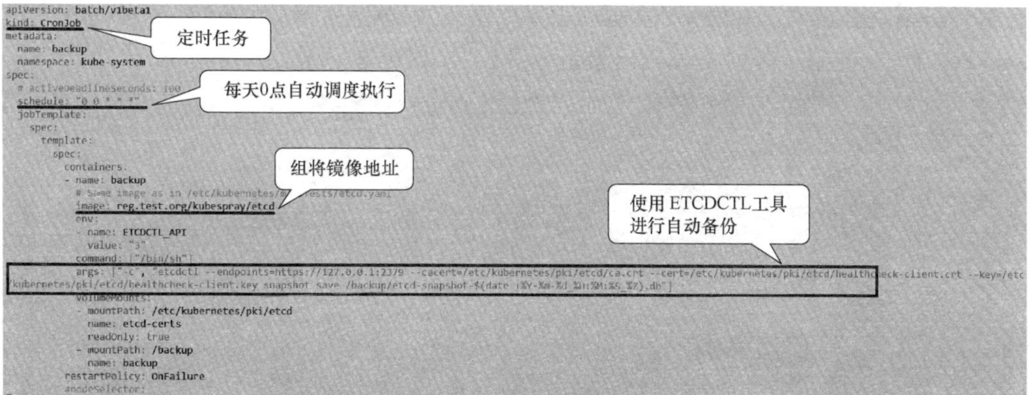

图 4-93　定时任务部署脚本（一）

图4-93 定时任务部署脚本（二）

（2）etcd 集群数据的备份和恢复。如果在 K8s 集群中部署了 etcd 集群，那么这个集群数据的备份恢复就不能基于单个容器的文件，而需要在集群的容器内用 etcdctl 命令进行备份和还原数据操作，或在停止 etcd 服务的情况下覆盖文件，操作思路同单点。

本书涉及的实例使用的是 v1.11.1 版本 Kubernetes，其 etcd 组件的 API 函数默认为 v2，使用 API v3 时需要对环境变量 ETCDCTL_API 明确指定，如图 4-94 所示。

```
[root@master-1 ~]# etcdctl --version
etcdctl version: 3.2.4
API version: 2
[root@master-1 ~]#
```

图 4-94 etcd API 默认版本

1）在命令行设置：

```
# export ETCDCTL_API=3
```

2）备份数据：

```
# etcdctl--endpoints=https://192.168.153.25:2379
--cacert=/etc/ssl/etcd/ ssl/ca.pem
--cert=/etc/ssl/etcd/ssl/member-master-1.pem
--key=/etc/ssl/etcd/ssl/member-master-1-key.pem snapshot save snapshot.db
```

3）数据恢复（在 etcd 节点上依次执行）：

```
#etcdctl snapshot restore snapshot.db \
--name master-1 \
--initial-cluster
master-1=http://192.168.153.25:2380,master-2=http://192.168.153.26:2380,
master-3=http://192.168.153.27:2380 \
  --initial-cluster-token etcd-cluster-1 \
  --initial-advertise-peer-urls http://192.168.153.25:2380 \
  --data-dir=/var/lib/etcd
# etcd \
  --name master-1 \
  --listen-client-urls http://192.168.153.25:2379 \
  --advertise-client-urls http://192.168.153.25:2379 \
```

```
--listen-peer-urls http://192.168.153.25:2380 &
```

4.3.6.2　Master 节点备份及恢复

一般来说，如果 master 节点需要备份恢复，除了误操作和删除，很可能整个机器出现故障，需要同时进行 etcd 数据的恢复。

在恢复时有个前提条件，就是在待恢复的机器上，机器名称和 IP 地址需要与崩溃前的主节点配置完成一样。因为这个配置写进了 etcd 数据存储，若机器名称与 IP 地址不一致，则集群会判定集群添加了一个新的 master 节点，故障 master 节点并没有恢复。

（1）master 节点数据备份。master 节点数据的备份主要包括三个部分：

1）备份#/etc/kubernetes/目录下的所有文件（证书，manifest 文件）；

2）备份 root 用户主目录下#/root/.kube/config 文件（kubectl 连接认证）；

3）备份#/var/lib/kubelet/目录下所有文件（plugins 容器连接认证）。

（2）master 节点组件服务、数据恢复。master 节点的组件数据恢复可按以下步骤执行：

1）使用 kubespray 安装脚本重新安装 master 节点。

2）停止系统服务 systemctl stop kubelet.service。

3）删除 master 节点上已运行的除 etcd 外的组件容器。

4）恢复 etcd 数据。

5）将之前备份的两个目录与 config 配置文件依次还原。

6）重启系统服务 systemctl start kubelet.service。

4.3.7　灾备恢复演示

事先备份所需文件夹与配置文件，以日志监控系统 EFK 服务为例测试。在部署了日志监控服务后，通过 master 节点 IP 与端口号可访问 Kibana 界面，如图 4-95 所示。

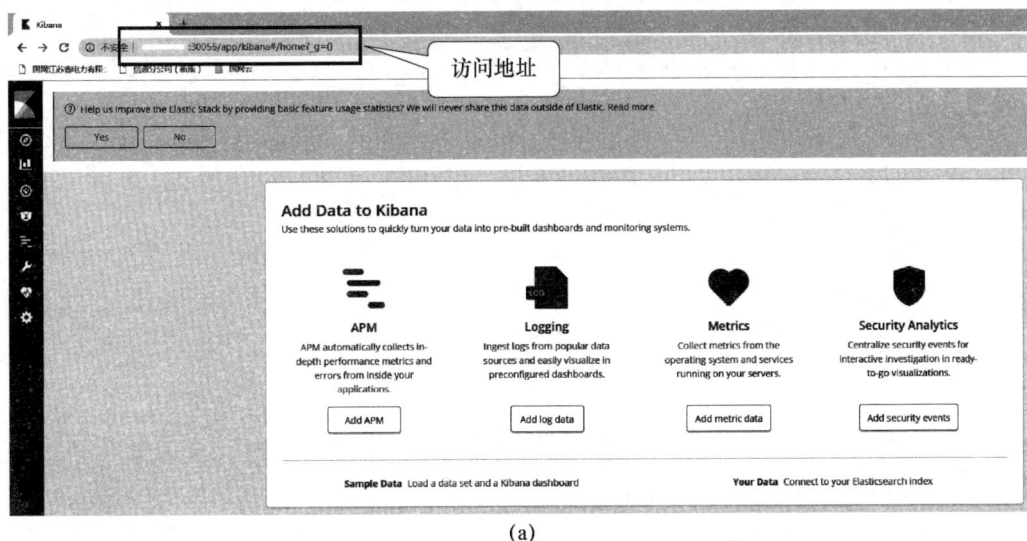

(a)

图 4-95　日志服务系统（一）

（a）访问地址

77

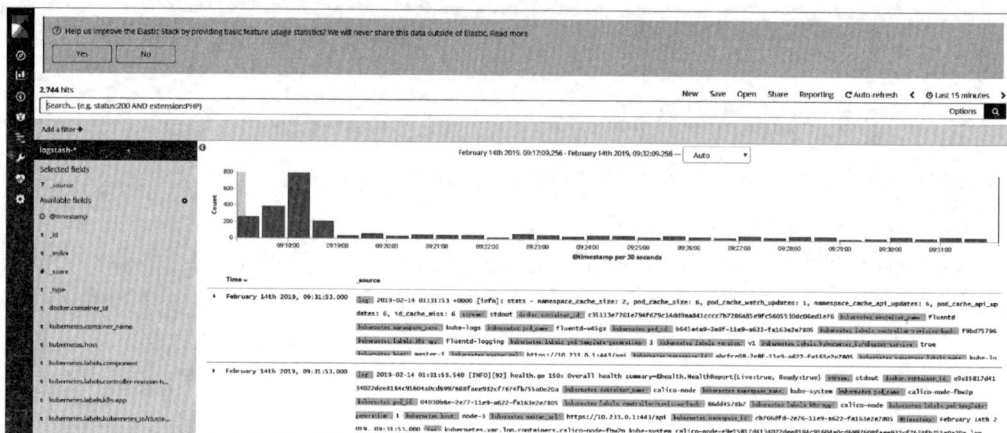

(b)

图 4-95　日志服务系统（二）

（b）日志检索

4.3.7.1　单控制节点灾备恢复

使用 kubespray 项目中的 reset.yaml 脚本将 master 节点（etcd 节点）重置，模拟 master 节点故障情形。此时 192.168.153.25：30056 地址已无法访问日志系统，由于 EFK 系统的组件容器运行在 node 节点，还可通过 node 节点 IP 与端口号访问。此时日志系统无法正常检索节点日志。

现在按之前的步骤逐步恢复 master 节点以及 etcd 节点。在 ansible 部署机器上，重新运行 kubespray 项目的 cluster.yml 部署脚本，部署完成后集群状态如图 4-96 所示，此时在 master 节点上只能识别出本节点，而与其余三个 node 的控制通信功能未能恢复。

```
[root@master-1 ~]# kubectl get no
NAME        STATUS    ROLES     AGE      VERSION
master-1    Ready     master    7m11s    v1.13.0
[root@master-1 ~]#
```

图 4-96　新集群状态

停止 kubelet.service 服务，并删除组件容器，如图 4-97 所示。

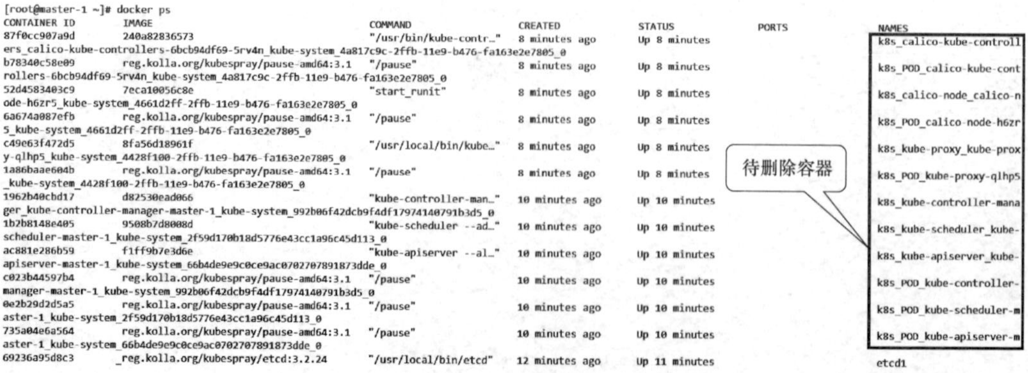

图 4-97　待删除容器

按操作内容对应恢复备份数据，并重启 kubelet.service 服务，可发现 Kubernetes 相关组件容器重新启动，如图 4-98 所示。

图 4-98 组件容器重新启动

恢复后查看集群状态如图 4-99 所示。

图 4-99 集群恢复状态

部署在 master 节点上的 EFK 组件—fluentd 容器也相应恢复运行，如图 4-100 所示。

图 4-100 恢复后 EFK 日志系统状态

使用 master 节点 IP 地址与端口号即可重新访问日志检索服务界面，Kubernetes 集群恢复运行，正常对外提供服务，如图 4-101 所示。

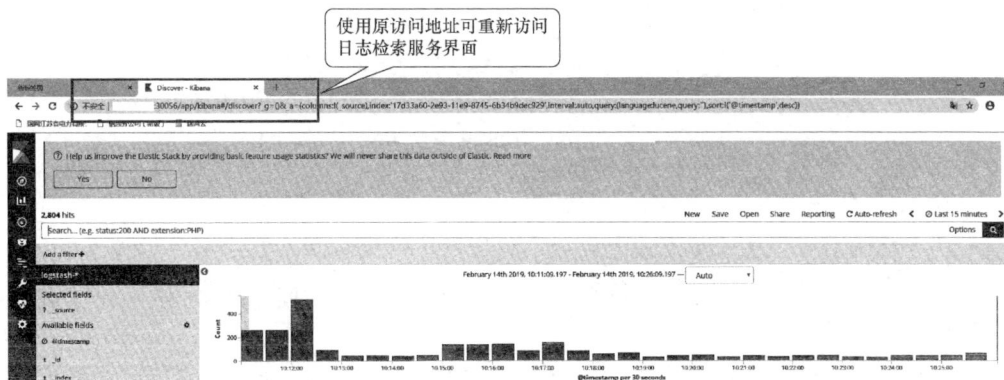

图 4-101 日志系统服务恢复正常

4.3.7.2 三控制节点灾备恢复

三控制节点的集群环境状态如图 4－102 所示。

```
[root@master-1 ~]# kubectl get no -owide
NAME        STATUS    ROLES     AGE      VERSION
master-1    Ready     master    1d       v1.11.1
master-2    Ready     master    1d       v1.11.1
master-3    Ready     master    1d       v1.11.1
node-1      Ready     node      1d       v1.11.1
[root@master-1 ~]#
```

图 4－102　三控制节点集群环境

在计算节点 node－1 上部署了 nginx 服务用来测试灾备恢复结果，nginx 服务访问如图 4－103 所示。

```
[root@master-1 ~]# kubectl get all -owide
NAME                          READY   STATUS    RESTARTS   AGE   IP             NODE
pod/nginx-controller-22csj    1/1     Running   0          22h   10.233.70.85   node-1

NAME                                    DESIRED   CURRENT   READY   AGE   CONTAINERS   IMAGES                       SELECTOR
replicationcontroller/nginx-controller  1         1         1       22h   nginx        reg.kolla.org/nginx/nginx    name=nginx

NAME                             TYPE        CLUSTER-IP      EXTERNAL-IP   PORT(S)          AGE   SELECTOR
service/kubernetes               ClusterIP   10.233.0.1      <none>        443/TCP          1d    <none>
service/nginx-service-nodeport   NodePort    10.233.60.186   <none>        8000:30001/TCP   22h   name=nginx
[root@master-1 ~]#
```

图 4－103　nginx 服务部署情况

使用 Kubespray 项目中的 reset 脚本将三控制节点全部重置，模拟整个集群不可用状态。

三控制节点集群的灾备恢复操作与之前操作方法基本一致，主要区别在于：如果在 etcd 集群中，单独替换 etcd 数据文件夹会因为集群数据的可靠性保障而失败，需要在 etcd 节点上首先停止 etcd 服务，再重新替换文件并重启 etcd 服务，这样才能成功恢复集群 etcd 数据。

在本示例中使用 bash 脚本自动完成相关的备份恢复操作，脚本内容如图 4－104 和图 4－105 所示。

```
#!/bin/bash

mkdir -p /root/backup
\cp -rf /etc/kubernetes /root/backup
\cp -rf /root/.kube/config /root/backup
\cp -rf /var/lib/kubelet /root/backup
\cp -rf /var/lib/etcd /root/backup
date1=$(date +"%y-%m-%d-%H")
#echo $date1
#etcdctl backup --data-dir /var/lib/etcd/ --backup-dir /root/backup/etcd
tar -cvf ${HOSTNAME}_20$date1.tar backup/
sz /root/${HOSTNAME}_20$date1.tar
```

备份数据文件

图 4－104　数据备份脚本

三控制节点集群灾备恢复操作流程如下：

1）在各控制节点（etcd 节点）上设置定时任务，规定时间运行数据备份脚本。

2）当集群控制节点全部故障，集群无法正常对外提供服务时，重新运行 Kubespray 中的部署脚本，部署环境。

3）将定时备份的数据拷贝至各控制节点（etcd 节点）对应目录下，并在各节点上运行灾备恢复脚本。

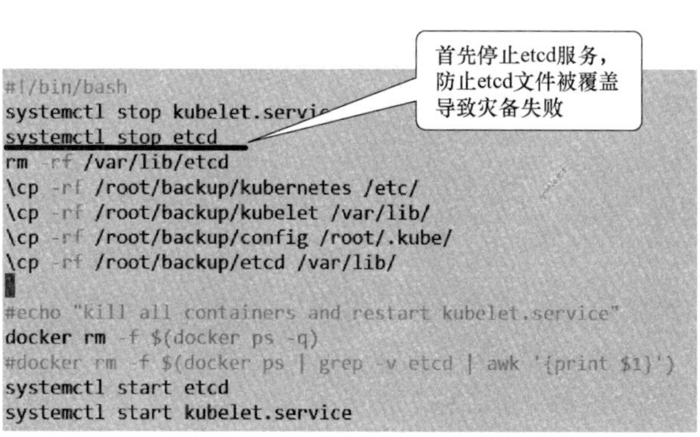

图 4-105　灾备恢复脚本

4）等待各 Kubernetes 组件容器重启后，验证集群灾备恢复结果。

5）再次运行部署脚本 cluster.yml。

使用 master 节点 IP 地址与端口号即可重新访问 nginx 界面，Kubernetes 集群恢复运行，正常对外提供服务。

经检查三控制节点集群在采用本方法灾备恢复后，控制节点与计算节点的 pod 调度功能存在异常。其解决方案是在执行完灾备恢复操作后重新执行部署脚本 cluster.yml，集群调度恢复正常。

5 企业级云平台运维

5.1 平台运维

本节主要介绍云平台运维相关的内容，包括虚拟化平台、容器平台、分布式存储平台三个平台。根据实际运维工作需要，分别介绍三个平台的服务检查、配置、启停及常见功能的使用等。

5.1.1 虚拟化平台运维

利用容器化 Kolla 项目实现 OpenStack 平台容器化部署，平台服务均以容器化的方式运行，运维工作中涉及的操作均通过控制节点下发命令执行，在此之前需要对控制节点环境变量进行配置，主要配置项如下：

```
#export OS_PROJECT_DOMAIN_NAME=Default
#export OS_USER_DOMAIN_NAME=Default
#export OS_PROJECT_NAME=admin
#export OS_TENANT_NAME=admin
#export OS_USERNAME="用户名"
#export OS_PASSWORD="口令"
#export OS_AUTH_URL="http://平台地址"
#export OS_INTERFACE=internal
#export OS_IDENTITY_API_VERSION=3
#export OS_REGION_NAME=RegionOne
#export OS_AUTH_PLUGIN=password
```

1. 虚拟化平台健康检查

（1）认证模块检查。执行命令：#openstack token issue，如图 5-1 所示。

```
root@controller:~# openstack token issue
+------------+--------------------------------------+
| Field      | Value                                |
+------------+--------------------------------------+
| expires    | 2016-06-28T05:03:27.982881Z          |
| id         | edb983b4b70e4b00bba56b50bc033c56     |
| project_id | 9cc3265a1334435ca00a30944cf94416     |
| user_id    | ac2236536764c80834c4e425fe6e415      |
+------------+--------------------------------------+
```

图 5-1 认证模块检查

有输出即可，如输出异常，则重启服务，命令如下：

```
#service apache2 restart
#service memcached restart
```

（2）计算（NOVA）模块检查。执行命令：#nova service-list，如图 5-2 所示。

```
root@controller:/# nova service-list
+----+------------------+------------+----------+---------+-------+----------------------------+-----------------+
| Id | Binary           | Host       | Zone     | Status  | State | Updated_at                 | Disabled Reason |
+----+------------------+------------+----------+---------+-------+----------------------------+-----------------+
| 1  | nova-cert        | controller | internal | enabled | up    | 2016-06-28T03:41:30.000000 | -               |
| 2  | nova-consoleauth | controller | internal | enabled | up    | 2016-06-28T03:41:30.000000 | -               |
| 3  | nova-scheduler   | controller | internal | enabled | up    | 2016-06-28T03:41:29.000000 | -               |
| 4  | nova-conductor   | controller | internal | enabled | up    | 2016-06-28T03:41:32.000000 | -               |
| 5  | nova-compute     | compute1   | nova     | enabled | up    | 2016-06-28T03:41:26.000000 | -               |
| 6  | nova-compute     | compute2   | nova     | enabled | up    | 2016-06-28T03:41:26.000000 | -               |
+----+------------------+------------+----------+---------+-------+----------------------------+-----------------+
```

图 5-2 计算模块检查

所有计算服务的状态必须是 enabled，State 必须是 up。如有服务存在异常，直接重启异常的服务，命令如下：

```
#service nova-cert restart
#service nova-consoleauth restart
#service nova-scheduler restart
#service nova-conductor restart
#service nova-compute restart
```

（3）网络模块（Neutron）检查。执行命令：#neutron agent-list，如图 5-3 所示。

```
root@controller:/# neutron agent-list
+--------------------------------------+--------------------+------------+-------+----------------+------------------------+
| id                                   | agent_type         | host       | alive | admin_state_up | binary                 |
+--------------------------------------+--------------------+------------+-------+----------------+------------------------+
| 0e6d910b-66c8-4ccd-a3c1-2499ccda04c1 | Metadata agent     | controller | :-)   | True           | neutron-metadata-agent |
| 492213c1-d5c7-4b4d-a5c5-ad574158b4cc | Open vSwitch agent | compute2   | :-)   | True           | neutron-openvswitch-agent |
| 7a69a4f0-db7a-424a-96d2-e6b3e79ae231 | L3 agent           | controller | :-)   | True           | neutron-l3-agent       |
| 9eafb8cc-0d81-4196-9540-f95b20411446 | Open vSwitch agent | controller | :-)   | True           | neutron-openvswitch-agent |
| a34e296a-d597-4acc-a059-cadbdbfc71a4 | Open vSwitch agent | compute1   | :-)   | True           | neutron-openvswitch-agent |
| a60aebd8-e760-49cc-85bb-660121b126cb | DHCP agent         | controller | :-)   | True           | neutron-dhcp-agent     |
+--------------------------------------+--------------------+------------+-------+----------------+------------------------+
```

图 5-3 网络模块检查

所有网络服务的 alive 必须是 True。如有服务存在异常，直接重启异常的服务，命令如下：

```
#service neutron-plugin-openvswitch-agent restart
#service neutron-l3-agent restart
#service neutron-dhcp-agent restart
#service neutron-metadata-agent restart
```

（4）存储模块检查。执行命令：#cinder service-list，如图 5-4 所示。

```
root@controller:~# cinder service-list
+------------------+---------------+------+---------+-------+----------------------------+-----------------+
|     Binary       |     Host      | Zone | Status  | State |        Updated_at          | Disabled Reason |
+------------------+---------------+------+---------+-------+----------------------------+-----------------+
| cinder-scheduler |  controller   | nova | enabled |  up   | 2016-06-28T04:05:47.000000 |      None       |
| cinder-volume    | compute1@ceph | nova | enabled |  up   | 2016-06-28T04:05:56.000000 |      None       |
| cinder-volume    | compute2@ceph | nova | enabled |  up   | 2016-06-28T04:05:54.000000 |      None       |
+------------------+---------------+------+---------+-------+----------------------------+-----------------+
```

图 5-4 存储模块检查

所有存储服务的 status 必须是 enabled，State 必须是 up。如有服务存在异常，直接重启异常的服务，命令如下：

```
#service cinder-scheduler restart
#service cinder-api restart
#service cinder-volume restart
```

（5）镜像模块检查。执行命令：#glance image-list，如图 5-5 所示。

```
root@controller:~# glance image-list
+--------------------------------------+-----------------------------------------+
| ID                                   | Name                                    |
+--------------------------------------+-----------------------------------------+
| c6d95b26-f6f8-4424-85c7-8e77aaf84166 | /root/images/cirros.img.raw             |
| ab9a7377-ffb6-488f-be87-da32194f3c91 | /root/images/cirros-0.3.4-x86_64-disk.img.raw |
| 3094e433-5aba-4af5-892d-1fb41eb05c70 | cirros.raw                              |
+--------------------------------------+-----------------------------------------+
```

图 5-5 镜像模块检查

有输出即可，如输出异常，重启服务即可，重启命令如下：

```
#service glance-registry restart
#service glance-api restart
```

（6）分布式存储检查。执行命令：#ceph-s，如图 5-6 所示。

```
root@controller:~# ceph -s
    cluster e21a123a-31f8-425a-86db-7204c33a6161
     health HEALTH_OK
     monmap e3: 3 mons at {compute1=10.9.0.111:6789/0,compute2=10.9.0.112:6789/0,controller=10.9.0.110:6789/0}
            election epoch 16, quorum 0,1,2 controller,compute1,compute2
     osdmap e63: 3 osds: 3 up, 3 in
      pgmap v53820: 768 pgs, 3 pools, 213 MB data, 49 objects
            15911 MB used, 134 GB / 149 GB avail
                 768 active+clean
root@controller:~#
```

图 5-6 分布式存储检查

Health 状态必须是 HEALTH_OK。如遇到 mon 或者 osd down，重启对应节点服务即可。

查询节点命令：#ceph osd tree，如图 5－7 所示。

```
root@controller:~# ceph osd tree
ID WEIGHT  TYPE NAME              UP/DOWN REWEIGHT PRIMARY-AFFINITY
-1 3.00000 root default
-2 1.00000     host controller
 0 1.00000         osd.0              up  1.00000          1.00000
-3 1.00000     host compute2
 2 1.00000         osd.2              up  1.00000          1.00000
-4 1.00000     host compute1
 1 1.00000         osd.1              up  1.00000          1.00000
root@controller:~# ▮
```

图 5－7　OSD 健康查询

重启服务命令：#/etc/init.d/ceph start osd.x

2. 运维管理常用工具

（1）虚拟机管理。

查询现有的虚拟机模板，命令如下：

```
#nova flavor-list
```

查询当前的虚拟机镜像，命令如下：

```
#nova image-list
```

创建虚拟机，命令如下：

```
#novaboot  --flavor name  --image name
--nic net-id=4d42b06a-5b86-4d20-a249-4d0e9f7a8162--security-group default
test1
```

查看虚拟机状态，命令如下：

```
#nova show id
```

当 vm_state 状态显示为 active 时，说明虚拟机部署完毕，可以使用。

（2）安全组管理。

创建一个安全组，命令如下：

```
#nova secgroup-create test "this is a test"
```

查看所有的安全组，命令如下：

```
#nova secgroup-list
```

向安全组添加规则，命令如下（如允许来自 192.168.0.1 的 ICMP 和 ssh 流量）：

```
#nova secgroup-add-rule test tcp 22 22 192.168.0.1/0
#nova secgroup-add-rule test icmp-1-1 192.168.0.1/0
```

如果虚拟主机运行 Windows 系统，则添加一条允许建立 TCP 连接的规则，命令如下：

```
#nova secgroup-add-rule test tcp 3389 3389 192.168.0.1/0
```

查看安全组所有配置规则，命令如下：

```
#nova secgroup-list-rules test
```

从安全组中删除允许来自 192.168.0.1 的 TCP 流量规则，命令如下：

```
#nova secgroup-delete-rule test tcp 22 22 192.168.0.1/0
```

删除安全组，命令如下：

```
#nova secgroup-delete test
```

（3）创建和挂载弹性磁盘。
查看已创建的卷，命令如下：

```
#cinder list
```

创建一块新的卷，名称为 test_disk，大小为 10G，命令如下：

```
#nova volume-create--display_name test_disk 10
```

查看新创建卷 test_disk 的详细信息，命令如下：

```
#nova volume-show id
```

删除新创建的卷，命令如下：

```
#nova volume-delete a6cb97b7-145d-4acc-94ae-e3425d76254e
```

将新创建的卷 test_disk 挂载到指定的云主机 test 上，命令如下：

```
#nova volume-attach test a6cb97b7-145d-4acc-94ae-e3425d76254e
```

将卷从云主机 test 上卸载，命令如下：

```
#nova volume-detach test a6cb97b7-145d-4acc-94ae-e3425d76254e
```

（4）网络管理。

查看所有的网络，命令如下：

```
#neutron net-list
```

查看子网设置，命令如下：

```
#neutron subnet-list
```

创建弹性公网 IP 池，命令如下：

```
#openstack subnet create--allocation-pool
start=XX.XX.XX.XX，end=XX.XX.XX.XX--network net-20--subnet-range XX.XX.XX.
XX/24--gateway XX.XX.XX.XX net-20-subnet
#neutron subnet-create ext-net 10.9.0.0/24--name ext-subnet--allocation-
pool start=XX.XX.XX.XX，end=XX.XX.XX.XX--disable-dhcp--gateway XX.XX.XX.XX
```

创建一个弹性 IP 给当前租户，命令如下：

```
#nova floating-ip-create ext-net
```

将 IP 地址分配给虚拟机，命令如下：

```
#nova add-floating-ip vm_id XX.XX.XX.XX
```

（5）镜像管理。

转换成 raw 格式，命令如下：

```
#qemu-img convert-f qcow2-O raw *.img *.raw
```

上传镜像，命令如下：

```
#glance image-create--name " *.raw "--file *.raw--disk-format raw--container-
format bare -progress
```

（6）虚拟机模板管理。

创建虚拟机模板，命令如下：

```
#nova flavor-create test IDramdiskcpu
```

例如：nova flavor-create test 6 512 100 2

查看虚拟机模板状态，命令如下：

```
#nova flavor-list
```

（7）日志检查。

Nova 日志目录：

```
/var/lib/docker/volumes/kolla_logs/_data/nova/*.log
```

Horizon 日志目录：

```
/var/lib/docker/volumes/kolla_logs/_data/apache2/*.log
```

Cinder 日志目录：

```
/var/lib/docker/volumes/kolla_logs/_data/cinder/*.log
```

Keystone 日志目录：

```
/var/lib/docker/volumes/kolla_logs/_data/keystone/*.log
```

Glance 日志目录：

```
/var/lib/docker/volumes/kolla_logs/_data/glance/*.log
```

Neutron 日志目录：

```
/var/lib/docker/volumes/kolla_logs/_data/neutron/*.log
```

Ceph 日志目录：

```
/var/lib/docker/volumes/kolla_logs/_data/ceph/*.log
```

3. 控制台配置及操作

（1）创建项目。用户可以属于多个项目，必须至少与一个项目相关联，在添加用户之前，至少要添加一个项目。通过 OpenStack 控制面板创建项目：

使用管理员用户登录；在左侧导航栏中选择"管理"（Admin）选项卡；在身份面板，点击"项目"（Projects）；点击"创建项目"（Create Project）。系统将提示输入一个项目名称以及项目描述，项目描述是可选项（建议填写）。选择表单底部的复选框来启用项目（默认情况下是启用的）。

（2）配额。通过设置配额，可以防止在没有通知的情况下系统能力被耗尽。例如可以控制每个租户使用的千兆字节数，将单个租户可占用的磁盘资源限制在安全、合理的范围内。

查看所有租户的配额设置情况，请运行如下命令：

```
#keystone tenant-list
```

（3）资源配额设置。

为防止单个租户可能用完所有可用的资源，OpenStack 自带默认的配额，用户根据硬件能力设置相应的配额参数，默认值是每租户10个卷或者单计算节点1TB磁盘空间，如图5-8所示。

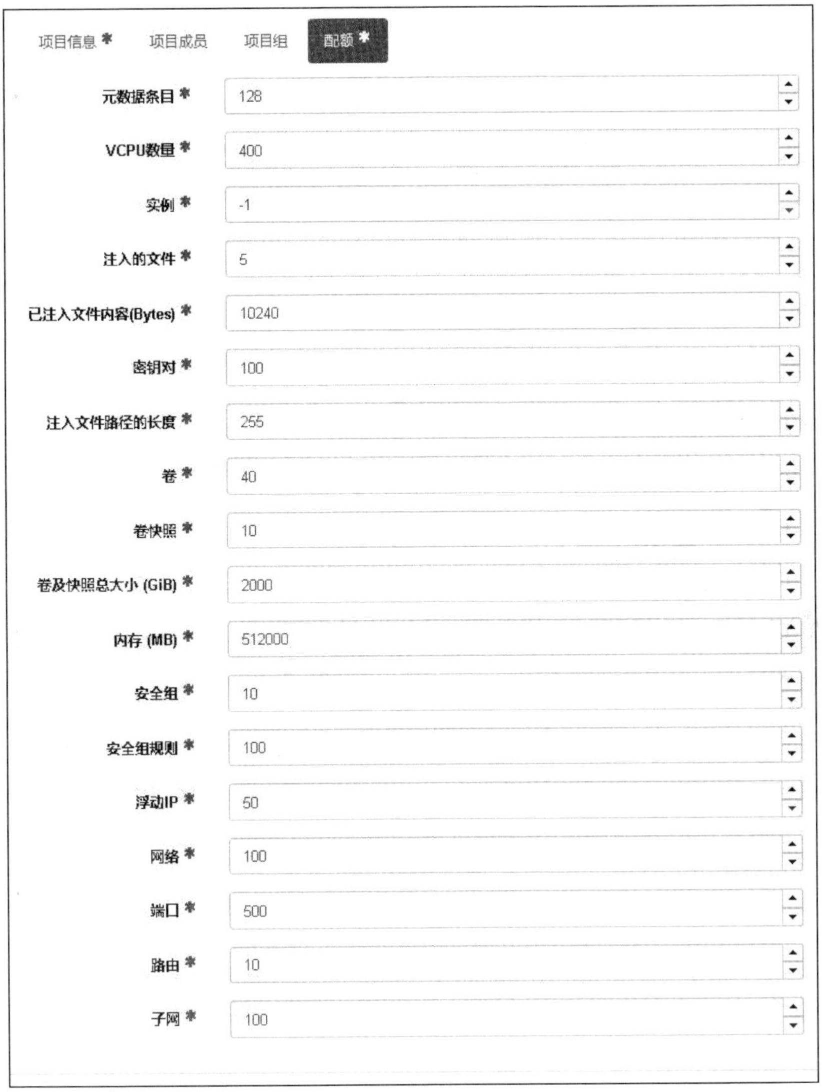

图5-8　租户配额设置

（4）镜像添加/删除。OpenStack 镜像通常可以被认为是"虚拟机模板"，该镜像文件可以是标准的安装介质，如 ISO 镜像，也可以是 RAW、QCOW2 等格式文件。一般来说，它们都含有可引导文件系统用来启动实例。#glance image-create 命令为操作镜像提供了大量的选项。例如 nin-disk 选项对需要一定大小的根磁盘的镜像有用（比如很大的 Windows 镜像）。要查询这些选项，运行#glance help inmage-create ocation 即可查看。需要额外注意的是添加镜像并不是将整个镜像复制到镜像服务中，而是引用镜像所在的原始位置。一旦启动了这个镜像实例，镜像服务会从指定的位置来访问镜像 copy-from 选项，将镜像从指定的位置复制到/var/ib/glance/images 目录中，与例子中那种使用 STDN 重定向符"<"的作用是一样的，运行命令#glance details 可查看现存镜像的属性。要删除一个镜像，只需执行命令#glance inage-delete image wuid>，删除一个镜像并不会影响基于这个镜像的实例和快照。

（5）Flavor。虚拟硬件模板在 Openstack 中称为 Flavor，它定义了内存大小、磁盘大小、CPU 的核心个数以及一些其他信息。默认安装提供 5 种 Flavor 供管理员配置（通过重新定义 nova-apt 服务器里/etc/nova/policy.json 文件中 compute extension：flavormanage 的访问控制，也可以授权其他用户配置）。要获得系统中可用 Flavor 的列表，执行命令如下：

```
#flavor-list
#nova flavor-create
```

命令能够让授权用户创建新的 Flavor。

（6）安全组。安全组是一套 IP 过滤规则，它们应用于虚拟机实例的组网。每个项目都有自己的安全组设置，项目成员可以修改默认规则，添加新的规则集合。所有的项目都有一个"默认"安全组，并且被应用于那些没有特别设置其他安全组的实例。除非被修改了，否则这个"默认"安全组会拒绝所有传入流量。

1）通用的安全组配置。nova.conf 中的 allow same net traffic 参数（默认为 true），从全局上控制规则能否应用于那些共享同一个网络的主机。当设置为 true 时，同一个子网上的主机就不会被过滤，而且它们之间的所有流量传递都被允许。在一个扁平网络中，所有项目中所有实例之间可无过滤地进行通信。如果 allow same net traffic 被设置为 false，安全组就会对所有的连接生效。在这种情况下，通过调整默认安全组规则，项目可以模拟出 allow same net traffic，从而允许所有来自子网的流量。

2）终端用户安全组的配置。当前项目的安全组可以在 Openstack 控制面板"访问与安全"（Access&ecurity）中查询。要查看现存安全组的详细配置，可以对相应安全组选取"编辑"（edit）操作；"编辑"界面也可以修改现存的安全组。"访问与安全"主界面"创建安全组"（Create Security Group）按钮，用来创建新的安全组。使用 nova 命令可从命令行获得当前项目的安全组列表：

```
#nova secgroup-list
```

要查看安全组的详细信息，命令如下：

```
#nova secgroup-list, rules
```

（7）存储。

1）创建块存储。虚拟机实例的操作系统访问块存储，Openstack 并没有什么特定的步骤要执行，一般来说需要在第一次使用的时候将块设备格式化，在移除它们的时候多加小心。OpenStack 卷管理服务的操作就是创建新卷并让虚拟机挂载和卸载卷。这些操作可以在控制面板的"卷"（Volumes）页面上完成，或通过 cinder 命令行客户端完成。要添加一个新卷，只需提供一个名字和卷的大小（GB），将它们放到"创建卷"的 Web 表单中；或使用命令创建，命令格式如下：

```
#cinder create--display-name test-volume 10
```

这个命令将创建一个 10GB 的卷，名为 test-volume。

2）挂载块存储。可以通过控制面板"卷"页面给实例添加块存储，单击期望添加卷旁"编辑附件"（Edit Attachments）按钮，或使用命令创建，命令如下：

```
#nova volume-attach<server><volume><device>
```

可以通过 nova 命令行客户端在虚拟机启动的时候为其添加块存储设备，命令如下：

```
#block-device-mapping<dev-naneanappingp
```

块存储设备的映射格式为：

```
<dev-nane=ctd:<type: <size (GB) > : <delete-on-terminate>
```

其中：

dev-name 为设备名，在这里卷被添加在系统中，通过/dev/dev name 来访问。

ID 用来引导卷，可以在 #nova volume-list 命令的输出中查看。

Type 为类型，可以是 snap，意思是这个卷是从快照（snapshot）制作出来，或是 snap 外的任何其他类型（可以是空白字符串）。

size（GB）为卷的大小，以千兆字节表示。这个可以留空，计算服务会推算出它的大小。

delete-on-terminate 为布尔值，用来表示当实例终止时，这个卷是否需要删除。可以将真值指定为 True 或 1，将假值指定为 False 或 0。

启动一个新的实例，同时会连接一个卷。ID 为 13 的卷会挂载在/evdc 上，这不是快照，也没有指定大小，在实例终止时不会被删除。命令如下：

```
#nova boot -- image 4042220e - 4fSe - 4398 - 9054 - 39fbd75a5dd7 \
-- flavor 2 -- key-nane nmykey -- block-device-mapping vdca13:::0 \
boot-with-vol-test
```

如果此前已准备好带有一个可引导文件系统镜像的卷，甚至可以直接从持久化的块存储来启动。下面的命令从一个指定的卷来启动镜像，与之前的命令类似，但是镜像部分被省略且卷被挂载的位置是 dew/vda，命令如下：

```
#nova boot. - flavor 2 -- key-nane mykey \
-- block-device-mapping vda = 13:::0 boot-fron-vol-test
```

5.1.2 容器化平台运维

5.1.2.1 集群管理

Kubernetes 集群运行在宿主机之上，在宿主机需要进行硬件升级、基础组件升级时，需要将 Node 节点进行隔离，对 Node 节点单独进行检修操作。现分别介绍 Node 节点的增、删、改、查等操作流程。

（1）Node 的增加。在生产环境下，资源动态消耗，Kubernetes 提供了不影响集群的节点扩容方式。将新服务器加入已有 Kubernetes 集群，需要在新的节点上安装 Docker、kubelet 和 kube-proxy 服务，配置 kubelet 和 kube-proxy 启动参数，将 MasterURL 地址指向 Kubernetes 集群 Master 的地址，然后启动这些服务，通过 kubelet 默认的自动注册机制，新的 Node 节点将会自动加入到现有的 Kubernetes 集群中（具体请参照 4.3.3 和 4.3.4）。

（2）Node 的删除。生产环境中删除 Node 节点，首先要保证该 Node 节点上没有服务运行，利用 Kubernetes 相关工具清空该 Node 节点并验证迁移的服务已正常运行，之后再删除该节点，命令如下：

```
[root@master – 1~]# kubectl drain node – 1 — ignore-daemonsets
```

上述命令会清空 node – 1 上的 pod，包括以 daemonsets 方式部署的 pod，主要用于物理节点日常的停运维护，当上述命令执行完成后就可以删除该 node，命令如下：

```
[root@master – 1~]# kubectl delete nodes node – 1
```

完成删除后，集群就不会将资源调度到该 node 上。

（3）Node 的修改。Node 节点出现性能问题，需要对问题进行定位，此时集群认为该 node 运行正常，故需要手动隔离该 Node。命令如下：

```
[root@master – 1~]# kubectl cordon node – 1
```

命令执行后，集群将会停止向该 Node 上调度 pod，但仍在运行的 pod 不受影响。如果要迁移，则需要手动删除 pod 或使用 drain 命令清空 node。与 cordon 命令成对出现的是 uncordon 命令：

```
[root@master – 1~]# kubectl uncordon node – 1
```

（4）Node 的查询。包括 Node 状态的查询、Node 配置信息的查询。

```
[root@master – 1~]# kubectl get nodes-owide
```

上述命令会输出集群内 Node 节点的信息，包括实时状态、标签、运行时长、组件版本、集群内 IP 地址、外部 IP 地址、操作系统、操作系统内核版本、Docker 版本等。

5.1.2.2　资源调配

Kubernetes 提供了多种计算资源配置的方式，在日常运维中，主要通过配置 pod 资源实现灵活的配置管理。配置 pod 时，可以为其中的每个容器指定需要使用的计算资源，包括 CPU 资源和内存资源。

计算资源的配置分为两项：① 资源请求 Resource Request，表示容器希望被分配到的、可以完全保证的资源量，Resource Request 的值会提交到调度器，以便优化基于资源请求的容器调度；② 资源限制 Resource Limits，表示容器最多能使用的资源量上限，这个值也会提交到调度器，在平台资源发生冲突时用于策略的制定。

CPU 资源支持的最小粒度为 1m，即千分之一核。如果一个容器的资源需求设置为 0.5，那么它会自动转化为 500m 的 CPU，推荐直接使用 m 为 CPU 的资源单位。CPU 资源是绝对值，而不是相对值，即不论在单核机上还是在多核机上都是一样的。

内存资源使用整数或整数加单位表示，其中单位包括两种形式：

1KB = 1000byte = 8000bits；

1KiB = 2^10byte = 1024byte = 8192bits；

以下几种内存的配置是等价的：

128974848、129e6、129M、123Mi

需要注意的是 yaml 文件中是大小写严格区分的，M 与 m 表示的意思截然不同。

```
apiVersion: v1
kind: Pod
metadata:
name: frontend
spec:
containers:
- name: db
image: mysql
resources:
  requests:
    memory: "64Mi"
    cpu: "250m"
  limits:
    memory: "128Mi"
    cpu: "500m"
- name: wp
image: wordpress
resources:
  requests:
    memory: "64Mi"
```

```
    cpu: "250m"
  limits:
    memory: "128Mi"
    cpu: "500m"
```

以上是 yaml 文件中对资源的配置信息，调度时仅仅使用了 requests，而没有使用 limits，而在运行时，两者都使用了。

Kubernetes 通过 cgroups 限制容器的 CPU 和内存等计算资源，包括 requests（请求，调度器保证调度到资源充足的 Node 上）和 limits（上限）等：

spec.containers[].resources.limits.cpu—CPU 上限，可以短暂超过，容器也不会被停止。

spec.containers[].resources.limits.memory—内存上限，不可以超过；如果超过，容器可能会被停止或调度到其他资源充足的机器上。

spec.containers[].resources.requests.cpu—CPU 请求，可以超过。

spec.containers[].resources.requests.memory—内存请求，可以超过；但如果超过，容器可能会在 Node 内存不足时清理。

5.1.2.3 容器的调度

Kubernetes 上的容器可以通过相关工具进行灵活调度管理。Kubernetes 提供以下方法实现，包括 nodeSelector、nodeAffinity、Taints 和 tolerations。

（1）nodeSelector 方法可以为容器选择特定的物理节点运行，部分容器可能对运行环境有一定的要求，比如存储资源、并行计算资源等。这种情况下，可以使用 nodeSelector 方法来限制容器的调度。

首先给 Node 打上标签。

```
kubectl label nodes node - 01 demo = TF1
```

上述语句为 node - 1 打上 demo = TF1 的标签。

在 Deployment 文件中添加如下字段：

```
spec.nodeSelector:demo = TF1
```

更新 Deployment 文件后配置生效。

（2）nodeAffinity 是节点亲和性调度，实际上是 nodeSelector 工具的升级版本。使用 nodeSelector 工具时，当指定物理节点出现问题后，容器可能出现无法调度的故障。使用 nodeAffinity 可以避免上述情况，可以使用 nodeAffinity 工具为容器选择优先级更高的物理节点，而不是指定物理节点。

spec.affinity.nodeAffinity 字段可以添加调度策略类型，其中 requiredDuringScheduling-IgnoredDuringExecution 表示强制调度，其产生效果与 nodeSelector 相似；preferredDuring-SchedulingIgnoredDuringExecution 表示选择的物理节点调度优先级提高。

使用 nodeAffinity 进行容器调度的配置文件如下：

94

```
apiVersion: v1
kind: Deployment
metadata:
  name: with-node-affinity
spec:
  affinity:
    nodeAffinity:
      requiredDuringSchedulingIgnoredDuringExecution:
        nodeSelectorTerms:
        - matchExpressions:
          - key: demo
            operator: In
            values:
            - TF2
            - TF3
      preferredDuringSchedulingIgnoredDuringExecution:
      - weight: 1
        preference:
          matchExpressions:
          - key: demo
            operator: In
            values:
            - TF4
  containers:
  - name: with-node-affinity
    image: gcr.io/google_containers/pause:2.0
```

在上述配置文件中，代表调度到包含标签 demo、值为 TF2 或 TF3 的 Node 上，并且优选带有标签 demo = TF4 的 Node。

（3）Taints 和 tolerations 用于保证 pod 不被调度到不合适的 Node 上，其中 Taint 应用于 Node、toleration 应用于 pod。

目前支持的 taint 类型有：

1）NoSchedule—新的 pod 不调度到该 Node，不影响正在运行的 pod。

2）PreferNoSchedule—soft 版 NoSchedule，尽量不调度到该 Node。

3）NoExecute—新 pod 不调度到该 Node，并且删除（evict）已在运行的 pod。

pod 可以增加一个时间（TolerationSeconds）：

当 pod 的 Tolerations 匹配 Node 的所有 Taints 时，可以调度到该 Node。当 pod 已运行时，不会被删除（evicted）。另外对于 NoExecute，如果 pod 增加一个 TolerationSeconds，则会在该时间之后才删除 pod。

比如，假设 node1 上应用以下几个 taint：

```
kubectl taint nodes node1 key1 = value1:NoSchedule
kubectl taint nodes node1 key1 = value1:NoExecute
kubectl taint nodes node1 key2 = value2:NoSchedule
```

下面这个 pod 由于没有 toleratekey2 = value2：NoSchedule，无法调度到 node1。

```
tolerations: - key: " key1 " operator: " Equal " value: " value1 " effect: "
NoSchedule " - key: " key1 " operator: " Equal " value: " value1 " effect: "
NoExecute "
```

而正在运行且带有 tolerationSeconds 的 pod 则会在 600s 之后删除。

```
tolerations: - key: " key1 " operator: " Equal " value: " value1 " effect: "
NoSchedule " - key: " key1 " operator: " Equal " value: " value1 " effect: "
NoExecute " tolerationSeconds:600 - key: " key2 " operator: " Equal " value: "
value2 " effect: "NoSchedule "
```

5.1.2.4 日志系统

Kubernetes 提供了 Event 和 log 工具来查看资源日志，在日常运维中可以方便地进行排错。

```
kubectl describe pods yj-pms-gateway-cc897ffd8 - fdxv6
```

上述命令使用 describe 命令获取一个 pod 的 Event 信息，获得的信息如下：

```
[root@master-1 ~]# kubectl describe po yjdddAVjnvasdvkp
Name:          yj-pms-gateway-cc897ffd8-fdxv6
Namespace:     default
Node:          node-3/20.47.28.20
Start Time:    Tue, 19 Feb 2019 16:39:30 +0800
Labels:        app=yj-pms-gateway
               pod-template-hash=774539984
               release=yj-pms-gateway
Annotations:   <none>
Status:        Running
IP:            10.233.75.148
Controlled By: ReplicaSet/ yjdddAVjnvasdvkp
Containers:
```

```
yjdddAVjnvasdvkp:
   Container ID:  docker://70008da9bfaec31b565e8af81765fb43f56a1c
Image:         hub.abc.exp/1211/yj33131:17
   Image ID:    docker-pullable:// hub.abc.exp/1211/yj33131:17
   Port:        10121/TCP
   Host Port:   0/TCP
   Command:
     java
     -XX:+UnlockExperimentalVMOptions
     -XX:+UseCGroupMemoryLimitForHeap
     -Deureka.instance.prefer-ip-address=true
     -Dfile.encoding=UTF-8
     -Dlogging.file=/mslogs/app.log
     -Dserver.port=10001
     -XX:+UseG1GC
     -Dspring.application.name=yj-pms-gateway
     -Denv=dev
     -Deureka.client.service-url.defaultZone=http://10.235.14.137:5678/eureka
     -jar
     yjgateway-1.0.1.jar
   State:        Waiting
     Reason:     CrashLoopBackOff
   Last State:   Terminated
     Reason:     Error
     Exit Code:  1
     Started:    Mon, 11 Mar 2019 09:19:54 +0800
     Finished:   Mon, 11 Mar 2019 09:20:07 +0800
   Ready:        False
   Restart Count: 3061
   Limits:
     cpu:     4
     memory:  8000Mi
   Requests:
     cpu:        10m
     memory:     2000Mi
   Environment:  <none>
   Mounts:
     /var/run/secrets/kubernetes.io/serviceaccount from default-token-xg8bt
(ro)
```

```
Conditions:
  Type              Status
  Initialized       True
  Ready             False
  ContainersReady   False
  PodScheduled      True
Volumes:
  default-token-xg8bt:
    Type:           Secret (a volume populated by a Secret)
    SecretName:     default-token-xg8bt
    Optional:       false
QoS Class:          Burstable
Node-Selectors:     <none>
Tolerations:        <none>
Events:
  Type      Reason   Age    From             Message
  ----      ------   ----   ----             -------
  Normal    Pulled   22m    kubelet, node-3  Container image already present
  Warning   BackOff  2m     kubelet, node-3  Back-off restarting failed container
```

如上所示，describe 命令导出了 pod 的基础信息，包括创建时间、资源需求等。除此之外还显示了与 pod 相关的 Event 信息。事件信息对于差错非常有用，如果某个 pod 一直处于 Pending 状态，则通过 describe 命令就能了解到失败的具体原因。从 Event 事件中可以获知的 pod 创建失败的原因包括没有可用的 Node 可供调度、开启了资源配额管理但 pod 的目标节点上恰好没有足够资源、正在下载镜像等。

describe 命令还可以查看其他 Kubernetes 资源对象，包括 Node、RC、Service、Namespace、Secret 等，对于每一种资源对象都会显示出相关信息。

```
kubectl logs zscwqxfffyy-dfb7b7dd4 – km892
```

上述命令使用 log 工具获取 pod 的输出日志，如果 pod 中运行多个容器，需要对特定容器进行指定，方法如下：

```
kubectl logs zscwqxfffyy-dfb7b7dd4 – km892 -c container2
```

容器中应用程序输出的日志与容器的生命周期是一致的，容器被销毁后，容器的内部文件也会被丢弃。如果需要持久保存应用系统输出的日志，可以采用持久卷的方案，也可以使用 Fluented、ES 等专用工具。

5.1.3 分布式存储运维

云平台 ceph 主要为各类型主机提供对象存储 RADOSGW、块存储 RDB 以及 CephFS 文件系统 3 种服务，现着重介绍块存储在云环境中的应用及运维，对象存储及文件存储只做简单的介绍：

对象存储即通常意义的键值存储，其接口是简单的 GET、PUT、DEL 和其他扩展，主要有 Swift、S3 以及 Gluster 等。

块存储：这种接口通常以 QEMU Driver 或者 Kernel Module 方式存在，需要实现 Linux 的 Block Device 的接口或者 QEMU 提供的 Block Driver 接口，如 Sheepdog、AWS 的 EBS、青云的云硬盘和阿里云的盘古系统，还有 Ceph 的 RBD（RBD 是 Ceph 面向块存储的接口）。在常见的存储中 DAS、SAN 提供的也是块存储。

文件存储：Ceph FS 是一个支持 posix 接口的文件系统，它跟传统的文件系统如 Ext4 是相同类型，区别在于分布式存储提供了并行化的能力，如 Ceph 的 CephFS（CephFS 是 Ceph 面向文件存储的接口），但是有时候又会把 GlusterFS、HDFS 这种非 POSIX 接口的类文件存储接口归入此类。

1. 块存储的使用

（1）iSCSI Target 安装：

```
#apt install targetcli sysv-rc-conf
```

（2）配置 target 服务开机启动状态为禁止：

```
#sysv-rc-conf
```

（3）创建 rbd 块（rbd+IP 后两位+块名）：

```
rbd create rbd_98_134_rbd1--size 1048576--image-feature layering
#以 MB 为单位
```

（4）挂载 rbd 设备：

```
rbd map rbd_98_134_rbd1
```

（5）建立后端存储，操作如图 5-9 所示。

```
rbd showmapped
targetcli
backstores/iblock create rbd_98_134_rbd1/dev/rbd1
saveconfig
exit
```

```
targetcli GIT_VERSION (rtslib GIT_VERSION)
Copyright (c) 2011-2013 by Datera, Inc.
All rights reserved.
/> backstores/iblock create rbd_98-135_rbd1 /dev/rbd1
Generating a wwn serial.
Created iblock storage object rbd_98-135_rbd1 using /dev/rbd1.
/> saveconfig
WARNING: Saving C-20-46-91-126-node4 current configuration to disk will overwrite your boot setti
ngs.
The current target configuration will become the default boot config.
Are you sure? Type 'yes': yes
Making backup of srpt/ConfigFS with timestamp: 2018-12-19_09:59:06.857322
Successfully updated default config /etc/target/srpt_start.sh
Making backup of qla2xxx/ConfigFS with timestamp: 2018-12-19_09:59:06.857322
Successfully updated default config /etc/target/qla2xxx_start.sh
Making backup of loopback/ConfigFS with timestamp: 2018-12-19_09:59:06.857322
Successfully updated default config /etc/target/loopback_start.sh
Making backup of fc/ConfigFS with timestamp: 2018-12-19_09:59:06.857322
Successfully updated default config /etc/target/fc_start.sh
Making backup of LIO-Target/ConfigFS with timestamp: 2018-12-19_09:59:06.857322
Generated LIO-Target config: /etc/target/backup/lio_backup-2018-12-19_09:59:06.857322.sh
Making backup of Target_Core_Mod/ConfigFS with timestamp: 2018-12-19_09:59:06.857322
Generated Target_Core_Mod config: /etc/target/backup/tcm_backup-2018-12-19_09:59:06.857322.sh
Successfully updated default config /etc/target/lio_start.sh
Successfully updated default config /etc/target/tcm_start.sh
/> exit
```

图 5-9　存储客户端配置

（6）Targetcli 创建 iscsi 链接：

```
#iscsi create
```

```
root@C-20-46-91-126-node4:~# targetcli
targetcli GIT_VERSION (rtslib GIT_VERSION)
Copyright (c) 2011-2013 by Datera, Inc.
All rights reserved.

/> /iscsi create
Created target iqn.2003-01.org.linux-iscsi.c-20-46-91-126-node4.x8664:sn.b7b18f9ea101.
Selected TPG Tag 1.
Successfully created TPG 1.
/> █
```

图 5-10　创建 iscsi 链接

（7）添加客户端的 iqn：

在客户端/etc/iscsi/initiatorname.iscsi 中复制出 iqn。

```
#cat/etc/iscsi/initiatorname.iscsi
```

在服务端中把客户端的 iqn 号粘贴到 create 后面。

```
#/iscsi/iqn.2018-11.com.node145: xxxxxxxx/tpgt1/acls create 客户端 iqan
```

（8）添加需要映射出去的块设备：

```
#/iscsi/iqn.2018-11.com.node145: xxxxxxxx/tpgt1/luns create
#/backstores/iblock/98_134_rbd1
```

（9）设置网络及端口：

```
#/iscsi/iqn.2018-11.com.node145: xxxxxxxx/tpg1/portals create XX.XX..XX.XX
3261
```

（10）设置属性：

```
#/iscsi/iqn.2003-01.org.linux-iscsi.c-主机名-node4.x8664: sn.f2ddcb2556ba/
tpgt1 set attribute authentication=0 demo_mode_write_protect=0 default_cmdsn_
depth=16 generate_node_acls=1
```

（11）保存退出，如图 5-11 所示。

```
#saveconfig
Exit
```

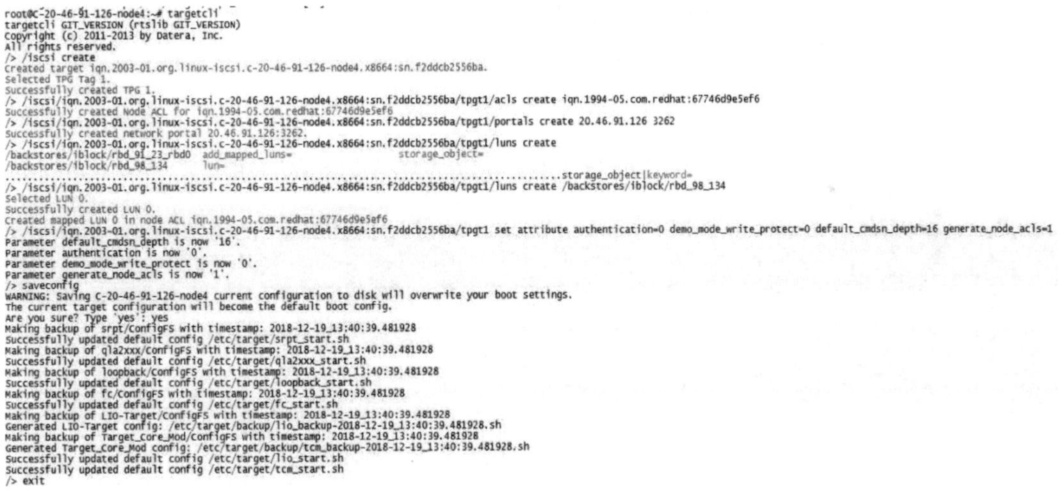

图 5-11 存储挂载

（12）多路径挂载使用：
将 backstores 配置拷贝至其他节点——（节点第一次使用多路径挂载，以后不需要执行）

```
#scp/etc/target/scsi_target.lio root@192.168.201.146: /etc/target/
```

（13）修改 wwn 号（新增多路径挂载使用）：
修改配置文件，将配置文件中的 wwn 号复制，修改第二台主机下的/etc/target/scsi_target.lio 文件中的 wwn 号。保证这二两物理机的 WWN 号一致，如图 5-12 所示。

```
#vim/etc/target/scsi_target.lio
```

```
storage iblock {
    disk rbd20_37_rbd1 {
        path /dev/rbd1
        wwn 386598b1-9e93-4e8b-936c-ab813c1f4aef
        attribute {
            block_size 512
            emulate_3pc yes
            emulate_caw yes
            emulate_dpo yes
            emulate_fua_read yes
            emulate_fua_write yes
            emulate_model_alias no
            emulate_rest_reord no
            emulate_tas yes
            emulate_tpu no
            emulate_tpws no
            emulate_ua_intlck_ctrl no
            emulate_write_cache no
            enforce_pr_isids yes
            fabric_max_sectors 8192
            force_pr_aptpl 0
            is_nonrot yes
            max_unmap_block_desc_count 1
            max_unmap_lba_count 8192
            max_write_same_len 65535
            optimal_sectors 8192
            pi_prot_format 0
            pi_prot_type 0
            queue_depth 128
            unmap_granularity 8192
            unmap_granularity_alignment 8192
        }
    }
```

图 5-12 创建 iscsi 链接

（14）重启 target 服务，使多路径服务生效。重启 target 服务方法如图 5-13 所示。

```
#rmmod target_core_user

#service target restart
```

```
Unloading fabric/configfs: Successfully released fabric: /sys/kernel/config/target/srpt
Successfully released fabric: /sys/kernel/config/target/qla2xxx
Successfully released fabric: /sys/kernel/config/target/loopback
Successfully released fabric: /sys/kernel/config/target/fc
  [OK]
```

图 5-13 重启 target 服务

2. rbd 的恢复

（1）重建 rbd map 块名称：

```
#rbd map xuxinhua
```

（2）删除服务：

```
#rmmod target_core_user
```

（3）重启服务：

```
#systemctl restart target
```

3. ISCSI 块的删除

（1）删除配置：

```
#/iscsi delete
```

```
iqn.2003-01.org.linux-iscsi.c-20-46-91-126-node4.x8664: sn.fec1a84fb6ed  #（在
targetcli里删除主机iqn）
    /backstores/iblock delete rbd_test91_45_rbd0
```

（2）保存退出。

（3）删除rbd：

```
#rbd unmap/dev/rbd0
#rbd rm test91_45
```

4. ISCSI客户端配置

（1）安装客户端：

```
#yum install iscsi-initiator-utils
```

（2）发现挂载链路：

```
#iscsiadm -m discovery-p xx.xx.xx.xx: 3262-t st
```

（3）删除链路：

```
#iscsiadm -m node -T iqn.2018-11.com.node145: iscsi2node149 -p 192.168.201.145:
3260 -o delete
```

（4）查看所有节点：

```
#iscsiadm-m node
```

（5）登录某个节点：

```
#iscsiadm-m node-T
    iqn.2003-01.org.linux-iscsi.c-20-46-91-126-node4.x8664: sn.f2ddcb2556ba-p10.
0.91.126: 3262-1
```

（6）登出某个节点：

```
#iscsiadm -m node -T iqn.2018-11.com.node145: iscsi2node150 -p 192.168.201.
145: 3261 -u
```

（7）登录所有节点：

```
#iscsiadm-m node-l
```

（8）登出所有节点：

```
#iscsiadm -m node -u
```

（9）查看会话：

```
#iscsiadm  -m session
#iscsiadm  -m session -P 1 #0～3默认不加为0
```

（10）查看主机：

```
#iscsiadm -m host
#iscsiadm -m host -P 1 #0～3默认不加为0
```

（11）自动登录：

```
#iscsiadm  -m node-o update-n node.startup-v automatic
```

（12）开机服务自启动：

```
#chkconfig  --level 3 iscsi on
#systemctl enable iscsi.service
#chkconfig  --level 3 iscsid on
#systemctl enable iscsid.service
```

5. iSCSI 客户端设置多路径
（1）安装：

```
#yum  install  device-mapper-multipath
```

（2）加载模块：

```
#modprobe  dm_multipath
#modprobe  dm-round-robin
```

（3）修改配置。去除挂载的磁盘信息：

```
#vim  /etc/multipath.conf
defaults
{
    path_grouping_policy multibus
    user_friendly_names yes
```

```
}
blacklist
{
        devnode "^(sda|ram|raw|loop|fd|md|dm-|sr|scd|st)[0-9]*"
        devnode "^hd[a-z][[0-9]*]"
        devnode "^dcssblk[0-9]*"
        devnode "^asm/*"
        devnode "ofsctl"
}
```

（4）启动服务：

```
#service multipathd start
```

（5）使用多路径：

```
#multipath-v2
```

（6）列出已创建的多路径设备：

```
#multipath-ll
```

（7）服务开机启动：

```
#chkconfig--level3multipathdon8.
```

（8）关闭指定的多路径设备：

```
#multipath-fmpatha0
```

（9）关闭所有多路径设备：
```
#multipath-F
```

5.2 服务运维

  企业云环境采用虚拟化、容器化技术带来的新特性，云环境下运维工具链及基于工具链的运维自动化平台共同改变了云环境业务系统的运行方式，对系统运维提出了很多新的要求。现分别从虚拟化服务及容器化服务两个方面阐述云环境下应用服务运维方式及运维流程。

5.2.1 虚拟化服务运维

5.2.1.1 虚拟化服务特征

（1）资源利用率高，以虚拟机为单位进行资源分配、使用，提升了资源利用率，并提供了资源统一管理的能力。

（2）资源可伸缩，内存、CPU 等资源支持按需扩容，但需重启虚拟机节点。

（3）故障可转移，虚拟机节点可根据策略在不同宿主机上漂移。

（4）存储可扩容，采用分布式存储，支持按需在线扩容，且具备冗余备份功能，数据安全性增强。

5.2.1.2 虚拟化服务迁移

随着信息化的不断发展，业务场景、技术架构、部署方式、基础环境及组织流程等日趋多样化、复杂化，如无统一的标准规范，运维支撑工作将异常混乱，自动化也难以实施。标准化是自动化的重要基石，可将杂乱无章、千头万绪的运维工作变得有序及可控。国网浙江省电力有限公司信通公司基于 CMDB 构建了统一的运维资源对象管理平台，基于 Ansible 在标准化基础上实现运维操作自动化。虚拟化服务上云主要依托自动化运维工具，具体步骤如下：

（1）使用基于 Ansible 的自动化部署工具在 OpenStack 申请资源节点，并自动部署应用。

（2）对新增节点进行验证后，加入负载均衡服务集群，统一对外提供服务。

（3）云环境中业务稳定运行一段时间后在负载均衡集群中删除原应用节点。

（4）对删除的节点进行备份后回收对应的资源，并将其物理资源纳入到 OpenStack 中进行管理。

Ansible 是一款类似 Chef、Puppet 或 Salt 的配置管理工具，简单、易入门，使用 SSH 连接到服务器并运行配置好的任务，服务器只需开启 SSHD 服务，无需安装其他多余软件，所有工作都交给 Client 端的 Ansible 负责。

使用基于 Ansible 配置管理工具的自动化运维平台将其他虚拟化平台或物理机上的应用在 OpenStack 平台中重新部署，具有如下优势：① 部署后基于 Ansible 部署的配置脚本复用程度高，便于后续运维操作；② 能够自动生成 CMDB 台账配置信息，便于后续运维管理。

5.2.1.3 虚拟化服务伸缩

当一个虚拟化服务承受的负载超出了它当前的处理能力时，支撑它的资源必须得到增加，从方向上讲，有两种增加的方式：

垂直扩展（Scale Up）主要指每个资源能力增加。宿主机有富余资源时，向虚拟机分配更多的资源，比如 CPU、内存、网络带宽、磁盘等。

水平扩展（Scale Out）主要指资源数量增加。这种扩展方式不是向应用的虚拟机增加资源，而是增加其数目，从而增加其服务能力。

虚拟化服务伸缩涉及三个主要如下的概念：

（1）自动扩展实现方式：自动扩展在理论上有多种实现方式，比如基于阈值的规则（threshold-basedrules）、增强型学习（reinforcement learning or Q-learning）、队列理论

（queuingtheory）、控制理论和时间序列分析（control theory and time series analysis）等。

（2）自动扩展目标：理论上，自动扩展的目标包括所有类型的资源，例如计算、存储、网络资源等。目前，应用较多、实现得较为完善的为计算资源即虚拟机的自动扩展。

（3）弹性伸缩模式，主要分为以下 5 类：

1）定时模式：配置周期性任务，定时地增加或减少实例。

2）动态模式：基于云监控性能指标（如 CPU 利用率），自动增加或减少实例。

3）固定数量模式：通过"最小实例数"属性，可以让用户始终保持健康运行的实例数量，以保证日常场景实时可用。

4）自定义模式：根据用户自有的监控系统，通过 API 手工伸缩实例。

5）健康模式：如实例为非运行状态，将自动移出或释放该不健康的实例。

5.2.1.4 虚拟化服务恢复

虚拟化服务往往需要依赖人工干预的方式进行服务恢复。通过一键重启等自动化运维工具可以实现服务节点的快速恢复，提升故障恢复效率。

虚拟化服务节点监控到服务异常时，首先采用一键重启工具进行快速故障恢复。若重启失败则需进行人工干预，分析故障原因，进行应急处置。虚拟化服务故障恢复流程如图 5-14 所示。

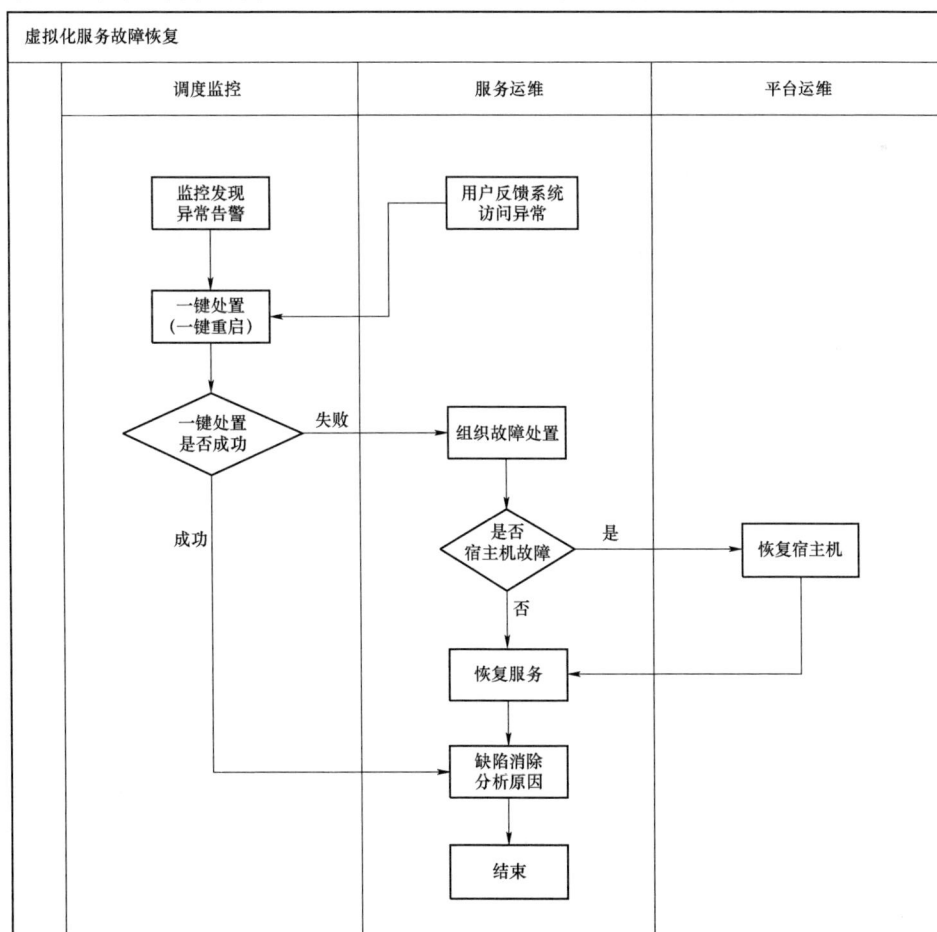

图 5-14　虚拟化服务故障恢复流程

5.2.2 容器化服务运维

5.2.2.1 容器化服务特征

（1）更高的资源利用率，Docker 对系统资源的利用率很高，一台主机上可以同时运行数千个 Docker 容器。

（2）快速交付部署，具备持续集成、持续部署能力，借助工具链能够快速构建部署，快速版本迭代。

（3）弹性伸缩，适应负载变化，以弹性可伸缩方式提供资源，反映到 K8S 中，可根据负载的高低动态调整 pod 的副本数。

（4）故障自愈，利用服务健康检查探测机制，对发生故障的节点进行自动重启。

（5）滚动升级，升级过程中依然能够保持服务的连续性，使外界对于升级的过程无感。

（6）支持微服务架构，微服务采用一组服务的方式来构建一个应用，服务独立部署在不同的进程中；而容器独立的运行环境、资源轻量级、快速创建销毁、快速组合调度等特性更易于微服务架构的实现。

5.2.2.2 容器化服务迁移

为减少系统上云改造工作量，针对存量在运系统应选取容器改造上云模式，若系统操作系统、中件间、数据库只能采用基础架构上云，可采用基础架构上云或容器改造上云与基础架构上云的混合模式上云。针对新建业务系统应采用应用改造上云模式，在系统设计和研发阶段即遵循应用上云标准，使用微服务框架开发微服务和微应用，通过分布式服务总线支撑微服务的运行。由于 Oracle 数据库对 I/O 性能要求较高，可通过云纳管 Oracle 数据库物理机监控其运行状态、控制启停等。迁移步骤如下：

（1）基础镜像制作：针对在运业务系统进行梳理，研究不同部署架构下容器化改造的方案，并形成满足基础软件版本控制要求的基础镜像。

（2）系统架构分析：对应用系统的部署架构进行分析，包括中间件类型、应用包、配置文件、参数等。

（3）应用镜像制作：在基础镜像制作的基础上，通过叠加该系统的程序包、配置文件、参数、命令行，重新生成新的应用镜像。

（4）配置文件编写：根据系统的数据源和其他相关配置信息，编写 Dockfile 配置文件。

（5）工具链部署：利用已有的工具链将部署脚本及容器镜像部署到企业云 K8s 环境中，并进行相关功能测试后切换至生产环境。

5.2.2.3 容器化服务发布

传统应用程序发布时开发单位提供打好包的程序包，运维单位进行手工部署发布到测试环境，经过验证和测试后再发布到生产环境。过程极其烦琐并且容易出错，特别是在服务器数量多的情况下效率极低。另外，由于开发环境、测试环境及生产环境的不一致，同样的程序，有可能在不同环境出现不同问题，运维效果极差。

把一次完整的服务发布过程，合理地分成多个批次，每次发布一个批次，成功后再发布下一个批次，最终完成所有批次的发布。在整个滚动过程期间，保证始终有可用的副本在运行，从而平滑地发布新版本，实现零停机、用户零感知，是一种非常主流的发布方式。

云环境下，容器应用具备持续集成、持续部署能力，借助工具链能够快速构建部署，快速版本迭代。此外，可利用 K8s 相关特性实现应用服务实现"零停机""零感知"滚动升级，升级过程中依然能够保持服务的连续性，使外界对于升级过程无感。

Kubernetes 创建副本应用程序的最佳方法是部署（Deployment），部署自动创建副本集（Replica Set），副本集可以精确地控制每次替换的 pod 数量，从而可以很好地实现滚动更新。具体来说，Kubernetes 每次使用一个新的副本控制器（Replication Controller）来替换已存在的副本控制器，从而始终使用一个新的 pod 模板来替换旧的 pod 模板。

容器化服务发布需使用工具链完成应用程序包构建部署，在测试环境上验证测试通过后直接发布至生产环境，工具链调用过程可集成至自动化运维平台，简化发布过程，容器化服务自动发布流程如图 5-15 所示。

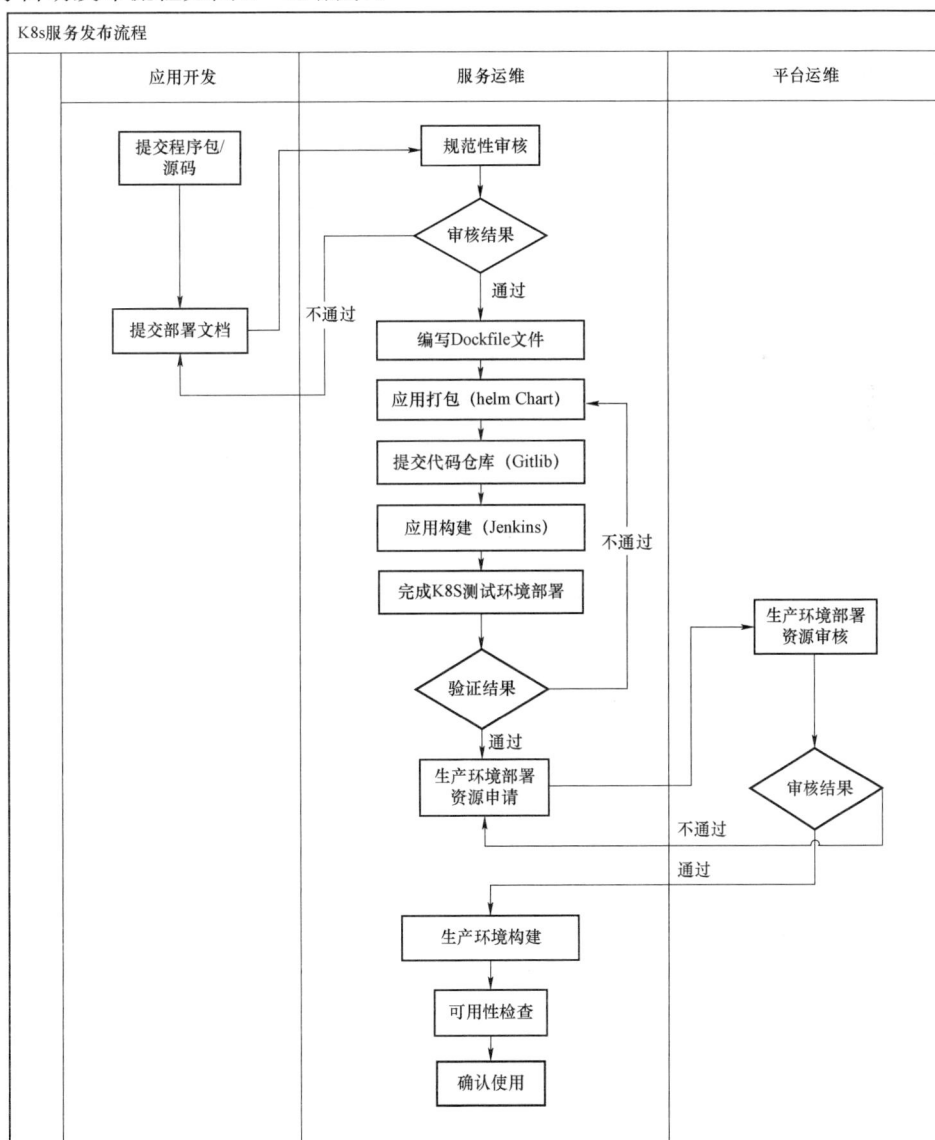

图 5-15 容器化服务发布流程

5.2.2.4 容器化服务伸缩

弹性伸缩是指适应负载变化，以弹性可伸缩方式提供资源。Kubernetes 中，根据负载的高低动态调整 pod 的副本数，目前 Kubernetes 提供了 API 接口实现 pod 的弹性伸缩。pod 的副本数通过 ReplicationController 进行控制，所以 pod 的弹性伸缩就是修改 ReplicationController 的 pod 副本数，通过 kubectlscale 命令来完成。

通过 ReplicationController 可以非常方便地实现 pod 的弹性伸缩。在此基础上，只要有平台监控支持，就可以实现自动伸缩功能，即基于 pod 的资源使用情况，根据配置的策略自动调整 pod 副本数。HPA（Horizontal Pod Autoscaling）即水平自动伸缩，通过此功能，只需简单的配置，集群便可以利用监控指标（CPU 使用率等）自动地扩容或者缩容服务中 pod 数量，当业务需求增加时，系统将无缝地自动增加适量容器，提高系统稳定性。

HPA 在 Kubernetes 中被设计为一个 Controller，HPAController 默认 30s 轮询一次，查询指定的 resource 中（Deployment，RC）的资源使用率，与创建时设定的值和指标做对比，实现自动伸缩功能。当创建了 HPA 后，HPA 会从 Heapster 或者用户自定义的 RESTClient，获取所定义的资源中每一个 pod 利用率或原始值（取决于指定的目标类型）的平均值，然后和 HPA 中定义的指标进行对比，同时计算出需要伸缩的具体值并进行操作。

容器化服务因具备弹性伸缩能力，部署时可提高资源利用率，资源负载达到阈值时自动进行伸缩，若自动伸缩失败，平台运维人员可采用人工干预的方式进行在线扩容，容器化服务资源弹性伸缩的运维流程如图 5－16 所示。

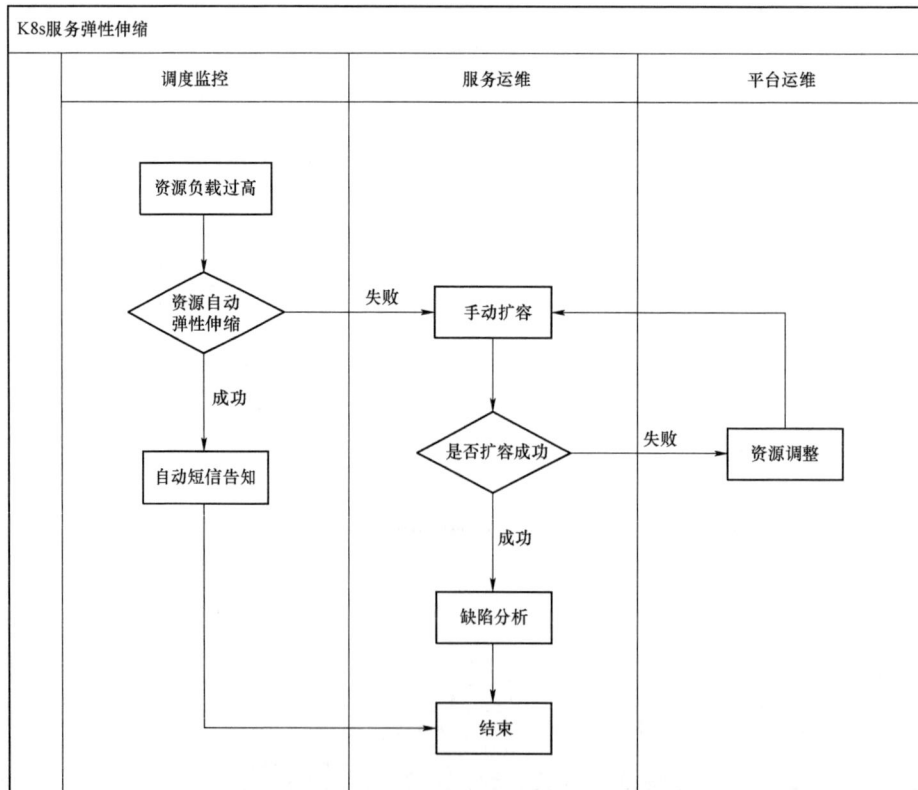

图 5－16 容器化服务资源弹性伸缩流程

5.2.2.5 容器化服务自愈

强大的自愈能力是 Kubernetes 的一个重要特性，自愈的默认实现方式是通过健康检查机制，探测容器服务状态，对服务状态异常容器进行自动重启。Liveness 探测和 Readiness 探测是 Kubernetes 两种健康检查机制，容器化服务通过 Liveness 探测知道什么时候通过重启容器实现自愈，通过 Readiness 探测知道什么时候可以将容器加入到 Service 负载均衡池中对外提供服务。基于 Kubernetes 提供的故障自愈机制，容器化服务的故障恢复及时高效，提升了服务运行的稳定性。

容器化服务节点异常时，基于故障自愈机制进行故障恢复，但在自愈失败或短时间内多次重启时，则需要人工干预，排查程序代码或运行环境问题，且事后进行缺陷分析，容器化服务自愈的运维流程如图 5-17 所示。

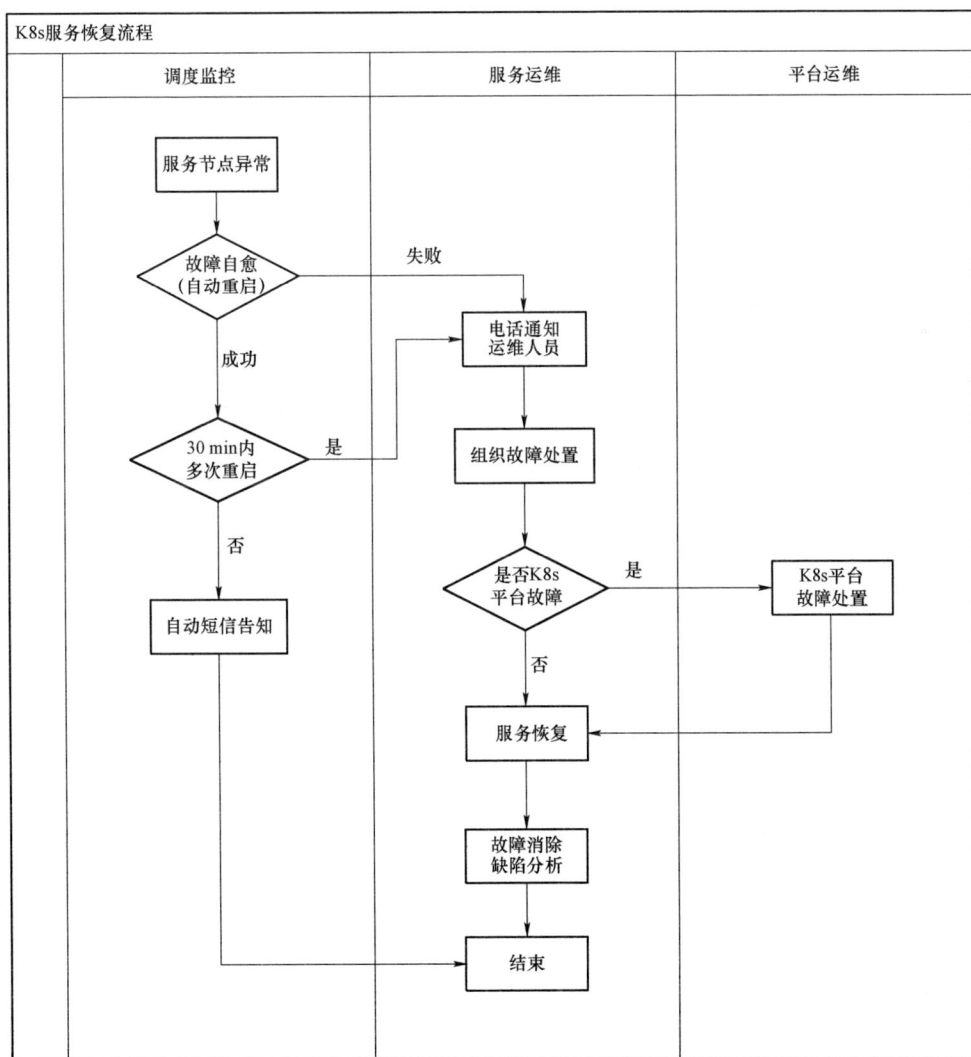

图 5-17 容器化服务故障自愈流程

5.3 辅助工具运维

5.3.1 监控

5.3.1.1 云监控系统架构

本书采用 Prometheus 作为监控解决方案，Prometheus 是由 SoundCloud 开源监控告警解决方案，从 2015 年开源以来，吸引了很多大公司的使用；2016 年 Prometheus 成为继 K8s 后第二名 CNCF（Cloud Native Computing Foundation）成员。

Prometheus 架构图如图5-18所示。从图中可以看出 Prometheus 的主要模块包含 Server、Exporters、Pushgateway、PromQL、Alertmanager、Web UI 等。

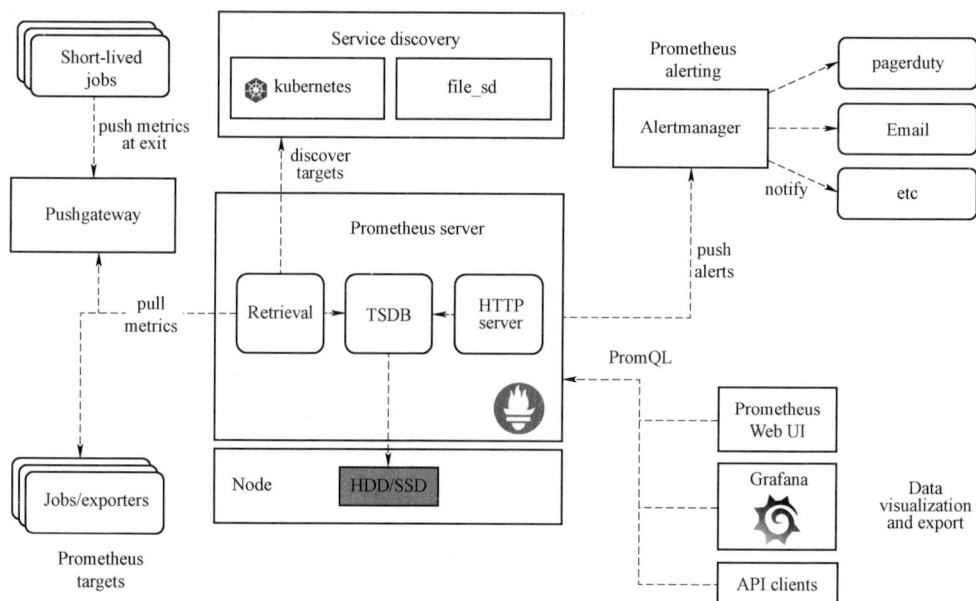

图 5-18　Prometheus 架构图

它大致使用逻辑是这样：

（1）Prometheus server 定期从静态配置的 targets 或者服务发现的 targets 拉取数据。

（2）当新拉取的数据大于配置内存缓存区的时候，Prometheus 会将数据持久化到磁盘（如果使用 remote storage 将持久化到云端）。

（3）Prometheus 可以配置 rules，然后定时查询数据，当条件触发的时候，会将 alert 推送到配置的 Alertmanager。

（4）Alertmanager 收到警告的时候，可以根据配置，聚合，去重，降噪，最后发送警告。

（5）可以使用 API、Prometheus Console 或者 Grafana 查询和聚合数据。

5.3.1.2 云监控部署架构

云监控部署架构按照"一实例，一监控"的原则，在 K8s 环境中部署，保证每个云实

例都有独立的监控系统。OpenStack 平台的监控系统部署架构参见图 5-19，主要组件功能
见表 5-1。K8s 平台的监控系统部署架构参见图 5-20，主要组件功能见表 5-2。

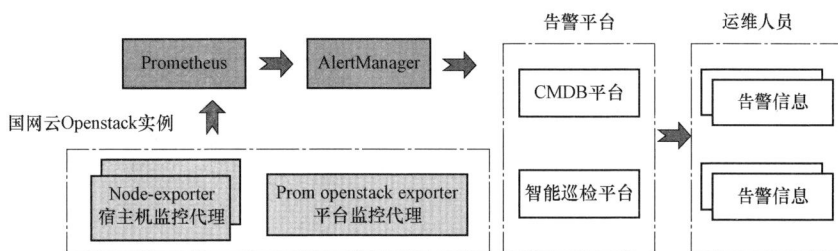

图 5-19　OpenStack 实例监控架构图

表 5-1　　　　　　　　　　　　　　**OpenStack 实例监控代理**

序号	代理名称	作用	部署方式
1	Node-exporter	宿主机监控代理，可以获取主机运行状态，cpu、内存、存储、网络资源使用情况	每台宿主机部署一个 node-exporter 代理，Docker 容器的方式运行
2	Prom-openstack-exporter	OpenStack 平台监控代理，可以获取平台服务运行情况，虚机数量，资源分配情况	运行在控制节点上，Docker 容器方式运行

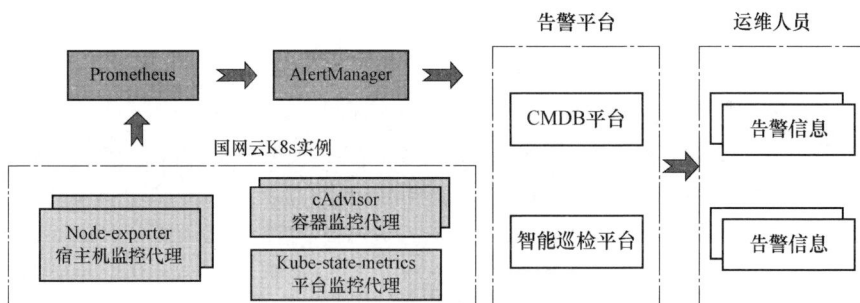

图 5-20　K8s 实例监控架构图

表 5-2　　　　　　　　　　　　　　**K8s 实例监控代理**

序号	代理名称	作用	部署方式
1	Node-exporter	宿主机监控代理，可以获取主机运行状态，CPU、内存、存储、网络资源使用情况	每台宿主机部署一个 node-exporter 代理，Docker 容器的方式运行
2	cAdvisor	容器监控代理，获取 Docker 容器的资源使用情况	每台宿主机部署一个 cAdvisor，以 K8s 的 daemon 形式运行
3	Kube-state-metrics	K8s 应用监控代理，可以获取 deployment、pod 等 K8s 资源的运行状态	以 K8s 服务的方式部署，运行在 K8s 集群中

5.3.1.3　云监控实用化

监控系统主要提供指标采集、可视化展现、告警和通知功能。目前云监控通过 Prometheus
和各种监控代理 exporter 解决指标采集问题，可视化借助 Grafana 实现，告警通过 Prometheus
自身配置实现，而告警通知则借助 AlertManager 以及智能巡检平台、CMDB 实现。

1. 监控可视化

云监控采用 Grafana 作为可视化展示平台，既可以通过 Grafana 直接访问，也可以通过 CMDB 系统查看平台资源监控。

OpenStack 监控。OpenStack 的监控面板包括平台监控面板和物理服务器监控面板两种类型。

平台监控面板主要展现平台规模、平台服务状态、资源使用情况等。如图 5-21 所示。

图 5-21 OpenStack 平台资源监控

1）第一排展示的是 OpenStack 平台规模，包括控制节点、计算节点以及虚机的数量。

2）第二排展示的是平台服务状态，包括计算 nova、存储 cinder、网络 neutron、镜像 Glance、认证 keystone 以及编排 heat 组件的运行状态。

3）第三排展示的是平台资源使用情况，包括 CPU、内存和存储的分配情况。需要注意，平台面板统计的分配虚机的资源占物理机资源比重，由于虚拟化平台支持超分配，所以会出现资源使用率超过 100% 的情况。

物理资源面板主要展现主机状态、物理资源使用情况。不同于平台面板统计的是分配资源占比，物理资源面板统计的是宿主机实际资源使用率，如图 5-22 所示。

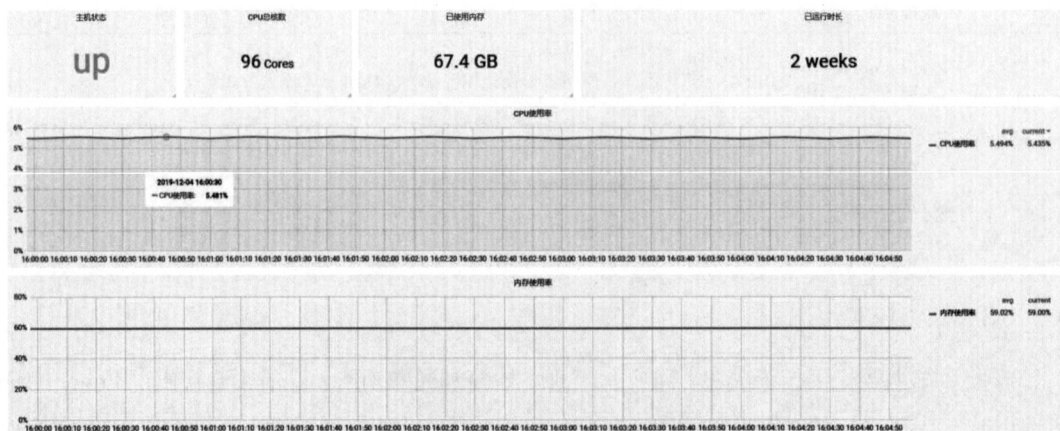

图 5-22 OpenStack 物理资源监控

2. K8s 监控

K8s 的监控面板有平台资源面板、物理资源面板、服务面板和应用面板四种类型。
平台资源面板主要展现平台规模、资源使用情况等，如图 5-23 所示。

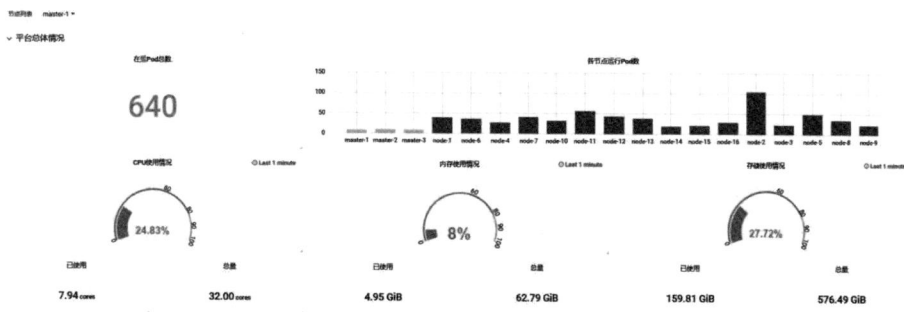

图 5-23　K8s 平台资源监控

（1）第一排展现的是节点的规模，包括宿主机规模、在运 pod 数量。

（2）第二排展现的是集群资源使用情况，类似于 OpenStack 的平台资源面板，K8s 资源面板统计的也是分配资源占比。

K8s 物理资源面板主要展现主机状态、物理资源使用情况，同 OpenStack 物理资源面板，如图 5-24 所示。

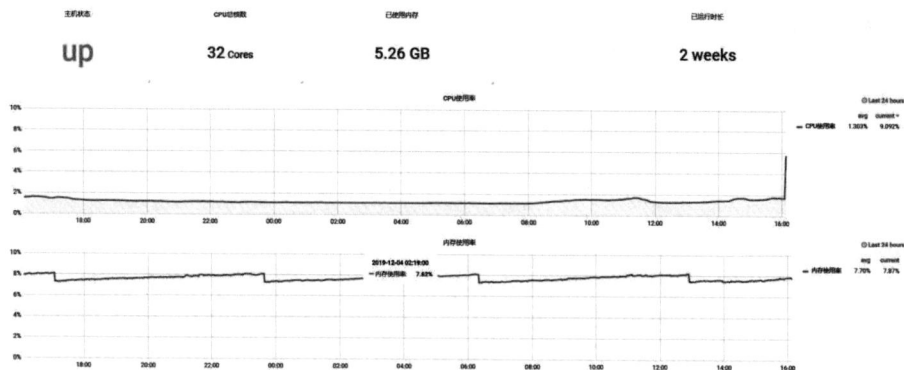

图 5-24　K8s 物理资源监控

K8s 服务监控面板有助于解决 K8s 应用状态监控问题，展现 K8s 平台服务状态、应用状态，如图 5-25 所示。

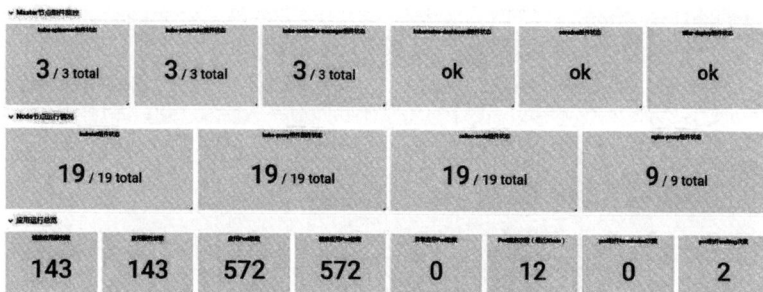

图 5-25　K8s 服务监控

（1）第一排展示控制节点服务运行状态，包括 apiserver、scheduler、controller manager 等控制节点组件状态。

（2）第二排展示计算节点服务器运行状态，包括 kubelet、proxy、calico 等计算节点组件状态。

（3）第三排展示集群运行的应用服务状态，包括应用服务总览、应用 pod 总览以及异常 pod 总览。

（4）第四排展示异常 pod 的详细信息，包括异常的应用、近期重启的 pod 等。

K8s 应用监控面板是 K8s 应用监控的面板，后续和 Cmdb 集成，整体展现具体应用 pod 的运行状态和资源使用情况，如图 5-26 和图 5-27 所示。

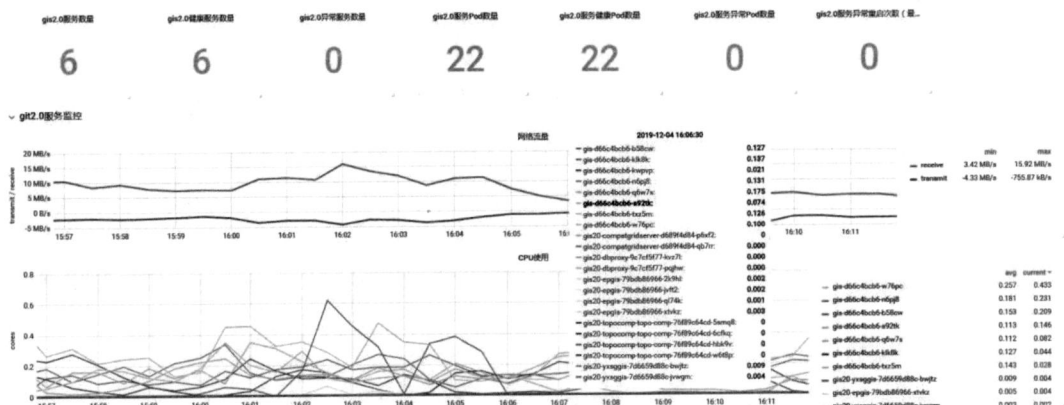

图 5-26　K8s 应用监控

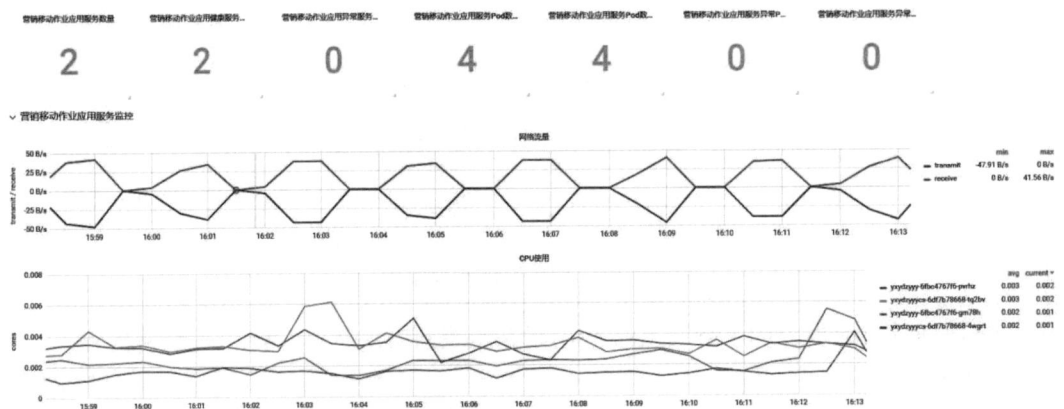

图 5-27　K8s 应用监控

（1）第一栏展示应用运行总览，包括该应用的健康状态、pod 运行状态。

（2）第二栏展示应用的资源使用情况，分别包括应用的网络流量、cpu 资源使用、内存资源使用和存储资源使用。

3. 实时告警

Prometheus 采集监控项后，可以通过配置告警规则实现实时告警的功能。

根据分工，云监控系统重点实现云平台及物理资源的监控，虚机操作系统及应用监控由 CMDB 统一实现。云监控指标按照紧迫程度划分了告警级别，为提高监控系统的实用性，仅对级别为 A 的告警信息执行发送到对接对端的任务，告警规则如表 5-3 所示，Prometheus 实时告警界面如图 5-28、图 5-29 所示。

（1）平台资源告警。平台资源告警主要针对控制节点服务状态和计算节点服务状态。

（2）物理资源告警。物理资源告警对象主要为物理节点文件系统使用率以及主机状态（因平台使用了 Ceph 分布式存储，故磁盘使用率指标实际为主机的文件系统使用率）。

表 5-3　　　　　　　　　　　云平台 A 级告警规则

序号	监控对象	监控项	告警规则	事件名称
1	openstack	控制节点	up 正常、down 告警	控制节点服务异常
2	openstack	计算节点	up 正常、down 告警	计算节点服务异常
3	openstack（物理节点）	平台节点状态	up 正常、down 告警	节点宕机
4	openstack（物理节点）	文件系统使用率	1 分钟平均使用率大于 95%	节点文件系统使用率高
5	K8s	控制节点	up 正常、down 告警	控制节点服务异常
6	K8s	计算节点	up 正常、down 告警	计算节点服务异常
7	K8s（物理节点）	平台节点状态	up 正常、down 告警	节点宕机
8	K8s（物理节点）	文件系统使用率	1 分钟平均使用率大于 95%	节点文件系统使用率高

NodeCPUUsage (0 active)

NodeFileSystemUsage (0 active)

NodeMemoryUsage (0 active)

NodeStatus (0 active)

OpenstackComputeDown (0 active)

OpenstackControllerDown (0 active)

```
alert: OpenstackControllerDown
expr: openstack_services_nova_nova_conductor{state="down"}
for: 1m
labels:
  alarmType: openstack_instance
  event: OpenstackControllerDown
  eventContent: ""
  openstackId: "28051805"
  serverity: warn
annotations:
```

description: 国网云.测试环境.OpenStack.全域.S2中控制节点{{$labels.host}}异常
summary: 国网云.测试环境.OpenStack.人资.S2中控制节点{{$labels.host}}异常

图 5-28　Prometheus 实时告警页面（OpenStack 平台）

117

```
K8sNodeStatus (0 active)

alert: K8sNodeStatus
expr: up{job="node-exporter"}
  == 0
for: 1m
labels:
  alarmType: host
  event: K8sNodeStatus
  eventContent: ""
  ip: '{{$labels.instance}}'
  k8sId: "34139405"
  serverity: warn
annotations:
```

description: 国网云.生产.K8S.仓储.{{$labels.instance}} 节点宕机

summary: 国网云.生产环境.K8S.认证.{{$labels.instance}} 节点宕机

图 5-29　Prometheus 实时告警页面（K8s 平台）

4. 告警通知

AlertManager 组件负责告警对接配置，实现一份告警同时向多个系统发送，云平台目前实现了和智能巡检平台以及 CMDB 系统的对接，具体配置参见图 5-30，和智能巡检平台及 CMDB 系统的对接结果如图 5-31 和图 5-32。

```
kind: ConfigMap
metadata:
  name: alert-conf
  namespace: ns-monitor-openstack-shanghailu-s3
  labels:
    app: prometheus
data:
  alert-config.yml: |-
    global:
      resolve_timeout: 5s # Set the scrape interval to every 15 seconds. Default is every 1 minute.
      smtp_smarthost: mail.sgitg.sgcc.com.cn:25
    route:
      receiver: 'openstack-shanghailu-s3'
      group_wait: 30s
      group_interval: 5m
      repeat_interval: 10m
      group_by: ['alertname']
    receivers:
    - name: 'openstack-shanghailu-s3'
      webhook_configs:
      - url: http://cmdb/open_api/openstack/alarm/receive        CMDB 对接地址
      - url: http://20.41.99.19:7001/iip_ds/getGroupData         智能巡检平台地址
        send_resolved: true
```

图 5-30　AlertManager 对接配置

图 5-31　智能巡检平台告警面板

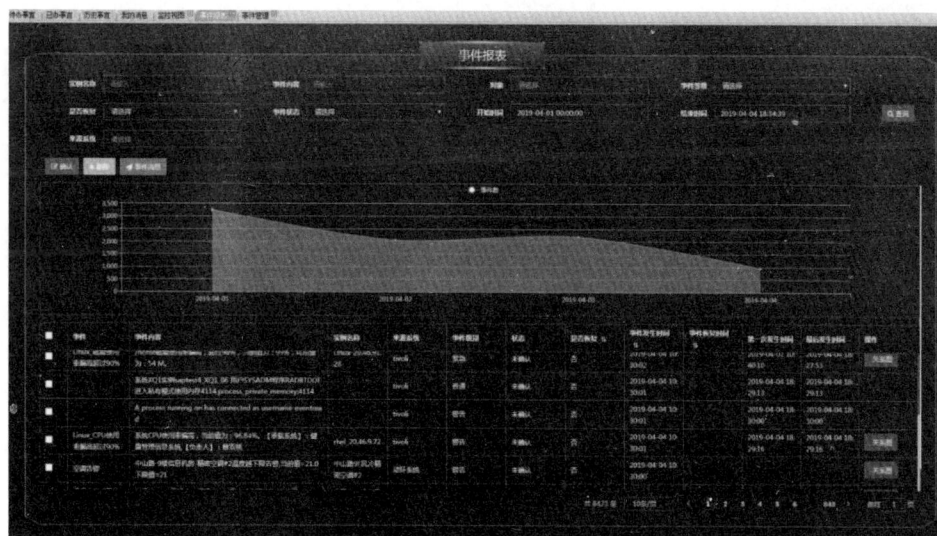

图 5-32　CMDB 云平台告警面板

5.3.2　日志

云平台采用 ELK+Fluentd 作为日志解决方案，组成关系如图 5-33 所示。云平台采用两种日志代理，FileBeat 和 Fluentd。其中 Fluentd 是专门针对容器日志需求的。

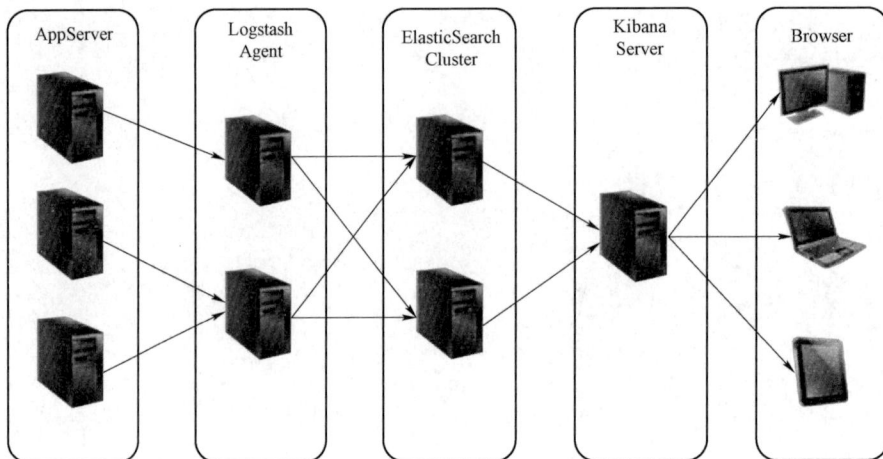

图 5-33 ELK 工作原理图

（1）Elasticsearch 主要用于搜索日志，它能够以启动多个服务，分别对应各个数据源，只需要很少或不需要配置即可进行工作。工作期间主动探测日志，发现后自动进行收集。它也可以对日志进行保存，保存时支持副本机制。

（2）Logstash 主要用于过滤日志，以客户端—服务端形式提供服务。因此，需要在相关的设备上安装客户端，客户端负责收集日志，并向服务端发送日志，服务端收到日志后执行过滤。它的优势是能够满足大量日志过滤的场景和需求。

（3）Kibana 主要用于展示，在日志经过收集和过滤后，将日志信息有选择地展示在图形界面上，非常直观。在界面上，能够对日志进行浏览和查询。

（4）Fluentd 主要用于日志代理,是专门针对目前 K8S 集群容器环境的日志收集需求的。用户能够对其进行非常细致的定制和配置，来实现自定义的功能。

云平台日志监控采集系统的逻辑架构设计如图 5-34 所示。

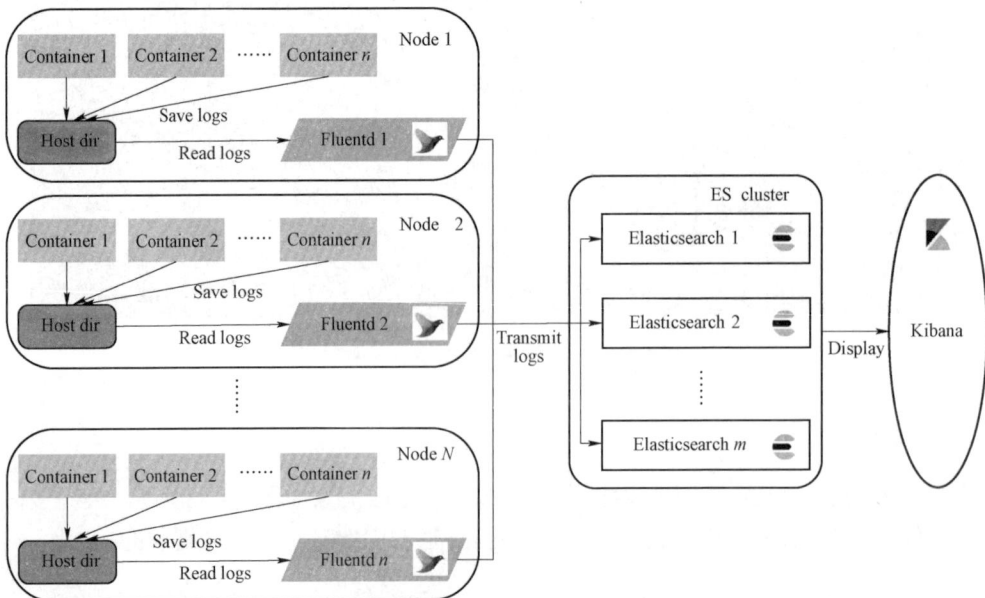

图 5-34 云日志采集系统逻辑架构

各 K8s 节点上运行的容器应用都会将其日志存储到宿主机的对应目录中，节点上运行有一个 Fluentd 工具，抽取对应目录内的所有容器日志；收集到的日志文件被转发至 Elasticsearch 中进行存储、分类并提供检索；Kibana 则提供日志分析的 Web 界面，辅助汇总、分析和搜索重要的数据日志，如图 5-35 所示。

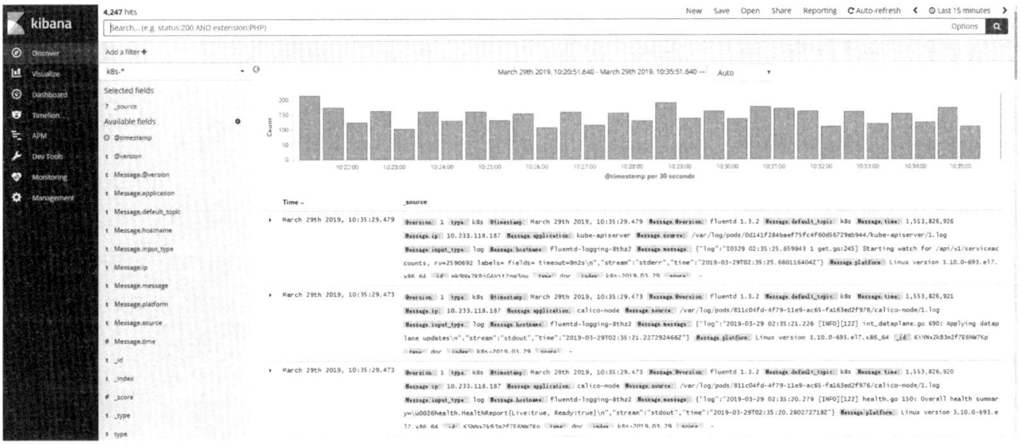

图 5-35 K8s 容器日志

5.3.3 跟踪

云平台采用 Zipkin 作为 Tracing 的一种实现工具。如图 5-36，Zipkin 是分布式跟踪系统，可以帮助收集时间数据，解决在 microservice 架构下的延迟问题，管理这些数据的收集和查找。Zipkin 的设计是基于谷歌的 Google Dapper 论文。Zipkin 主要由跟踪器、收集器和存储三个部分组成。

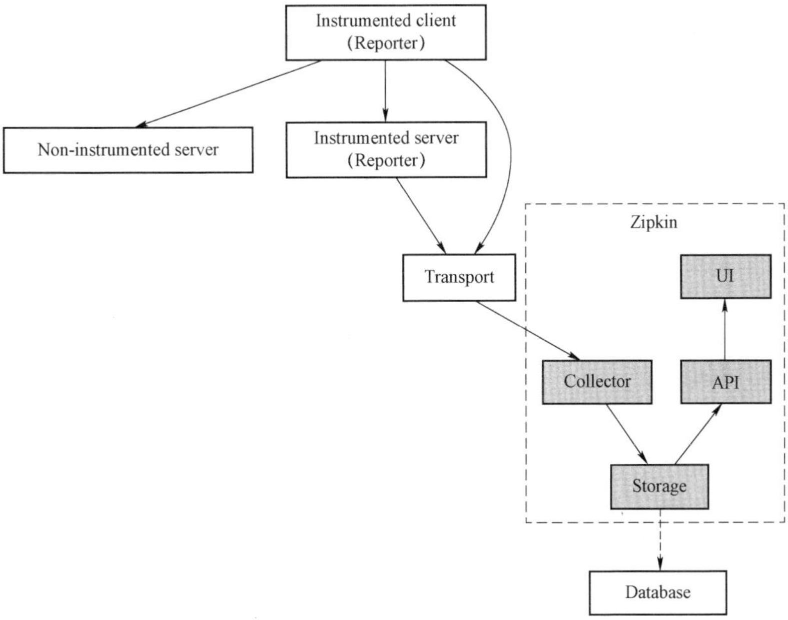

图 5-36 Zipkin 的架构图

121

（1）跟踪器位于你的应用程序中，并记录发生的操作的时间和元数据，提供了相应的类库，对用户的使用来说是透明的，收集的跟踪数据称为 Span。

（2）将数据发送到 Zipkin 的仪器化应用程序中的组件称为 Reporter，Reporter 通过几种传输方式之一将追踪数据发送到 Zipkin 收集器。

（3）存储链路跟踪的数据，由 API 查询存储，由 UI 提供数据展示。

Zipkin 用三个步骤：采集、发送和落盘分析来完成整个追踪的数据流，如图 5-37 所示。

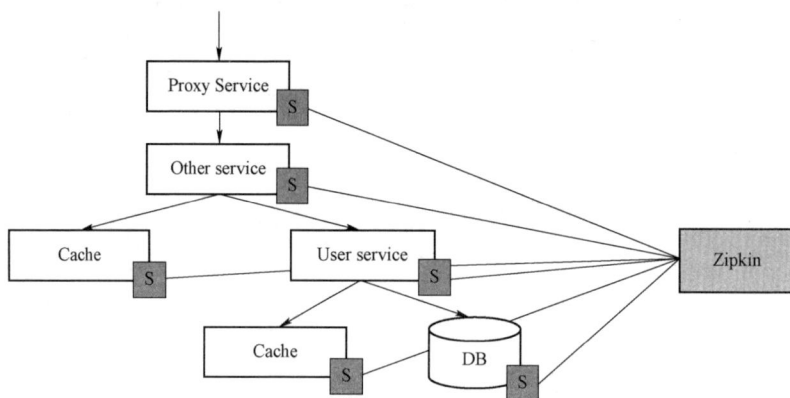

图 5-37　Zipkin 链路跟踪的数据流

5.4　自动化运维工具建设

5.4.1　自动化运维平台系统架构

自动化运维平台是以业务架构为驱动，逐步进行应用架构、数据架构、技术架构设计，最终形成软件系统的总体设计架构，如图 5-38 所示。

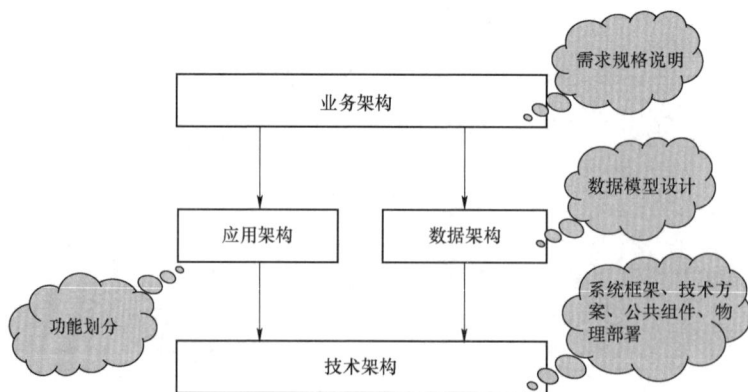

图 5-38　总体架构

（1）业务架构，即业务应用系统的业务功能和业务操作流程等。业务架构设计是在业务应用系统的需求分析基础上对应用系统的业务操作流程、业务实现功能、业务管理角色进行设计，这些相关内容在应用系统对应的软件需求分析说明书中有详细描述。应用系统的概要设计也是在业务架构为基础上进行相关设计。

（2）应用架构，是基于业务架构，通过软件开发设计实现功能角度去准确定义业务应用相关功能范围、功能模块、与外围系统的集成接口关系等内容。

（3）数据架构，是基于业务架构，从业务应用系统数据需求角度去准确描述数据分类、数据模型，不仅实现业务应用系统业务数据标准化，又能够支撑应用架构的实现。

（4）技术架构，是基于应用架构和数据架构，以企业技术规范要求为根本，结合目前最先进的信息技术发展方向，确定应用系统的技术框架、技术方案、安全方案，对应用系统关键技术点进行设计及并进行实验，以验证能否在技术上实现应用功能、达到业务目标。

5.4.1.1　技术架构说明

自动化运维平台采用 Kubernetes 和容器作为应用及其运行环境安装与配置的封装，利用容器模板技术、可视化编排实现应用的快速部署和重部署，提高应用部署的效率和正确性，图 5-39 是平台中的业务数据框架。

在功能方面，自动化运维平台主要包括配置管理、监控巡检、云适配管理、容器管理、统一日志、作业管理、自动化部署、备份管理等模块。

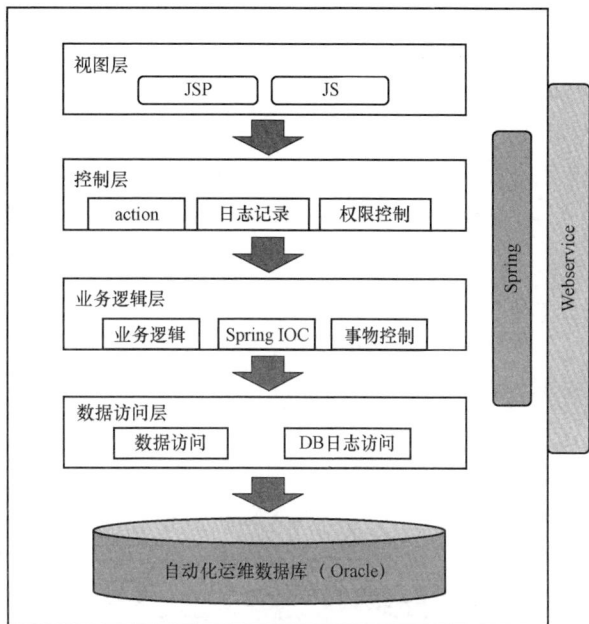

图 5-39　平台中的业务数据框架

（1）配置管理模块主要负责对象模型定义、资源管理以及配置设定功能。

（2）监控巡检模块主要负责应用系统、操作系统等不同类型对象监控功能的实现，实现包括对象的数据采集、告警规则配置、告警产生的监控生命周期管理以及对接外部监控平台等。

（3）云适配管理模块主要负责对接云操作系统，实现自动化运维操作的对接、云平台分配资源的优化。

（4）容器管理模块主要负责管理容器相关对象以及完成容器部署等操作对接。

（5）统一日志模块主要负责与统一日志平台对接、存量系统和自动化部署系统日志接入，支撑在 CMDB 中通过对象查看实时日志、进行日志下载等操作。

（6）作业管理模块主要负责作业脚本的管理、执行以及历史作业的查询。

（7）自动化部署模块主要负责应用、数据库、非标中间件的自动化部署以及部署过程的优化、标准化，还支持一些特殊的场景，如应用的下线支持等。

（8）备份模块主要负责对业务应用程序、数据进行后台数据备份。

5.4.1.2　视图层

视图层主要实现用户通过界面操作等的相关交互功能。用户通过前端页面操作，使用 JSP 生成 HTML 页面，调用相关的 HTML 控件，一些特殊的操作和页面效果通过 Java Script

完成，用 CSS 来规范页面样式，以实现用户数据展示。用户向服务器提交的数据以 AJAX 方式提交给后台 controller 类进行处理，来提高用户界面友好性。

视图层使用公共组件中 vue 前端框架来完成相关典型的用户界面元素的展示。

5.4.1.3 控制层

控制层使用 tiles 来控制转发，通过 springmvc 来接收前端请求，通过调用 springmvc 内置 MVC 开发模式，实现页面数据处理、页面流转控制、页面生成三者分离，实现了控制层的页面流转控制功能。

对于 WebService，多数服务通过使用 XFire 实现暴露，也有部分服务通过使用 http 协议暴露 restful 数据接口。

控制层通过调用业务逻辑层以实现业务功能处理操作。

5.4.1.4 业务逻辑层

业务逻辑层主要对业务应用系统内部的业务功能进行处理，由一系列 Service 组成，每个 Service 提供一组业务功能相关操作，这些业务功通过调用数据服务层相关数据接口实现持久化。服务由业务逻辑层包装后通过 XFire 发布成 WebService，并对外提供的服务，也存在部分使用 http 暴露 restful 接口。

业务逻辑层本身重点是业务逻辑，也是调用基础设施服务的入口，服务应设计成线程安全，应该是单例模式为主，可通过 JavaBean 来实现。

在业务逻辑层进行事务控制，目前采用 JTA 控制，其他各层禁止使用事务控制。

5.4.1.5 数据服务层

数据服务层是通过数据源等连接方式访问关系数据库，并将数据转换为 Java 对象提供给其他层程序接口调用。对于一般数据维护类功能，可以直接在服务层调用公共的数据访问服务。而对外提供接口或者多个模块公用的数据对象，建议通过 JavaBean 封装为更容易理解的对象。数据服务层采用 oracle 数据库进行数据的持久化操作。

5.4.1.6 技术实现架构

自动化运维平台实现架构如图 5-40 所示。

5.4.1.7 系统拓扑架构

系统采用集中部署，主应用程序服务部署在多台 Tomcat 服务器上，通过负载均衡设备 F5 组成集群，对用户提供业务服务，提供 Session 会话保持、访问负载均衡、服务健康检查、进程监控和管理等功能。

系统逻辑部署拓扑图和系统主要服务组件如图 5-41 和图 5-42 所示。

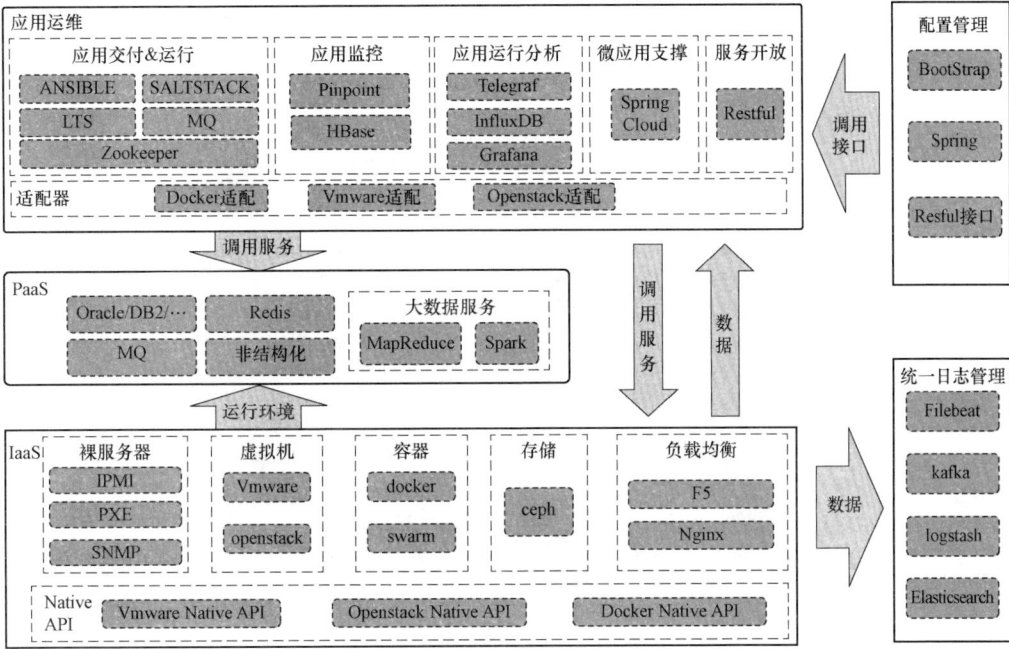

图 5-40 技术实现架构

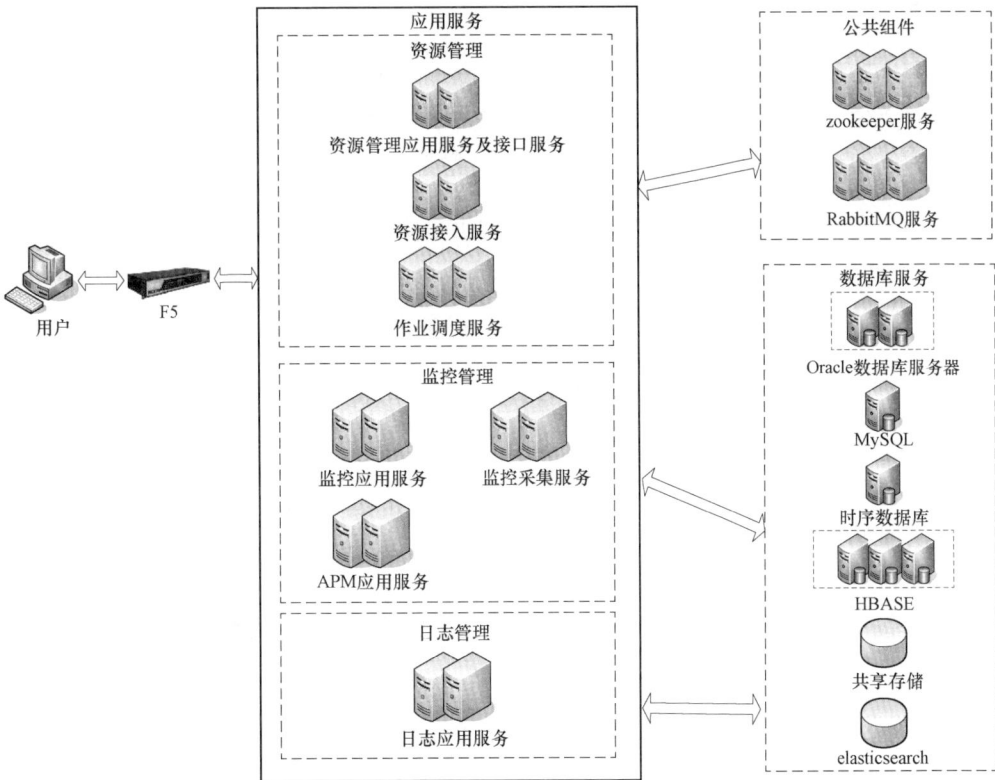

图 5-41 系统逻辑架构图

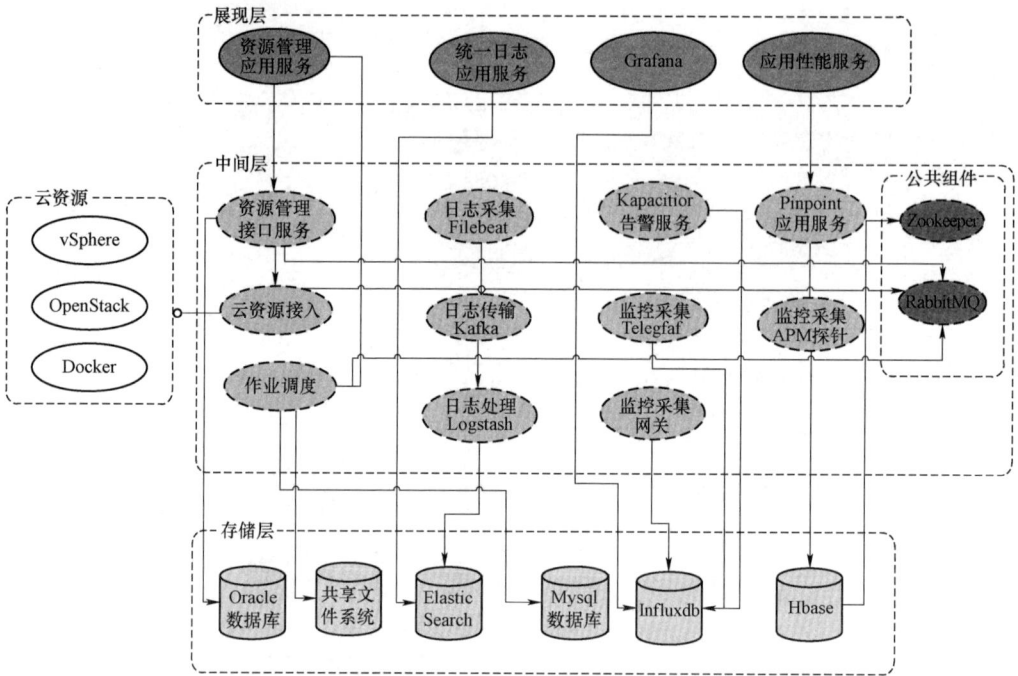

图 5-42 服务组件架构图

下面对主要组件进行介绍说明：

（1）云资源管理平台。主要适配 OpenStack、Vcenter 等虚拟化平台，对 CMDB 提供接口支撑能力。

（2）作业调度组件：WORKER 服务器交互平台。基于 ansible 开发自动化运维工具，用于批量系统配置、系统部署、运行命令等交互操作。

每台 worker 操作机器的并发数 100，本次申请两台，支持并发数 200，后期可根据情况进行扩展。

（3）公用组件：RabbitMQ。用于 CMDB 与虚机云管平台、容器平台数据同步共享消费。

虚机云管平台服务中的一些异步操作依赖 MQ 通知。

虚机云管平台与 worker 的异步交互使用 MQ 通知。

（4）公用组件：zookeeper。为虚机云管平台服务、Worker 提供服务注册和发现功能，为 HBase 提供集群支持。

（5）CMDB：应用服务及接口服务。CMDB 存储日常运维对象的各种配置信息，为运维体系提供基础数据支撑。

CMDB 接口：用于 CMDB 与其他系统对接提供适配服务，解耦于 CMDB 让 CMDB 更关注对象和操作配置化管理。

（6）监控应用服务。PinpointWeb：应用性能管理展示系统模块，主要用于展示应用性能监控的全链路数据，用于快速分析排查故障和性能瓶颈。

Grafana Server：运行监控数据图标展现，对 Telegraf 等采集到 influxdb 中的数据库进行查询并以图标方式展现。

Pinpoint 收集器：应用性能数据收集器，上报频率根据监控应用的使用频次变化，初期接入自动化运维的系统不会很多，考虑和其他服务合并服务器部署，后期应用多了，独立、增加节点部署。

（7）监控采集相关组件服务。

1）调度平台：分布式调度平台，主要承担 CMDB 和统一日志数据采集的定时任务的分解与调度。

2）监控指标采集（非 agent）：运行监控数据无法通过客户端工具采集的类型，需要从外部结合定时任务进行采集。

3）定时采集的统一日志相关的任务：统一日志需求中无法从 filebeat 等客户端方式收集的日志，需要从外部结合定时任务进行采集。

Kapacitor 用于监控采集的数据，根据告警规则促发告警操作。

（8）统一日志：应用服务器。

（9）时序数据存储：Influxdb。Influxdb 用于存储主机、中间件、数据库等采集的时序数据（次/10s），数据量比较大，考虑到将来数据可靠性和增长使用共享存储，目前共享存储初始大小为 300G，后续视生产数据增长扩大。

（10）HBASE 存储。应用性能监控数据存储，存储使用 HBase 为保证高可用，需要集群部署；另外数据量会比较大，建立 3 个节点 1T 硬盘存储。

（11）共享存储。使用场景：共享存储是云适配组件脚本模块用来存储和分发文件使用。

（12）Oracle 数据库服务器。使用一个数据库实例，作为运维平台主数据库。

（13）MySQL 数据库服务器。分别用于作业调度、监控图形化展示数据存储。

5.4.2 运维工具功能

运维工具目前集成在自动化运维平台中，通过运维平台统一实现任务调度。

5.4.2.1 整体功能架构介绍

平台整体功能由八个部分组成，分别为配置管理模块、监控巡检模块、云适配管理模块、统一日志模块、自动化部署模块、作业管理模块、容器管理模块、备份管理模块。

如图 5-43 所示。

5.4.2.2 应用功能介绍

自动化运维平台主要解决应用部署繁琐、运行时维护复杂等问题，其采用的手段是部署时模型驱动、运行时自治管理，主要功能如图 5-44 所示。

1. 统一云管理平台

统一维护服务管理、虚拟机管理、容器管理，利用 CMDB 针对对象、操作、属性的抽象定义，对云管服务器、虚拟机、容器等进行定义。

2. 监控告警

监控告警包含监控数据采集、告警规则配置、事件通知等，其中：

（1）监控数据采集主要包括操作系统、数据库、开源组件（ES/KAFAKA）、中间件、vcenter 等指标数据采集。

（2）告警规则配置主要是通过配置规则、下发告警策略、监控数据等。

（3）触发告警会产生事件，通过短信或推送统一消息邮件通知用户。

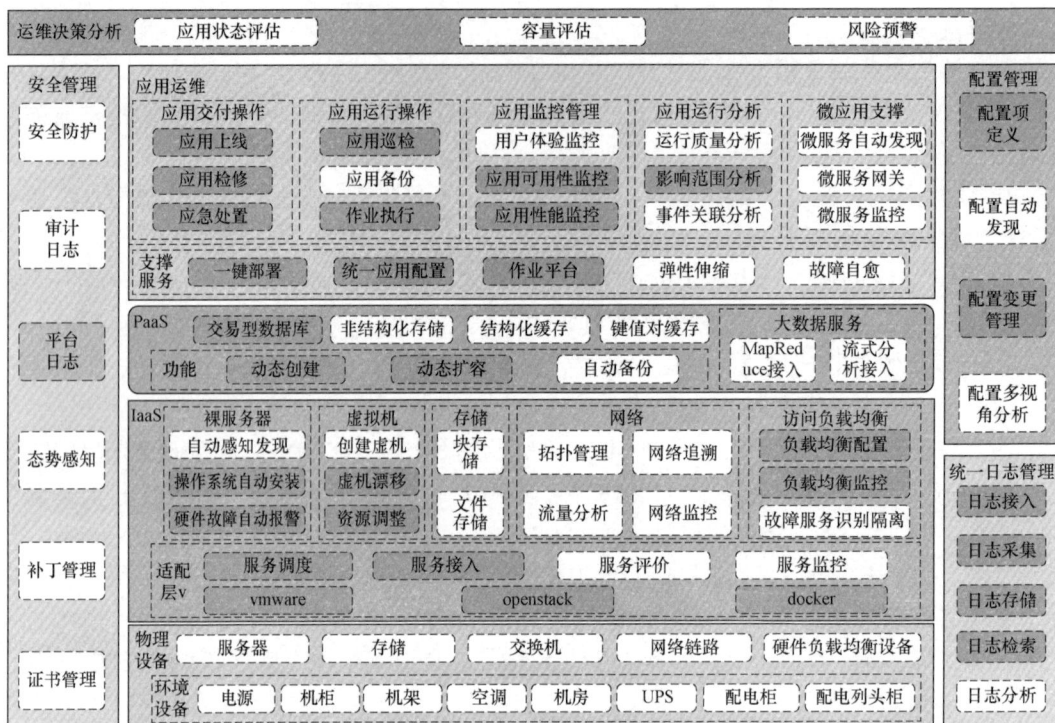

图 5-43 整体功能图

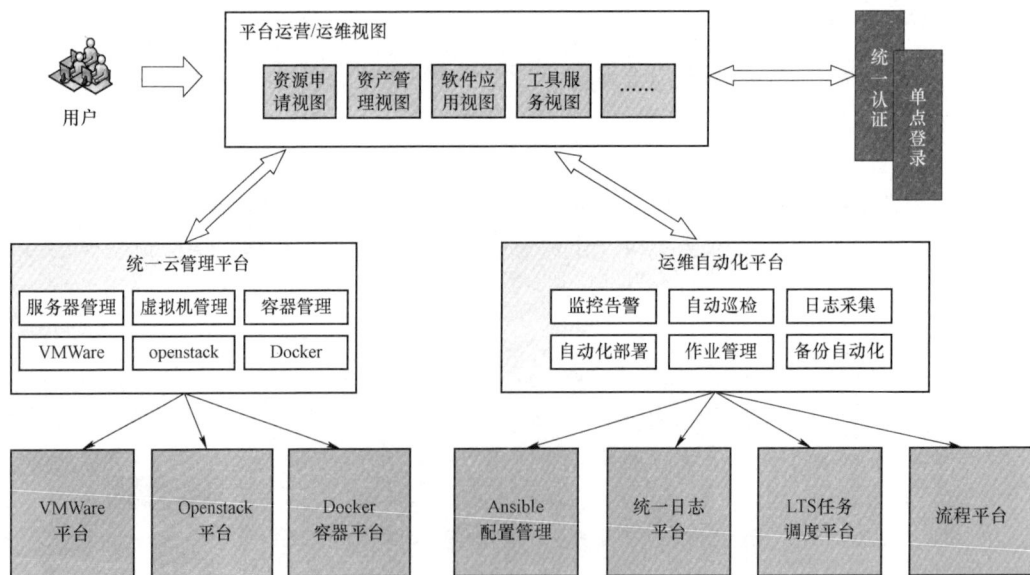

图 5-44 应用功能图

3. 自动巡检

基于 CMDB 基础系统台账配置巡检，可配置成定时巡检方式，定时监控系统联通性，产生事件通知用户系统是否可正常访问，支持系统正常恢复事件状态。

4. 自动化部署

提供建模组件以编排多个组件、实例之间的部署和依赖关系，声明所需的组件及实例个数。

基于模型组件定义，部署任务中各个组件对应的操作（安装、运行、停止、卸载等）和顺序，作为后续应用自动化部署执行的依据。

通过流程驱动，实现主流 Web 应用系统及其运行环境的部署，包括 Web 应用本身以及主流的中间件（包括应用服务器、负载均衡、消息中间件、缓存等）和数据库（如 Oracle），支持数据库创建和自定义服务的执行。

5. 日志采集

自动化部署过程中，会自动在虚拟机中部署日志采集服务，将采集到的操作系统、应用日志推送到 kafaka、ES 等中间件组件，最终通过统一日志平台进行查看、下载等管理操作。

6. 作业管理

通过 ansible 配置管理工具的使用，提供快捷执行脚本、分发文件到服务器、任务编排执行功能。

7. 备份自动化

实现数据库的自动化备份，针对备份数据可执行数据库恢复操作，继而验证数据库数据。

如图 5−45 所示，自动化运维的各类应用按其实现的功能，可以划分分为配置模块、资源管理、监控管理三大模块，分别负责基础配置、系统部署，涉及的资源的管理以及相关资源和流程的监控。

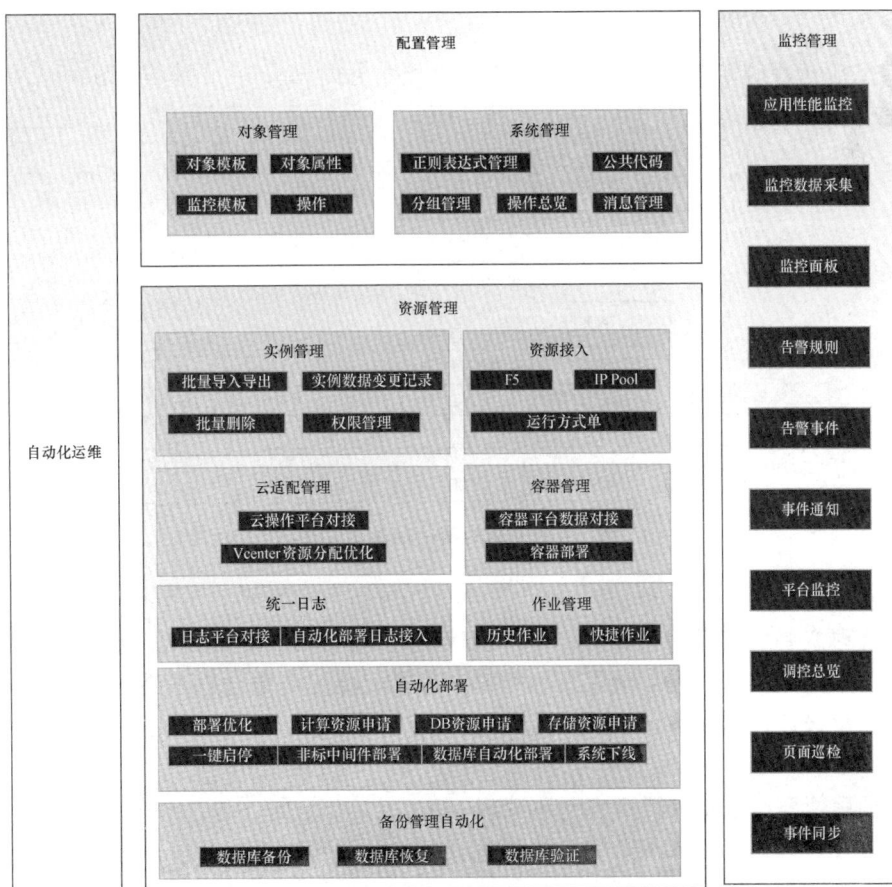

图 5−45 应用划分

5.5 运维团队建设

5.5.1 运维职责

在企业私有云建设过程中，着重关注"团队"在整个平台建设及运维过程中的作用，培养企业自身的云运维团队，是私有云持续安全稳定运行的基石。本节主要介绍运维团队的组织建设情况。

在前期私有云优化探索过程中，组织技术人员开展技术研究与探索，进行方案验证，攻克技术难题；实施人员根据成熟的部署方案进行平台搭建，形成平台、系统、网络的全过程闭环管理机制，完成云架构下的运维模式转变。在此过程中，需要建立一整套完备的运维体系：

（1）夯实底层运维服务制度与流程，确定与之相关的流程和岗位等，运维人员以制度与流程为参考开展协同作业。

（2）建立稳定可靠的运维平台，实现运维的全方位采集、在线处理与高效分析，提升运维工作的效率与成效。

（3）培养一支高水平的运维服务支撑团队，有效利用技术手段和工具，实现专业化运维。

运维工作按照类别，划分为运行管理和对外服务两部分，如图 5-46 所示。其中，运行管理包含机房管理、云平台基础设施、云平台组件及云平台安全、云上应用运维和管理等。

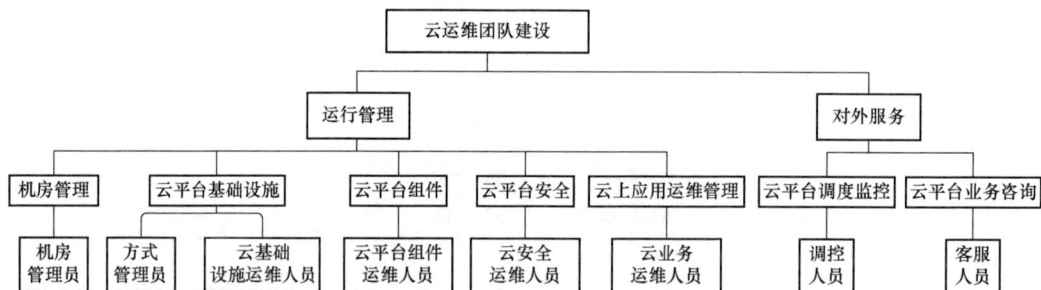

图 5-46 云运维团队建设内容

1. 运行管理

运行管理主要负责机房管理、云平台基础设施维护、云平台组件运维及应急管理，组织云平台上线测试、资源规划调配、运行情况分析、租户和账号权限维护、日常巡检、资源台账、安全设计、日志审计、云主机网络访问控制、云主机安全加固等。具体的角色设置和分工如下：

（1）机房管理员主要负责机房动环管理。

（2）方式管理员负责云平台资源的规划分析与调配管理；负责统计分析云平台运行情况；负责云平台租户管理方案制定，涵盖账号权限定期维护、资源配额管理等；负责云平台资源台账管理；负责租户和业务应用安全检查。

（3）云基础设施运维人员负责维护机房服务器、交换机等设备，包括设备维护、检修及应急处理；负责对计算、存储和网络资源的调试、配置、维护、监控、优化；负责云主机操作系统镜像管理、云硬盘的增删改查、云主机挂载云硬盘、云硬盘限速等。

（4）云平台组件运维人员负责组织云平台生产准备，组织本地云平台上线测试；负责云平台组件的应急预案编制，定期开展应急演练与应急处置。

（5）云安全运维人员负责云平台安全设计、云平台访问控制、租户安全策略、日志审计、云主机网络访问控制、物理主机安全加固、云主机安全加固。

（6）云业务运维人员负责云业务应用系统的巡视、检修等日常运维工作；负责研究云业务应用系统特性，监测应用性能指标，针对系统和平台资源提出改进意见；跟进业务应用的数据运维工作，提供稳定可靠的数据资源；编制修订业务应用的应急预案，根据实际情况定期开展应急演练和应急处置。

（7）云安全运维人员负责云平台安全设计、云平台访问控制、租户安全策略、日志审计、云主机网络访问控制、物理主机安全加固、云主机安全加固等。

2. 对外服务

对外服务主要负责云平台相应业务咨询、问题分级受理和初步解答、运行状态监控与预警、应急处置、检修审批、开展应急演练以及牵头编制运维单位应急预案，主要涉及调度监控人员和客服人员。

相关人员云岗位职责和技能要求见表5-4。

表5-4 云岗位职责和技能要求

角色	岗位职责	技能要求
调控人员	负责云平台运行状态监控与预警、应急处置、检修审批； 负责组织开展云平台应急演练； 负责牵头编制云平台运维单位应急预案	岗位通用技能
客服人员	负责云平台相应业务的咨询服务请求管理； 负责云平台问题分级、受理、初步解答； 负责组织开展云平台问题整理、知识点整理	岗位通用技能
方式管理员（云平台运营）	负责云平台资源的规划分析与调配管理； 负责统计分析云平台运行情况； 负责云平台租户管理方案制定，涵盖账号权限权限定期维护、资源配额管理等； 负责云平台资源台账的管理； 负责租户和业务应用安全检查	（1）熟悉OpenStack架构，包括计算、存储、网络等组件； （2）深入理解运维体系结构，进行架构设计，擅长容量规划与性能优化； （3）熟悉服务管理、自动扩容等运维系统建设，深入理解和实践成本控制和效能提升； （4）熟悉故障、监控、限流、降级、预案、扩容工作原理
机房管理员	负责机房动环管理	岗位通用技能
云基础设施运维人员	负责云平台的云操作系统、负载均衡组件运维，包括对计算、存储和网络资源的调试、配置、维护、监控、优化等工作； 负责云主机操作系统镜像管理、云硬盘的增删改查、云主机挂载云硬盘、云硬盘限速等	（1）熟悉OpenStack架构，包括计算、存储、网络等组件； （2）熟悉主流分布式存储技术实现，包括Swift、Ceph等； （3）了解虚拟化环境中的网络技术，包括VXLAN、SDN、OVS等； （4）掌握云平台的云操作系统、负载均衡等组件的配置及维护，包括对zabbix和puppet等功能的熟练操作使用； （5）熟悉服务器、存储、交换机等硬件设备的维护机制，熟悉Linux操作系统安装、配置、维护、调优等技术； （6）熟悉数据中心交换机安装、配置、维护，熟悉VLAN划分和配置

角色	岗位职责	技能要求
云平台组件运维人员	负责组织云平台生产准备，组织开展本地云平台上线测试； 负责分布式服务总线、即时消息总线等云平台组件运维与管控； 编制修订云平台组件应急预案，根据实际需要定期开展应急演练与处置	（1）理解 Linux、apache、tomcat、jboss、nginx 等工具原理，有较强的问题分析与快速处理能力； （2）熟悉主流数据库的运行机制和体系架构； （3）熟悉 Shell、Python 等脚本类编程工具，熟悉 java 虚拟机、java 应用部署及系统优化； （4）熟悉自动化发布工具、熟悉 Docker 技术； （5）掌握云平台分布式服务总线、即时消息总线、分布式关系型数据库、大数据平台组件、应用构建、应用服务中间件等云平台组件的操作和维护能力
云业务运维人员	开展业务应用的巡视检修等日常运维操作； 研究业务应用特性，分析应用与性能，提出合理的业务系统及云平台资源优化建议； 负责云业务应用数据运维工作； 编制修订业务应用应急预案，根据实际需要定期组织开展应急演练与处置	（1）掌握应用部署、监控、日志功能； （2）掌握使用工具链及 CMDB 进行应用管理的方法
云安全运维人员	负责云平台安全设计、云平台访问控制、租户安全策略、日志审计、云主机网络访问控制、物理主机安全加固、云主机安全加固等	（1）了解公司安全体系； （2）熟悉常见 Web 开发框架，对主流操作系统内核有较深入的理解； （3）熟悉入侵检测系统，对云平台设计和开发、规则提取有较好理解； （4）掌握网络安全和网络攻防理论，熟悉漏洞原理和技术，对漏洞挖掘和分析有一定了解； （5）掌握 DDoS 攻防技术和网络技术，熟悉 TCP/IP 协议及常见网络协议； （6）精通常见安全漏洞的原理、扫描原理

5.5.2 运维内容

5.5.2.1 云平台日常维护

云平台日常维护包括软硬件、平台系统、平台支撑组件、云主机资源使用等方面的巡检。服务器软硬件方面，开展服务器硬件状态、操作系统资源使用情况巡检；平台管理系统方面，开展云平台应用运行情况监控、组件健康状态分析、应用日志异常排查等；平台支撑组件方面，开展分布式存储使用情况、消息队列使用情况、数据库资源利用情况、数据库告警事件跟踪、数据备份情况的巡检；云主机方面，开展云主机运行情况监控、云主机资源使用率监控。

5.5.2.2 云平台配置管理

云平台配置管理包括操作系统、云平台支撑组件、云平台管理系统等的配置管理。操作系统方面，开展 SSH 互信、NTP、安全加固等基础服务的配置管理；云平台支撑组件方面，开展 OpenStack 各功能组件（认证、计算、网络、存储）、分布式存储 Ceph（Mon、OSD）、消息队列、数据库等的配置管理；云平台管理系统方面，开展应用中间件、平台扩容配置。

5.5.2.3 云平台版本升级

云平台各组件的版本管理要求规范升级流程、控制升级次数，达到定期升级的目标，保证业务流程规范、顺畅。

为保证生产环境安全稳定运行，测试环境与生产环境的云平台要进行同步升级管理，应在完成测试环境升级测试后，再完成生产环境升级。系统版本升级要做到操作文档齐全，至少包含升级操作手册及升级程序包，鼓励进行自主自动化脚本编制。云平台升级前必须做好数据库、平台组件配置的备份，方便升级失败后立刻回退；升级后必须进行功能验证，确保升级后各功能正常使用。云平台升级应建立完整的升级档案，以备后续审计和检查。

5.5.2.4 云平台监控管理

云平台对服务器硬件、操作系统、云平台支撑组件、云平台管理系统、云平台资源等层面状态进行监控管理。服务器硬件层面，监控服务器电源、CPU、内存、磁盘等硬件运行状态；操作系统层面，监控 CPU 利用率、内存使用率、文件系统剩余空间、网卡带宽等资源使用状态；云平台支撑组件层面，对数据库、消息队列、分布式存储 Ceph、OpenStack 组件等支撑组件的集群服务状态进行监控；云平台管理系统层面，对云平台组件的管理平台服务状态进行监控；云平台资源层面，对云平台分配的资源健康状态进行监控。

5.5.2.5 云平台故障处置

云平台功能组件发生故障，需要综合分析系统巡检、系统监控及用户反馈的故障信息及影响范围等信息，界定好故障的级别，本着先恢复，后分析原则，尽快恢复云平台故障，降低对云化业务应用的影响。

5.5.2.6 云平台应用上云

业务系统上云前，应分析其特点，评估是否适合上云以及上云的模式；规划云平台的资源容量，为业务系统分配计算、存储、网络等资源；根据业务系统需求选择不同类型的存储（集中式存储、分布式存储）；为微服务架构提供容器集群管理平台，并为容器化改造提供镜像仓库或持续集成环境。

5.5.3 IT 运维要求

云环境下 IT 运维管理主要涵盖网络管理、软件把关、用户把控等诸多关键点，运维人员需要深度参与应用设计、资源配置等相关工作。对云环境下 IT 运维要求主要是从日常全生命周期管理着手，运用自动化技术工具等手段常态化开展监控、故障处理、系统维护等工作，实现智能化运维管理。从各层次能力出发，综合提升运维的管控能力。

5.5.3.1 打造有效的运维监控工具

IT 运维关键是日常监控处置，从日常维护、变更管理、事件处置等多方面开展全链路监控，提前研判安全隐患。通过切实有效的监控管理，全方位掌握系统运行状况，全面收集服务具体操作，对存在的各类问题进行闭环处置，通过运行监控减小系统故障带来关联损失的可能性。

5.5.3.2　规范保障安全维护能力

规范 IT 运维的安全开展，对整个系统信息进行跟踪；提前控制可能出现信息泄露的设备和媒介；对用户分级别进行权限管理；禁止使用非法软件及操作等。制定严格的云平台操作运行规程，确保云服务安全，加大运维管理安全维护的力度，7×24 小时保障系统的可靠性。

5.5.3.3　着力提升自动化及智能化水平

随着"大云物移智"新技术的发展，手工运维无法满足当前的运维要求，自动化及智能化处理的需求愈来愈迫切，成为发展趋势。提升高层次的智能化处理能力，运用相关运维工具实现版本升级、系统监控、资源配置、安全预警等功能，极大提升自动化智能化处理水平，大大降低故障发生率。

6

云 平 台 安 全

按照《信息安全技术网络安全等级保护定级指南》（GA/T 1389—2017）和国家电网有限公司《关于开展 2018 年度管理信息系统等级保护重点工作的通知》（信通网安〔2018〕37 号）、《关于印发一体化"国网云"平台安全防护方案的通知》（信通网安〔2019〕18 号）要求，云平台信息安全保护等级（S）定为三级，系统服务安全保护等级（A）定级为三级，系统管理安全要求保护等级（G）定级为三级，云平台安全保护等级定为三级（S3A3G3），云平台安全防护体系应满足等级保护第三级安全要求中的安全通用要求和云计算安全扩展要求。云平台定级矩阵表如表 6-1～表 6-3 所示。

表 6-1　　　　　　　　　　业务信息安全保护等级矩阵表

业务信息安全被破坏时所侵害的客体	对相应客体的侵害程度		
	一般损害	严重损害	特别严重损害
公民、法人和其他组织的合法权益	第一级	第二级	第三级
社会秩序、公共利益	第二级	第三级	第四级
国家安全	第三级	第四级	第五级

表 6-2　　　　　　　　　　系统服务安全保护等级矩阵表

系统服务安全被破坏时所侵害的客体	对相应客体的侵害程度		
	一般损害	严重损害	特别严重损害
公民、法人和其他组织的合法权益	第一级	第二级	第三级
社会秩序、公共利益	第二级	第三级	第四级
国家安全	第三级	第四级	第五级

表 6-3

定 级 结 论

			系统级别			
第一级	S1A1G1					
第二级	S1A2G2	S2A2G2	S2A1G2			
第三级	S1A3G3	S2A3G3	S3A3G3	S3A2G3	S3A1G3	
第四级	S1A4G4	S2A4G4	S3A4G4	S4A4G4	S4A3G4	S4A2G4	S4A1G4

6.1 云平台安全风险

国家电网有限公司在搭建私有云平台过程中，前期以业务服务实现为主要目的，逐步实现了计算资源（OpenStack、Kubernetes）、存储资源（Ceph）、网络资源（SDN）虚拟化，随着开展"千台入云、应用上云"专项活动，云平台的使用规模不断扩大，云上业务的安全风险问题逐步凸显，而云平台安全能力建设已相对滞后，主要有如下表现：

（1）业务和数据越来越中心化，安全风险高。云端业务及数据越来越集中和庞大，云平台逐渐成为黑客攻击的首要目标。如何保障用户云端数据安全、云上业务系统安全是云平台面临的最大挑战。相对于传统安全防护，云平台引入了如下新的风险：

1）虚拟机位置可漂移，可能位于不同物理机器。

2）虚拟化隔离被突破，租户间资源非授权访问。

3）网络边界动态变化，二、三级业务系统边界隔离被打破。

4）虚拟化内部的网络流量和网络威胁不可见。

（2）云平台的安全感知能力不足。国家电网有限公司在 2018 年信息通信工作会议上强调建成以"动态感知、全面防护"的主动网络安全防御体系，安全工作由"防御隔离"向"感知可信"转变，《信息系统安全等级保护基本要求云计算分册》中也要求关键性基础设施应具备全面看得见风险、快速响应风险、有效管理风险的能力，给云计算在安全方面提出了更高、更严的要求，云计算威胁检测与威胁快速响应成为云平台必备的能力。态势感知是以安全大数据为基础，引入机器学习、人工智能分析算法，是一种能对网络中发生的各类安全事件进行识别、报警和分析的能力。云平台态势感知需收集云平台及云上应用的网络安全、应用安全、数据安全和主机安全等相关监测信息，对安全态势信息进行实时识别、集中分析展示，最终目的是为了帮助用户实现威胁检测、响应、溯源的自动化安全运营闭环，保护云上资产和本地主机同时满足监管合规要求。

（3）云安全防护能力普遍较弱。云安全能力建设跟不上业务快速迁移上云的步伐，对安全事件的响应还以人工处置为主，仅辅助一些简单的安全工具，缺乏宏观统一的安全感知能力和必要的处置手段，安全产品简单的堆砌无法形成整个安全体系的有效联动，主要存在问题如下：

1）开源云平台仅提供少量的主机和网络安全服务，不满足信息系统安全需求。

2）云平台更多的是安全能力的提供，缺少面向租户的安全服务，导致应用系统安全防护缺失。

3）云平台提供的网络隔离、访问控制、数据加密等安全能力，多数用户并未使用。

4）传统安全设备提供云平台出口的安全防护，主要由运维管理人员操作，使用不便，安全事件响应周期长，排查困难且效率低下。

6.2　云平台防护方案

传统安全防护方案一般会采用部署边界安全设备及划分安全域方式，但云计算改变了传统网络安全架构，物理边界变得模糊，部分网络流量可能不经过边界安全设备，而且传统安全防护手段可能会占用过多 CPU、内存和网络流量，容易影响上层业务。既要对云计算主机进行全面防护，保护云上业务同时又不过多消耗计算资源，是云平台安全防护难以平衡的关键点。

相关安全厂商根据自身经验积累，经过调整和适配，推出了多种云平台安全防护方案。比如传统反病毒厂商推出的云杀毒主机安全防护产品；相关网络安全厂商推出的虚拟防火墙和 WAF 等。这些产品对云平台防护各有侧重，采用了不同的技术手段，各有局限性，具体分析见表 6-4。

表 6-4　　云安全防护方案对比

	终端派		网络派	
防护方案	代理方案	无代理方案	代理引流网络功能虚拟化方案	基于 SDN 的网络功能虚拟化方案
和云平台耦合性	松耦合，不依赖平台	紧耦合，对接云平台底层 API	紧耦合，需适配不同云平台	紧耦合，对接云平台底层 API
安全能力	从 OS 或者虚拟化层防病毒，网络层面稍差	以虚拟防火墙为主，轻量级 IPS、WAF 和网络防病毒	入侵检测及网络审计，不能及时阻断网络攻击	功能全面，防火墙、WAF、IPS、安全审计等
资源占用	占用虚拟机资源	占用宿主机资源	占用宿主机资源	占用网络资源

6.2.1　代理方案

传统反病毒厂商安全防护方案比较稳定，采用的代理方案一般有管理控制中心和代理客户端两部分，管理控制中心负责安全防护的统一配置、下发部署和策略管理；代理客户端是负责安全防护的具体执行操作，一般直接部署在虚拟机上，保障虚拟机的安全，如图 6-1 所示。

代理方案根据实现防护的原理一般又可以分为传统杀毒软件、轻代理方案和终端检测与响应（Endpoint Detection and Response，EDR）方案。传统杀毒软件方案一般采用全盘文件扫描，特征库比对方式进行病毒防护和相关漏洞修复，存在安装包较大、资源占用较多、容易被绕过、网络防护较差等突出问题。轻代理方案相对于传统方案降低了客户端对宿主机资源占用，安装包轻量化，但是也存在无法查杀复杂病毒等问题。EDR 方案是一种新兴的威胁检测技术，一般由安全探针和控制平台构成，经过对探针所采集的终端事件进行信息比对、深入分析、机器学习等，快速识别安全风险，对攻击快速响应。相比传统的安全终端，EDR 优势主要是对操作系统的定点监控、事件主动溯源、行为合规监控和网络可视化入侵的防御。此类代理终端安全解决方案最大的优势就是弥补云平台建设初期安全滞后方面的缺失。

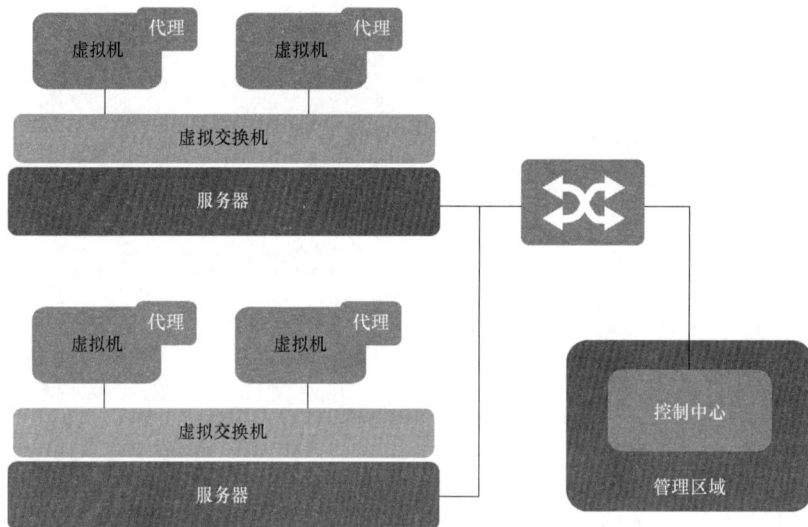

图 6-1　云安全防护方案—代理方案

6.2.2　无代理方案

为了减小对虚拟机的影响，无代理方案顺势而出，这种方案通过将安全虚拟机部署在宿主机上，网络探针以虚拟机形态存在，实现对云平台进行安全检测实现网络安全防护，尤其是对东西向流量的安全防护，如图 6-2 所示。

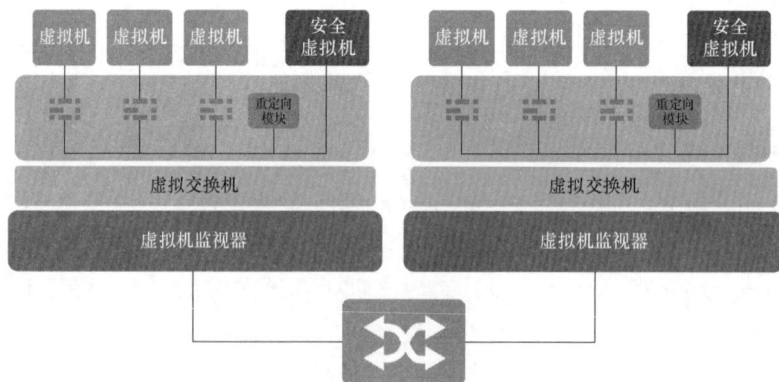

图 6-2　云安全防护方案—无代理方案

这种方案主要由管理控制中心及安全虚机组成，管理控制中心负责安全防护的统一配置、策略安全管理，通过接收和分析安全探针上传的事件和流量日志信息，统一通过图形化等直观方式展现出来，从而实现网络攻击审计与溯源。

安全虚拟机主要任务是接收管理控制中心下发的安全策略，负责具体的安全防护任务，同时将产生的安全事件信息和相关日志汇总到管理控制中心用以进一步分析。安全虚拟机类似虚拟防火墙，同时集成了主机安全监控、入侵防御等多种安全能力，以确保云平台安全，其主要优势如下：流量和应用可视化展现、东西向流量威胁检测与隔离、网络攻击审计与溯源分析，如图6-3和图6-4所示。

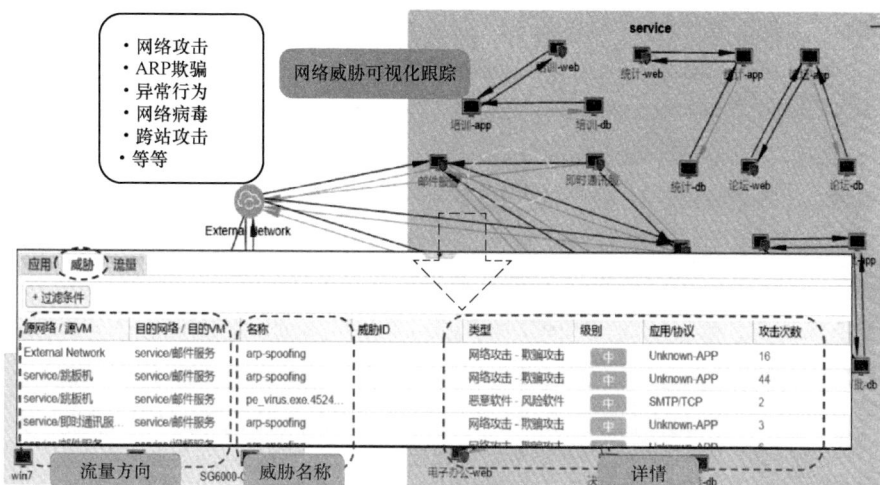

图6-3　无代理方案—流量可视化

图6-4　无代理方案—溯源分析

6.2.3　代理引流方案

部分厂商将网络功能虚拟化引入到网络安全体系，采用将引流虚拟机部署在宿主机的方式，网络安全防护是通过牵引访问业务虚拟机的网络流量至安全产品上实现。这种方案成功地避免了对虚拟机流量的安全检测及审计等问题，但由于引流虚拟机不负责具体安全防护，无法精准防御网络攻击，所以还需要其他安全手段配合一起完成安全防护，如图6-5所示。

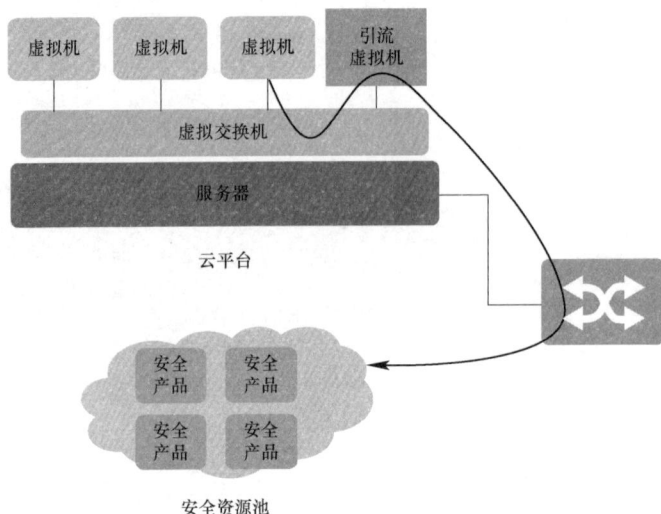

图 6-5 云安全防护方案—代理引流方案

6.2.4 网络引流方案

软件定义网络（Software Defined Network，SDN）是一种新型的 NFV 实现方式，它的核心功能是实现了控制与转发的分离，为从云平台引流提供了极大的方便，目前在云平台中被广泛采用。SDN 控制器南向纳管底层硬件设备，北向对接 openstack 系统的 neutron 组件，通过云平台，控制器通过将虚拟机流量牵引到安全产品从而实现被保护虚拟机的安全防护。网络、安全不分家，网络引流方案在架构上有很明显的说服力，网络设备的高吞吐、大并发对云平台数据处理网络不会造成瓶颈，但是网络引流的稳定性、引流延迟等问题也需要在实际使用中加以重视，这种方案一般用于云平台南北向安全防护。如图 6-6 所示。

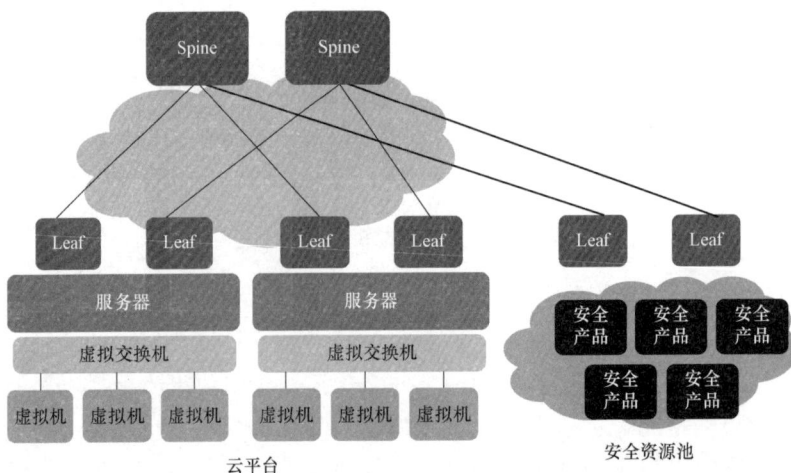

图 6-6 云安全防护方案—网络引流方案

6.3 云朵方案

当前，网络侵入和攻击呈现多样化和常态化，云计算加剧了网络安全风险和复杂性。云安全覆盖了和云相关的方方面面，从终端到网络，从数据到用户，单一安全方案具有一定的局限性，不能完全解决云计算安全风险，综合安全解决方案才是云安全防护的解决之道。云安全与云平台体系同步规划、同步建设、同步投入运行及维护，运行过程中不断补充和完善云安全防护体系，全面提高云平台的综合防御能力，同时将云平台安全防护纳入国家电网有限公司整体网络态势感知体系，以提升云上威胁的快速发现、响应和处置能力，为国家电网有限公司电力物联网建设提供安全可靠的基础支撑能力。将多个独立运行的单一云通过云售平台形成一个大的云朵，即云朵方案。云平台建设遵循如下几个原则：

（1）安全域分离：等保二级域和等保三级域分离部署，强化安全防护措施。

（2）生产、测试相分离：随着物联网应用的发展，测试环境也越发重要，因此建立了一个跟生产环境相隔离，但是平台技术统一的测试环境，隔离非生产性操作。

（3）多机房在线：应用的服务节点多机房部署，同时对外提供服务，避免单机房隐患。

（4）高可靠性部署：坚持单个云实例不跨机房、控制节点不同机柜部署原则，提高系统可靠性。

云平台划分如图 6−7 和图 6−8 所示。

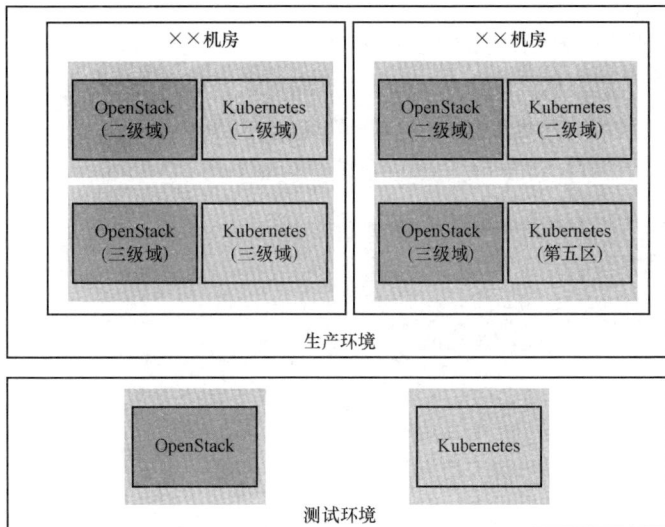

图 6−7 按生产测试环境划分机房

6.3.1 云朵方案的设计思路

国家电网有限公司按照业务系统等级保护要求分别部署在二级业务安全域和三级业务安全域：按照虚拟化方式的不同分别部署在 OpenStack 和 Kubernetes 云环境中。每朵中的业务系统安全要求一致，二级业务安全域与三级业务安全域之间原则上不允许互相访问，如跨安全域的业务应用系统有数据交换需求，需经业务主管部门领导审批后开放相关访问控制权限。

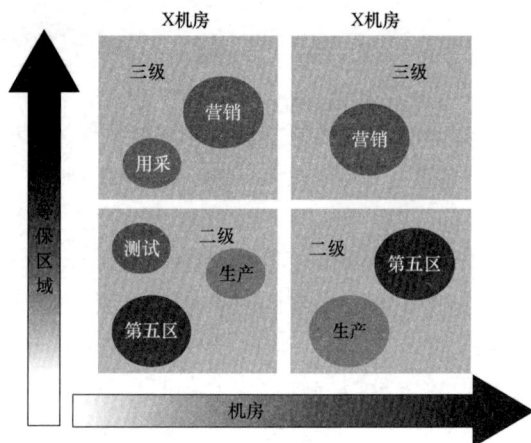

图 6-8　按等级保护划分机房

（1）云朵优势。同级系统统一成域的云朵思想，降低了不同业务系统在云内安全隔离的需求。云朵之间边界清晰，传统的边界安全防护思路依然可以使用。其中的一朵云如果不可用，并不会造成其他云朵内的业务系统不可用。

（2）云朵劣势。建设多套云，多个云平台分散管理，制约云计算的弹性伸缩，各云平台资源无法统一管理、调度，加大管理难度，无法灵活支撑面向多区域用户服务业务的多活节点部署与应用。国家电网有限公司在应用上云过程中，不断总结经验，持续完善运维工具，深入分析处理架构复杂的应用系统，建立了云环境下运维体系，同时开展了多云环境下逻辑资源管理、调度等相关技术的研究并取得了一定的成效，基本解决了多云资源统一调度问题。云管平台实现计算、网络、存储资源的自助式申请，应用的自动化部署，具备业务编排的基本功能。云管平台对业务系统编排如图 6-9 所示。

图 6-9　云管平台对业务系统多云部署

云朵方案将云安全问题一分为二，即云朵间的边界安全和云内业务应用安全。

6.3.1.1 云朵间的边界安全

云朵之间边界清晰，包括各云之间和云外信息系统的横向边界、数据通信骨干网的纵向边界、与互联网大区交互的边界、第三方机构之间信息交换边界、无线接入边界等，云平台边界需要具备相应边界安全防护能力，实现不同安全区域及接入对象之间风险管控及安全防护。云平台的边界安全防护，可以沿用公司现有边界安全防护设备和手段，利用原有硬件防火墙、IDS/IPS 等边界安全防护设备，通过边界访问控制、边界入侵防范、边界完整性检查、恶意代码检测、边界安全审计等手段，配置对应的策略，及时发现安全隐患，实现边界隔离和安全防护等能力要求，具体的技术与管理要求，可以参照国家电网有限公司边界安全防护要求，云边界安全防护如图 6-10 所示。

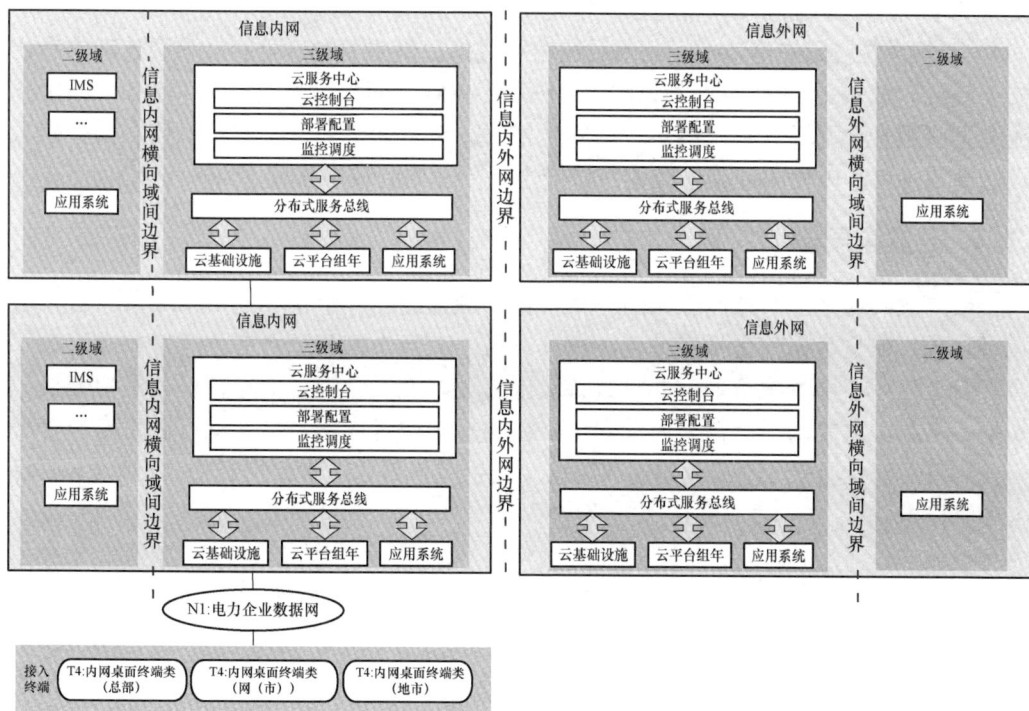

图 6-10 云边界安全防护

6.3.1.2 云内业务应用安全

云内安全防护体系应基于云平台和租户安全责任共担的原则：云平台维护团队确保云服务平台的安全性，租户负责基于云平台构建的租户内应用系统的安全。云平台通过提供开放性的安全服务，允许租户在基线合规的基础上自主选择安全服务并设置安全策略，满足租户对业务安全快速部署的需求。云内业务应用安全主要包括云服务平台的安全和租户内应用系统的安全运行防护。

（1）云服务平台的安全运行防护。主要指承载云平台运转的基础硬件设备及虚拟化的安全、云租户间隔离的安全。

1) 云平台运转的基础硬件设备及虚拟化的安全。应遵循等级保护相关要求进行防护，具备加固后的操作系统镜像，确保虚拟机上线后处在比较安全的状态，关闭不必要的通信端口、服务进程、限制系统访问权限，开启安全日志审计功能等降低主机的外部威胁，安装主机安全客户端，持续对主机上的流量与文件进行监控，实现恶意代码防范、入侵防御以及访问控制。通过云用户堡垒机进行云租户主机安全审计。

2) 云租户间隔离的安全：不同租户之间需采取云防火墙、安全组等云入侵防御手段对逻辑边界进行资源隔离、访问控制和入侵防范。

（2）租户内应用系统的安全运行防护。租户内云应用安全是云平台区别于传统数据中心安全业务部署与管理的关键需求，主要保护云平台中各类业务应用的安全稳定运行，包括租户内业务系统隔离安全防护、业务系统应用安全防护。

1) 租户内业务系统隔离安全防护。同一租户不同业务应用系统之间采取虚拟防火墙、安全组等手段进行资源隔离、访问控制措施。

2) 业务系统应用安全防护。业务系统应用对外提供服务时，可能会受到外部的高危应用安全威胁，如 SQL 注入，跨站攻击等，应采取 WAF、网页防篡改等技术手段。应用开发商应遵循应用安全开发规范，满足应用安全基线，包括通信加密、安全审计、安全接入、特权管理等，减少软件中漏洞的数量并将安全缺陷降低到最小程度。

6.3.2 云安全展望

云朵方案其实是一个过渡性质的方案，需要额外建立一个统一的安全运营平台，通过对设备日志、流量数据等进行多维度收集及分析，充分支撑云平台安全运营需求，实现云平台和云上应用安全集中管控，同时具备权限管理、审计管理、安全管理、集中管控、漏洞扫描、基线配置等功能，待云内的安全隔离与控制技术成熟之后，就可以将多云合成一朵云，公司云平台形成一朵云，通过部署统一安全防护组件，为云平台和云租户提供灵活、安全的管控方式。

7

云 平 台 测 试

测试是应用开发过程中非常重要的环节，对于云原生应用来说也不例外。云平台测试为最终上线的平台打上合格的标签，为平台更好、更稳定的运行提供了基本保障。关于云平台测试，也有着自身的独特之处，主要包括组件功能测试（针对 OpenStack 和 Kubernetes 所包含的相关核心组件自身提供的功能进行验证）、组件性能测试（验证云环境的各组件性能和瓶颈）、平台网络测试（查找云环境网络隐晦不易发现的问题）、平台存储测试（验证私有云系统是否满足指定存储目标）、平台高可用测试（验证某个组件有问题不能运行的情况下，是否仍能提供服务的能力）。每个测试项又细化为测试内容、测试范围与目的、测试环境与配置、测试方案及测试工具。

7.1 组件功能测试

7.1.1 测试简介

云平台功能测试是针对 OpenStack 和 Kubernetes 所包含的相关核心组件自身提供的功能进行验证，检查组件服务是否存在，状态是否正常，被管理资源进行创建、删除、修改和查询等操作是否成功，确保各项功能符合要求和规范。主要涉及 OpenStack 组件有 Keystore、Glance、Nova、Horizon、Neutron 和 Cinder，涉及 Kubernetes 组件有 etcd、kube-apiserver、kube-controller-manager、kube-scheduler、kubelet、kube-proxy 和 registry。功能测试的主要思路是分析每个组件承担的角色特点，有针对性地调用 API 或者 Shell 脚本，分析响应结果，并对组件进行评估。

7.1.2 测试范围与目的

云平台由多种类型组件构成，各组件功能有机组合共同保证云平台整体功能。某个组件状态异常会直接影响集群的功能。验证云平台组件基本功能时需要考虑使用场景，主要包括资源对象的增删改查。下面对 OpenStack 和 Kubernetes 组件的功测试范围和目的进行介绍。

对 Keystore，查询所有组件的认证信息；对令牌的管理、创建，修改进行验证。

对 Nova，调用 Nova-API，检查是否可进行正常通信。

对 Neutron，查看网络节点的拓扑信息，验证是否在正常管理网络。

对 Glance，检查对虚拟机部署时所能提供镜像的管理是否可用，包括镜像的导入、格式以及制作相应的模板。

对 Horizon，查看 DashBoard 页面是否正常可访问。

对 Etcd，检查 etcdctl 命令是否可用；查看 etcd 保存的集群信息，可以对集群的健康情况进行判断。

对 Kube-apiserver，调用 API 接口查看 pod 等其他资源类型数据，调用 API 接口创建 pod 等其他资源，调用 API 接口删除 pod 等其他资源。

对 Kube-controller-manager，创建 Replication Controller、Node Controller、Namespace Controller、Service Controller、Endpoints Controller、Persistent Controller、DaemonSet Controller 等控制器，检查是否可以对 pod 数进行弹性创建和销毁。

对 Kube-scheduler，对 pod 进行打标签，创建服务对象，验证服务对象 pod 的绑定；对节点打标签，配置 pod 生成策略，查看是否在指定节点创建 pod 对象。

对 Calico，对 pod 进行创建和销毁，检查 IP 的分配和回收，确保网络管理功能正常。

对 Registry，获取 Docker 仓库中可用的镜像，验证仓库功能正常。

7.1.3　测试环境与配置

OpenStack 组件最低支持版本如表 7-1 所示。

表 7-1　　　　　　　　　　OpenStack 组件最低支持版本

组件名称	OpenStack 组件版本	组件名称	OpenStack 组件版本
Nova	queens	Glance	queens
Cinder	queens	Swift	queens
Neutron	queens	Heat	queens
Keystone	queens	Ceph	luminous（12.2.4）
Horizon UI	queens		

Kubernets 组件最低支持版本如表 7-2 所示。

表 7-2　　　　　　　　　　Kubernets 组件最低支持版本

组件名称	Kubernets 组件版本	组件名称	Kubernets 组件版本
Ansible	2.5.3	Etcd	v3.2.4
Jinja2	2.10	Calico	v2.5.0
Python	3.4	Kubernetes-dashboard	v1.8.1
Kubespray	2.4.0	Docker（最低要求 1.13.1）	17.05.0-ce
Kubernetes	v1.9.2	Kubernetes	v1.9.2

146

7.1.4　测试方案

云平台功能测试主要对各个组件提供命令和 API 进行调用,解析响应数据评估组件的状态。

云平台功能测试的测试方案根据测试项的不同,分为 OpenStack（Nova、Keystone、Neutron、Glance、Cinder 等组件）组件功能测试、Kurbernets（apiserver、Scheduler、Controller-manager、Calico 等组件）组件功能测试类。

（1）OpenStack 组件功能测试。

1）首先采集 OpenStack 云环境各节点 CPU、内存、硬盘使用情况。

2）利用上述采集的数据信息,根据电力企业 OpenStack 云环境资源使用情况常规指标（CPU 平均使用率在 70% 以下、内存平均使用率在 85% 以下、硬盘平均使用率在 90% 以下）进行高消耗任务分析,没有高消耗任务将进行下一步操作,有高消耗任务将停止功能测试工作。

3）利用 Python 中 Requests 模块,发送 API 请求或调用组件命令进行 OpenStack 云环境各组件的功能测试。

4）在测试过程中实时监控并记录测试节点的资源变化。

5）分析上述采集到的响应数据,评估组件状态是否正常,生成对应的测试报告或告警。

（2）Kurbernets 组件功能测试。

1）首先采集 Kurbernets 云环境各节点 CPU、内存、硬盘使用情况。

2）利用上述采集的数据信息,根据 Kurbernets 云环境资源使用情况常规指标（CPU 平均使用率在 70% 以下、内存平均使用率在 80% 以下、硬盘平均使用率在 80% 以下）进行高消耗任务分析,没有高消耗任务将进行下一步操作,有高消耗任务将停止功能测试工作。

3）利用 Python 中 Requests 模块,发送 API 请求或调用组件命令进行 Kubernetes 云环境各组件的功能测试。

4）在测试过程中实时监控并记录测试节点的资源变化。

5）分析上述采集到的响应数据,评估组件状态是否正常,生成对应的测试报告或告警。

7.1.5　测试工具

针对云平台 OpenStack 组件,使用 Tempest 开源工具进行测试。Tempest 用来验证 OpenStack 的 API 是否按照设计进行工作。Tempset 测试和各个模块的单元测试都是基于 Python unittest 模块。另外,Tempest 中 testcase 是一个测试用例,由准备环境搭建,执行测试代码,测试后环境的还原三部分组成。一个完整的测试单元才是一个测试用例,运行这个测试单元,以对某一个问题进行验证。开发的 testcase,集成 unittest 或其他子类即可。具体使用方法如下:

（1）安装相关依赖:

```
# yum-y install epel-release
# yum clean all && yum list && yum repolist all
#yum install-y gccgitlibxslt-developenssl-devellibffi-devel
python-devel python-pip python-virtualenv
# pip install junitxml
```

（2）下载和安装 Tempest：

```
# git clone https://github.com/openstack/tempest.git
# cd tempest && python setup.py install
# pip install-r requirements.txt
```

（3）生成 Tempest 配置文件：

```
# pip install tox
# tox - egenconfig
# cpetc/{tempest.conf.sample，tempest.conf}
```

查看是否生成配置文件，测试结果如图 7-1 所示。

```
[root@00223cd24218 tempest]# ls etc/
accounts.yaml.sample              logging.conf.sample   whitelist.yaml
config-generator.tempest.conf     tempest.conf
javelin-resources.yaml.sample     tempest.conf.sample
```

图 7-1　配置文件测试结果

（4）编辑 Tempest 配置文件：

```
# vietc/tempest.conf
[DEFAULT]
[alarming]
[auth]
tempest_roles=Member    #为 tempest role 设置的角色—测试时报没有 Member 角色
admin_username=admin          #管理员用户名
admin_tenant_name=admin       #管理员租户名
admin_password=*****          #管理员用户密码
[baremetal]
[compute]
[compute-feature-enabled]
[dashboard]
[data-processing]
[data-processing-feature-enabled]
[database]
[debug]
[identity]
catalog_type=identity         #测试的类型
uri=http://xx.xx.xx.xx:5000/v2.0#keystone 服务的 endpoint,用来与 openstack 环
境镜进行交互
```

```
auth_version=v2                    #keystone 服务的测试版本
region=RegionOne#keystone 服务的 region
v2_admin_endpoint_type=adminURL#keystone 服务的 admin endpoint
v2_public_endpoint_type=publicURL#keystone 服务的 public endpoint
username=demo                      #一个测试用户
tenant_name=demo                   #一个测试租户
admin_role=admin                   #一个测试角色
password=****** #测试用户的密码[identity-feature-enabled]
api_v2=true#这里只测试 v2 版本的 keystone
api_v3=false#不测试 v3 版本的 keystone
[image]
[image-feature-enabled]
[input-scenario]
[negative]
[network]
[network-feature-enabled]
[object-storage]
[object-storage-feature-enabled]
[orchestration]
[oslo_concurrency]
[scenario]
[service_available]
[stress]
[telemetry]
[telemetry-feature-enabled]
[validation]
[volume]
[volume-feature-enabled]
```

（5）执行 Tempest 测试。
单用例测试：

```
#tempest run--regex tempest.api.identity.v3.test_projects
```

全部测试：

```
#tempest run
```

测试结果如图 7-2 所示。

```
[root@928afd7577d5 tempest]# tempest run --regex tempest.api.identity.v3.test_projects

2018-08-14 06:34:11.829 139 INFO tempest [-] Using tempest config file /tempest/etc/te
mpest.conf
2018-08-14 06:34:16.246 139 INFO tempest.lib.common.rest_client [req-8a791b93-b4aa-41b
c-8913-ab4d86815089 ] Request (IdentityV3ProjectsTest:setUpClass): 201 POST http://
         :5000/v3/auth/tokens
2018-08-14 06:34:19.048 139 INFO tempest.lib.common.rest_client [req-b4ec37a9-6d63-466
b-9cba-fe8dc315c872 ] Request (IdentityV3ProjectsTest:setUpClass): 201 POST http://
         :5000/v3/auth/tokens
2018-08-14 06:34:19.324 139 INFO tempest.lib.common.rest_client [req-714fcb52-10aa-46b
8-8088-0e073485acdc ] Request (IdentityV3ProjectsTest:setUpClass): 200 GET http://
         :35357/v3/domains?name=Default 0.274s
2018-08-14 06:34:19.561 139 INFO tempest.lib.common.rest_client [req-13cc0eb0-55c4-42e
7-a812-ae2af5903c2a ] Request (IdentityV3ProjectsTest:setUpClass): 201 POST http://
         :35357/v3/projects 0.193s
2018-08-14 06:34:20.180 139 INFO tempest.lib.common.rest_client [req-6cd2fa36-303d-4ce
0-9aee-2c84215c3a9f ] Request (IdentityV3ProjectsTest:setUpClass): 201 POST http://
         :35357/v3/users 0.618s
2018-08-14 06:34:20.216 139 INFO tempest.lib.common.rest_client [req-804df5f2-9fe5-45c
6-8561-5eb5f406713a ] Request (IdentityV3ProjectsTest:setUpClass): 200 GET http://
         :35357/v3/roles 0.036s
2018-08-14 06:34:20.296 139 INFO tempest.lib.common.rest_client [req-4fe8cce5-d4c3-421
d-90d4-8fabc5eecba6 ] Request (IdentityV3ProjectsTest:setUpClass): 200 GET http://
         :35357/v3/roles 0.079s
```

图 7-2 测试结果

7.2 组件性能测试

7.2.1 性能测试介绍

云平台组件性能测试，目的是验证云环境的各组件性能和瓶颈，主要针对 OpenStack 云环境 Nova、Keystone、Neutron、Glance、Cinder 等组件和 Kurbernets 云环境 apiserver、Scheduler、Controller-manager、Calico 等组件进行测试。云平台的各个组件性能指标的测试是通过模拟多种正常、异常、峰值的负载条件来实现的自动化的测试方式。云平台组件性能测试主要结合负载测试和压力测试，负载测试是通过确定云平台组件在多种工作的负载下的性能来获得在负载发生变化时各性能指标的变化情况。压力测试是通过确定一个云平台组件的瓶颈或者无法容忍的新能点的测试来获得云平台能提供的服务级别的上限的测试。

7.2.2 性能测试范围目的

云环境（OpenStack、Kurbernets）性能测试与传统性能测试，区别在于云环境具有规模大、虚拟化、高可靠性、高伸缩性等诸多优点。但云环境的特殊性也给测试增加了难度，即需要从多维度测试云环境的性能细节数据。云环境性能测试主要对云环境 OpenStack 中 Nova、Keystone、Neutron、Glance、Cinder 等组件和 Kurbernets 中 apiserver、Scheduler、Controller-manager、Calico 等组件，分别通过负载测试和压力测试方法，即逐渐对云环境中各个组件增加负载中的同时，系统自动对执行指标和资源监控指标（响应时间、CPU 负载、内存使用等）进行综合分析来确定系统性能和瓶颈信息等。

云环境性能测试目的主要体现在以下三个方面：

（1）依据实际上线的业务，评价系统的当前性能，选择具有典型性、重要性的业务设计案例。

（2）在部署扩展云环境和部署新的云环境时，可帮助测试该云环境是否能满足平台对稳定性、扩展性和服务性能的要求。

（3）通过上千次的模拟用户的执行操作，确认云服务的性能瓶颈并优化云服务，目的在于寻找到瓶颈问题。

7.2.3 性能测试环境与配置

测试平台目前支持的 OpenStack 组件最低支持版本如表 7-3 所示：

表 7-3   OpenStack 组件最低支持版本

组件名称	OpenStack 组件版本	组件名称	OpenStack 组件版本
Nova	queens	Glance	queens
Cinder	queens	Swift	queens
Neutron	queens	Heat	queens
Keystone	queens	Ceph	luminous（12.2.4）
Horizon UI	queens		

Kubernets 组件最低支持版本列表信息如表 7-4 所示。

表 7-4   Kubernets 组件最低支持版本

组件名称	组件版本	组件名称	组件版本
Ansible	2.5.3	Etcd	v3.2.4
Jinja2	2.10	Calico	v2.5.0
Python	3.4	Kubernetes-dashboard	v1.8.1
Kubespray	2.4.0	Docker（最低要求 1.13.1）	17.05.0-ce
Kubernetes	v1.9.2	Kubernetes	v1.9.2

7.2.4 测试方案

云平台性能测试方案主要对各个组件提供的命令和 API 进行并发调用，解析响应速度，评估组件状态。

在云平台组件性能测试时需要使用云环境指标作为测试的参数或目标，目前通过对云环境深入研究，并参考其他资料，梳理出适用于企业云环境各组件的性能指标建议，此性能指标主要包括组件名称、并发数、响应速度等。具体测试指标如表 7-5 和表 7-6 所示。

表 7-5   OpenStack 测试指标

序号	组件名称	并发数	响应速度（ms）
1	nova	20	待定
2	Keystone	30	待定
3	Neutron	30	待定
4	Glance	30	待定
5	Cinder	20	待定

表 7-6　　　　　　　　　　　　　　　　Kubernetes 测试指标

序号	功能名称	并发数	响应速度（ms）
1	apiserver	30	待定
2	Scheduler	20	待定
3	Controller-manager	20	待定
4	Calico	30	待定

7.2.5　测试工具

Rally 作为 OpenStack 一个独立运行的项目，可以做到模拟各种高并发情况下的压力测试来测试云环境的性能和规模。Rally 能做到对已部署结束的云环境（deployment）进行测试，并且还能够自动安装和运行 tempest 来测试云环境。并对 rally 测试结果生成 HTML 格式报告文档。Rally DB 则用于存放测试结果。rally 使用方法如下：

（1）编辑配置文件 env.json，填入 opesntack 环境变量：

```
# cat env.json
{
    "type": "ExistingCloud",
    "auth_url": "http://controller:5000/v2.0",
    "admin": {
      "username": "admin",
      "password": "***********",
      "tenant_name": "admin"
    }
}
```

（2）创建容器卷：

```
docker volume create--name rally_volume
```

（3）启动 rally 镜像，创建测试项目：

```
docker run-it-v rally_volume : /home/rally/data xrally/xrally-openstack
deployment create--file/home/rally/data/env.json<env.json 文件绝对路径>--name
foo<测试项目名称>
```

（4）检查创建的 deployment 各项服务，如图 7-3 所示：

```
docker run-it-v rally_volume : /home/rally/data xrally/xrally-openstack
deployment check foo
```

```
[root@localhost _data]# docker run -it -v rally_volume:/home/rally/data xrally/x
rally-openstack deployment check foo
---------------------------------------------------------------------------
Platform openstack:
---------------------------------------------------------------------------

Available services:
+--------------+-------------------+-----------+
| Service      | Service Type      | Status    |
+--------------+-------------------+-----------+
| __unknown__  | compute_legacy    | Available |
| __unknown__  | placement         | Available |
| cloud        | cloudformation    | Available |
| glance       | image             | Available |
| heat         | orchestration     | Available |
| keystone     | identity          | Available |
| neutron      | network           | Available |
| nova         | compute           | Available |
+--------------+-------------------+-----------+
```

图 7-3　创建 deployment 各项服务

（5）创建 yaml 任务文件：

```
vi boot_and_list_server.yaml
{% set image_name = "^(cirros.*-disk|TestVM)$" %}
{% set flavor_name = "m1.tiny" %}  version: 2
  title: Task for gate-rally-dsvm-rally-nova-nv job
  description: >
    This task contains various scenarios for testing nova plugins
  subtasks:
      title: NovaServers.boot_and_list_server tests
      workloads:
        scenario:
          NovaServers.boot_and_list_server:
            flavor:
              name: {{flavor_name}}
            image:
              name: {{image_name}}
            detailed: True
        runner:
          constant:
            times: 1
            concurrency: 1
        contexts:
          users:
            tenants: 1
        users_per_tenant: 1
```

（6）运行性能测试任务：

```
docker run  -it  -v rally_volume:/home/rally/data xrally/xrally-openstack
task start/home/rally/data/boot_and_list_server.yaml--deployment foo
```

（7）生成任务 Web 测试报告：

```
docker run  -it  -v rally_volume:/home/rally/data xrally/xrally-openstack
task report foo<任务 id>--out=/home/rally/data/report.html
```

（8）查看任务 Web 测试报告。

7.3 平台网络测试

7.3.1 测试简介

云平台网络测试主要查找云环境网络可能存在的问题，这些问题有些还比较隐晦不易发现。云平台网络测试通过全方位测试网络问题，及时发现问题和潜在风险，帮助运维人员快速分析并及时解决问题。

云平台网络测试是按照特定方法在指定网络环境中，运用特定工具对计算机网络进行数据采集，对发现的隐患进行定位。对采集到的数据进行分析处理，根据结果对原因进行分析或定位。

云平台网络测试主要针对主机对主机、虚拟资源对主机、虚拟资源对虚拟资源的网络带宽、网络传输速率、抖动时长、网络丢包率等进行测试。

7.3.2 测试范围目的

云环境网络测试是验证网络能否满足运行需要的手段，主要验证网络带宽、网络抖动时长、网络丢包率三个方面。

（1）网络带宽。网络带宽指的是在一定的时间单位中可以传输的网络数据量。通常情况下，它的单位时间是 1s。网络的带宽越大，可以通行的能力也就越强。它是衡量网络质量的一个重要依据，也是用户或单位主要关注的参数指标。理论上，若是 2M（即 2Mbit/s）带宽理论速率是 250kbit/s，实际速率大约为 80～200kbit/s。

（2）网络抖动。若网络发生拥塞，将影响用户端收到响应的时间，并导致不同分组的延迟不同，而网络抖动可以度量延迟变化的程度。抖动在实时传输的应用场景下是一个重要参数。抖动计算取最大抖动和最小抖动的差值，如最大延迟为 20ms，最小延迟为 5ms，则网络抖动时长为 15ms。

（3）网络丢包率。数据在网络传输前会进行拆分、打包，每个数据包携带原数据和路由信息。在物理介质中传播数据包的过程中可能会发生丢包。丢包率是一段时间内丢包和总包的百分比。

7.3.3 测试方案

平台网络测试的测试方案根据测试项分为网络速率测试（网络传输速率和带宽）和网络质量测试（网络抖动时长和网络丢包率）。

1. 网络速率测试

（1）使用 Python 通过 ansible 与云环境构建通道，检测云环境服务是否正常。

（2）利用 Python 的 Paramiko 模块，远程提取上述采集到的信息。

（3）提取上述数据中有关 Transfer 和 BandWidth 的数据，统计 10s 内每秒钟的信息。

（4）若传输速率和带宽成十倍左右的关系，则测试正常。

2. 网络质量测试

（1）首先使用 Python 通过 ansible 与云环境构建通道。检测云环境服务是否正常。

（2）利用 Python 的 Paramiko 模块，远程提取上述采集到的信息。

（3）该测试共进行三次，从 150Mbit/s 传输速率，每次提高 100Mbit/s，取三次测试结果进行统计，返回展示。

（4）主机对主机的网络测试。通过 IPerf3 工具校验主机与主机间网络反应时间是否小于 2ms、丢包率是否在 5% 之内。

（5）主机对虚拟资源的网络测试。通过 IPerf3 工具校验主机与虚拟资源（虚拟机、容器等）间网络反应时间是否小于 2ms、丢包率是否在 5% 以内。

（6）虚拟资源对虚拟资源的网络测试。通过 IPerf3 工具校验虚拟资源（虚拟机、容器等）与虚拟资源（虚拟机、容器等）间网络反应时间是否小于 2ms、丢包率是否在 5% 以内。

（7）自动生成测试报告或告警。

7.3.4 测试工具

项目使用 Ansible 执行命令，获得返回数据进行测试。

Ansible 是一个配置管理系统（configuration management system）。因为 Ansible 使用推送方式，不像 puppet 等使用拉取安装 agent 方式，只需可以使用 ssh 访问服务器或者设备，就可以将代码部署到任意数量的服务器上。

同时使用 iperf3 进行网络带宽、传输速率、网络丢包率、网络抖动时长等的测试。

iperf3 用于测试网络环境中可实现的最大带宽，支持时序、缓冲区、协议（TCP、UDP、SCTP 与 IPv4 和 IPv6）有关的各种参数。对于每个测试，都会报告带宽，丢包和其他参数。perf3 与原始 iperf 不共享代码，也不向后兼容。主要细节如下：

（1）测试端和被测试端一端作为服务端，另一端作为客户端。

（2）服务端执行 iperf3sp<服务端口号，默认 5201>进行监听。

（3）客户端执行 iperf3c<服务端 ip>－p<端口号>－J 进行带宽和传输速率测试，并打包成 json 格式，如图 7－4 所示。

（4）服务端执行 iperf3c<服务端 ip>－p<端口号>－u－b<窗口大小>－J 进行网络质量测试，并打包成 json 格式，如图 7－5 所示。

155

```
Server listening on
----------------------------------------------------------------
Accepted connection from            port
[  5] local            port      connected to          port
[ ID] Interval           Transfer     Bitrate
[  5]   0.00-1.00   sec   108 MBytes   902 Mbits/sec
[  5]   1.00-2.00   sec   112 MBytes   939 Mbits/sec
[  5]   2.00-3.00   sec   112 MBytes   939 Mbits/sec
[  5]   3.00-4.00   sec   112 MBytes   939 Mbits/sec
[  5]   4.00-5.00   sec   112 MBytes   939 Mbits/sec
[  5]   5.00-6.00   sec   112 MBytes   939 Mbits/sec
[  5]   6.00-7.00   sec   112 MBytes   939 Mbits/sec
[  5]   7.00-8.00   sec   112 MBytes   939 Mbits/sec
[  5]   8.00-9.00   sec   112 MBytes   939 Mbits/sec
[  5]   9.00-10.00  sec   112 MBytes   939 Mbits/sec
[  5]  10.00-10.04  sec  4.42 MBytes   936 Mbits/sec
- - - - - - - - - - - - - - - - - - - - - - - - - -
[ ID] Interval           Transfer     Bitrate
[  5]   0.00-10.04  sec  1.09 GBytes   935 Mbits/sec                  receiver
```

图 7-4 网络速率测试

```
Server listening on
----------------------------------------------------------------
Accepted connection from            port
 5] local            port      connected to          port
ID] Interval           Transfer     Bitrate        Jitter    Lost/Total Datagrams
 5]   0.00-1.00   sec  91.3 MBytes   766 Mbits/sec  0.044 ms  127/66257 (0.19%)
 5]   1.00-2.00   sec  95.1 MBytes   798 Mbits/sec  0.046 ms  216/69061 (0.31%)
 5]   2.00-3.00   sec  95.4 MBytes   800 Mbits/sec  0.009 ms  0/69067 (0%)
 5]   3.00-4.00   sec  95.3 MBytes   800 Mbits/sec  0.013 ms  20/69057 (0.029%)
 5]   4.00-5.00   sec  95.3 MBytes   800 Mbits/sec  0.009 ms  22/69059 (0.032%)
 5]   5.00-6.00   sec  95.2 MBytes   799 Mbits/sec  0.011 ms  117/69059 (0.17%)
 5]   6.00-7.00   sec  95.3 MBytes   800 Mbits/sec  0.012 ms  19/69061 (0.028%)
 5]   7.00-8.00   sec  95.3 MBytes   800 Mbits/sec  0.047 ms  7/69051 (0.01%)
 5]   8.00-9.00   sec  95.3 MBytes   800 Mbits/sec  0.009 ms  50/69073 (0.072%)
 5]   9.00-10.00  sec  95.4 MBytes   800 Mbits/sec  0.041 ms  10/69061 (0.014%)
 5]  10.00-10.04  sec  3.82 MBytes   801 Mbits/sec  0.010 ms  0/2765 (0%)
- - - - - - - - - - - - - - - - - - - - - - - - - -
ID] Interval           Transfer     Bitrate        Jitter    Lost/Total Datagrams
 5]   0.00-10.04  sec   953 MBytes   796 Mbits/sec  0.010 ms  588/690571 (0.085%) receiver
```

图 7-5 网络质量测试

7.4 平台存储测试

7.4.1 测试简介

平台的存储测试，目的是验证私有云系统是否满足指定存储目标，主要针对私有云环境的后端存储，具体测试项包括存储单元容积、存储的读写速度以及存储的大小等。目前私有云存储系统使用的是 Ceph 系统，所以平台存储测试针对 Ceph 系统，具体测试项目包含存储单元容积的判断、存储容量的测试以及存储读写速率的测试。

Ceph 是一个统一、分布式文件系统，它性能优秀、可靠性高、可扩展性强，支持对象存储、块设备、文件系统，具有可靠性高、管理方便、伸缩性强等优点。其使用范围不仅是简单定义上的文件系统，还可以是一个企业级功能的对象存储生态环境。Ceph 是目前 OpenStack 生态系统中呼声最高的开源存储解决方案，OpenStack 生态系统项目都支持通过 libvirt 调用 Ceph 作为块设备进行读写访问。实际在企业级 Kubernetes 应用环境中，后端存储经常需要持久化，不管 pod 调度到哪个节点，都能挂载同一个卷，从而很容易读取或存储持久化数据，使用与 Ceph 集群结合就很容易做到数据持久化。

　　Ceph 集群的性能优劣直接影响到私有云平台的存储，平台存储测试对 Ceph 的测试至关重要。该测试是在对云环境的 Ceph 集群无影响或影响在允许范围内的条件下，在测试环境中放置微型数据采集与存储测试工具，在 Ceph 集群中实时完成信息的快速采集与记忆，事后回收测试信息并由计算平台处理和前台展示平台再现测试信息。平台存储测试的主要技术特点是 Ceph 集群现场实时快速完成动态数据采集和存储记忆，特别是在多种恶劣环境（存储单元抖动）和紧凑设计（集群规模小，均值不稳）条件下完成动态参数测试，事后回收再现。

7.4.2　测试范围与目的

　　平台存储测试的范围是云环境的 Ceph 分布式存储集群，分布式存储中配置项、存储节点、存储盘，任何一点出现问题都会造成 Ceph 分布式存储的性能下降，甚至集群服务出现异常，乃至集群宕机不能提供分布式存储服务。测试的目的是分析需求，通过对 Ceph 分布式存储全方位测试，了解 Ceph 分布式存储运行状态及潜在风险，发现潜在风险时，帮助运维人员快速解决问题。

　　要快速解决问题，就需要快速定位具体原因，以及定位到 Ceph 分布式存储集群异常位置。平台存储测试通过对 Ceph 分布式存储全方位分析，总结出 PG 数、资源使用情况、OSD 读写速度三个测试项，能够覆盖 Ceph 存储的所有方面。下面是针对该三个测试项进行具体阐述：

　　1. PG 数

　　PG 全称是 Placement Groups，是一个逻辑概念，一个 PG 包含多个 OSD。PG 这一层是为了更好地分配数据和定义数据。首先获取 OSD（存储盘）数量和 POOL（池）数量，通过算法算出适合的 PG 数量，与当前集群设置的 PG 数量进行对比，当算出的 PG 数与当前集群 PG 数不一致的时候，提示运维人员调整当前集群 PG 数量。PG 数计算公式参考：Total PGs ＝（（Total_number_of_OSD×100）/Max_replication_count）/POOL_number，PG 数取值小于或等于 2 的次方数。

　　2. 资源使用情况

　　Ceph 分布式存储集群是由底层硬盘对应逻辑上的 OSD 为基础实现的，OSD 全称是 Object Storgae Device，也就是负责相应客户端请求返回具体数据的进程，一个 Ceph 集群一般有很多个 OSD。查询 Ceph 整体资源使用情况，可以简单转化为查看 OSD 的使用情况来达到目的。当某个 OSD 资源使用率达到 70% 时，提示运维人员执行相应扩容或是资源平衡等操作。

　　3. OSD 读写速度

　　通过 RODOS 和 RBD 命令把一百个空文件往 Ceph 存储中随机写入，输出所有 PG 与 OSD 的读写平均值，系统自动将读写偏差超过 30% 的较慢 PG 与 OSD 信息输出给运维人员，并提示运维人员执行相应运维操作。

7.4.3　测试环境与配置

　　该测试环境配置的名称以及最低的版本号如表 7-7 所示。

表 7－7　　　　　　　　　　　测 试 环 境 配 置

环境配置名称	配置版本号	环境配置名称	配置版本号
Ansible	2.5.3	Docker	17.05.0－ce
Python	3.6.3	Ceph	luminous（12.2.4）

7.4.4　测试方案

平台存储测试的方案根据测试项的不同分别针对 PG 数、资源使用情况、OSD 读写速度三项进行。

1. PG 数

（1）采集 Ceph 集群环境的 POOL 数目，副本数以及 OSD 数目信息。

（2）利用上述采集的信息，根据 PG 数目计算公式，计算出该 Ceph 集群环境合理的 PG 数目。

（3）采集 Ceph 集群环境的实际 PG 数目信息。

（4）利用 Python 的 Paramiko 模块，远程提取上述采集到的信息出。

（5）对比计算出来的数据和实际的 PG 数据，根据对比数据，测试平台给出对应的测试结果展示。

2. 资源使用情况

（1）首先采集 Ceph 集群环境 OSD 存储资源的使用情况。

（2）利用 Python 的 Paramiko 模块，远程提取上述采集到的信息。

（3）测试平台将获取的采集数据进行清洗，获取有用数据，根据需求进行格式化处理。

（4）测试平台给出相应的测试结果展示。

3. OSD 读写速度

（1）为 Ceph 集群环境创建 100 个 bench 测试文件，大小为 8M，分读写两次使用。

（2）使用 RADOS 往前述步骤的 100 个测试文件进行读写操作，并且使用 time 计时，采集到文件的读写速率。

（3）利用 Python 的 Paramiko 模块，远程提取上述采集到的信息。

（4）使用 RBD 采集该文件实际存在的位置，存在哪个 PG 上，对应在哪些 osd 上，以及哪个是正在使用的 osd，采集到确切位置的信息。

（5）测试平台将获取到的采集数据进行清洗，获取有用数据，再根据需求进行格式化处理。

（6）测试平台给出相应的测试结果展示。

7.4.5　测试工具

针对 PG 数、资源使用情况、OSD 读写速度三项内容采用不同工具进行测试。

针对 PG 数，使用 Python 的 Paramiko 模块、PG 计算公式以及 Ceph 自带的 osd pool ls detail 工具；

主要执行命令：

```
'docker exec ceph_mon ceph df--format json-pretty'
'docker exec ceph_mon ceph osd pool get ' + pool_name + ' pg_num--format
json-pretty'
'docker exec ceph_mon ceph-s--format json-pretty''docker exec ceph_mon ceph
osd dump--format json-pretty'
```

针对资源使用情况，使用 Python 的 Paramiko 模块和 osd df 工具，结果如图 7-6 所示；
主要执行命令：

```
'docker exec ceph_mon ceph osd df--format json-pretty
'docker exec ceph_mon ceph health detail--format json-pretty'
```

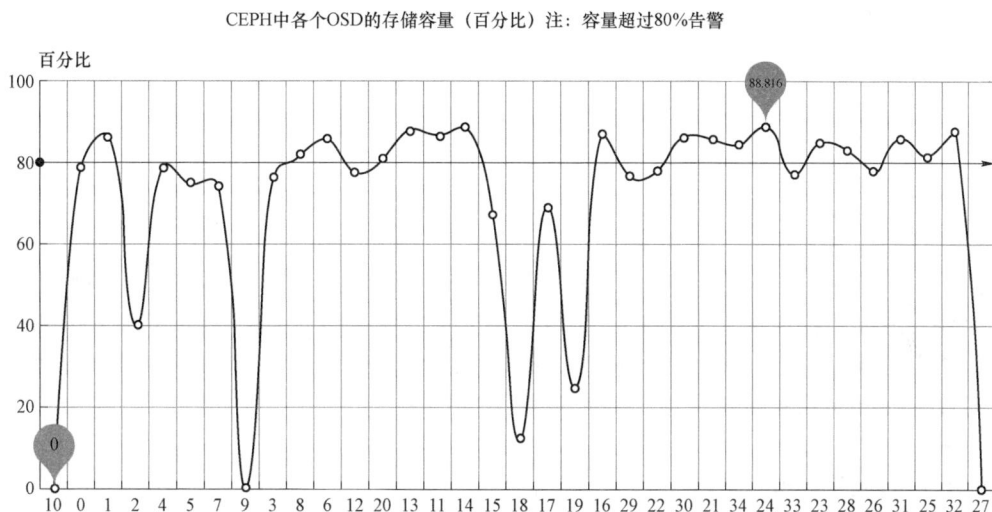

图 7-6　OSD 存储容量

针对 OSD 读写速度，使用 Python 的 Paramiko 模块、Rados 性能测试工具（ceph 自带
的 rados bench 工具）以及 RBD 性能测试工具（rbd bench-write 进行块设备写性能测试），
结果如图 7-7 所示。

主要执行命令：

```
'mkdir/root/test;cd/root/test;' \
'seq 0 100|xargs-i dd if = /dev/zero of = benchmark_{} bs = 8M count = 2;' \
'for a in `ls./`;' \
'do time docker exec ceph_mon rados-p rbd put $a $a;' \
'echo $a;' \
'docker exec ceph_mon ceph osd map rbd $a--format json-pretty;' \
'done &>put_result.txt;' \
'cat/root/test/put_result.txt | grep up_primary;' \
```

```
'cat/root/test/put_result.txt | grep real;' \
'rm-rf/root/test'
```

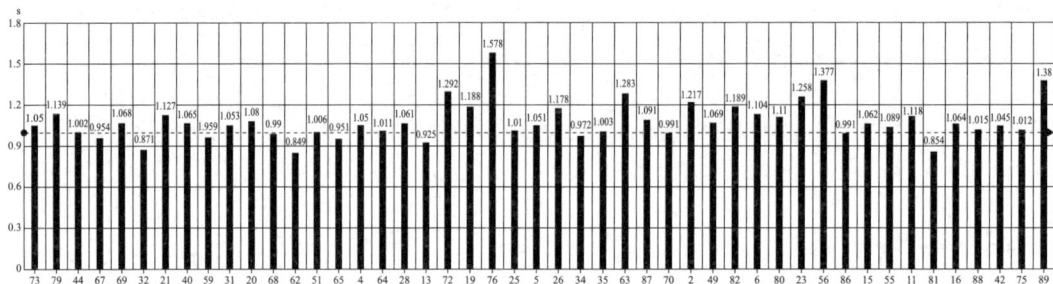

图 7-7   OSD 读写速度

图 7-7 给出了各个主 OSD 随机写 8M 文件的单位时间，时间超过 1min 告警。

7.5   平台高可用测试

7.5.1   测试简介

高可用性意味着当某个组件有问题不能运行的情况下，仍能提供服务的能力，不管该问题是业务方面、物理设施方面还是 IT 软、硬件故障方面问题。最佳的高可用体检就是，当某台设备宕机了，用户无感知。设备一旦宕机，设备上运行的服务要进行故障切换，此时要考虑时间和数据两方面。最完美的情况是，很短时间甚至不花费时间做到故障切换，且没有数据丢失；最差的情况就是，永远也恢复不了，数据也完全丢失。所以，设备上服务进行故障切换，要充分考虑实际情况，考虑时间成本和数据成本。

高可用稳定性测试，是测试云环境平台高可用性、稳定性和安全性的过程，是一种预期输出的审核比较过程。按照特定的输入参数对云环境平台进行测试操作，及时发现问题，判断云环境的优劣，并且给出一个综合的评估分值。

7.5.2   测试范围与目的

由于一些不可避免的因素，导致机房中某云环境平台出现故障甚至瘫痪，致使该云环境中的业务系统无法对外提供服务，业务停摆，更严重的，整个云环境要迁移到其他备用机房中运行恢复。因此需要对云环境（OpenStack、Kubernetes）进行高可用测试，验证控制节点是否为 3 控制或以上，验证计算节点是否大于 2 节点，验证存储服务是否大于 3 节点；稳定性测试，验证容器在非正常关闭后是否会自动恢复。

7.5.3   测试方案

平台高可用测试的方案根据测试项的不同分为高可用测试、稳定性测试两项。

1. 高可用测试

对高可用进行测试，首先验证高可用使用的工具是否存在。其次是对需要具备的高可用功能进行测，验证是否满足高可用的条件，比如服务数量是否 3 个及以上，以及每个服务的状态是否正常。

（1）首先使用 Python 通过 Ansible 与云环境构建通道，收集云环境信息。

（2）用 Ansible 工具远程连接到云环境各节点。

（3）检查部署高可用工具是否存在，可检查其版本号，若有返回值则表示有。

（4）在各个节点上执行查询服务数量以及服务状态的指令。提取出返回的数据进行分析，验证控制节点是否为 3 或以上，验证计算节点是否大于 2 节点，验证存储服务是否大于 3 节点等等。满足以上验证要求的，代表高可用测试通过；未满足验证要求的，代表高可用测试失败。根据测试结果生成对应的测试报告或告警。

2. 稳定性测试

在满足高可用的情况下，需要验证该服务的稳定性。

（1）首先使用 Python 通过调用 kubernetes API，创建测试容器。

（2）通过 Ansible 与 Kubernetes 云环境构建通道，使用 Python 执行相关命令强制关闭容器。

（3）实时检测容器是否自动恢复。

（4）容器自动恢复，代表通过稳定性测试；没有自动恢复，代表不能通过稳定性测试，根据结果生成对应的测试报告或告警。

7.5.4　测试工具

项目使用 Python 构建测试脚本。使用 Ansible 执行命令，获得返回数据进行测试。

项目使用 Kubernetes API、Kubernetes 的第三方库，用于 Python 可以连接云环境并可调用相关的服务。

8

平台故障实例分析

本章收集了平台运行过程中遇见的一些典型故障，并给出了故障的具体现象和解决方法，以帮助运维人员在遇见同类问题时，能够快速地掌握处置方法，同时在平台部署实施过程中能规避掉类似的故障，提升平台运行稳定性。

8.1 OpenStack 平台故障实例分析

8.1.1 故障现象：OpenStack 平台 ceph 池报 ERR 错误

原因分析：错误提示为：1 scrub errors；1 pg inconsistent，平台 Ceph 集群中 PG 在执行 Scrub 过程中，出现了数据不一致的现象，导致了相关的错误提示。

解决方法：（1）通过 Ceph health detail 查看有故障的 PG（ID）。

（2）执行 ceph pg repair（pgid）进行数据一致性修复，报错消失。

8.1.2 故障现象：OpenStack 平台 ceph 池报警

原因分析：故障示例：2 nearfull osd（s）、9 pool（s）nearfull，此故障为 OpenStack 平台 ceph 池 OSD 使用率超出告警，超过 85% 会触发告警，如超过 95%ceph 池会不能正常提供服务。

解决方法：ceph osd df 查看哪个 osd 触发告警，通过执行 ceph osd reweight（osd 号）（百分比）命令来降低 OSD 权重比例，调整后 ceph 会自动平衡。

8.1.3 故障现象：OpenStack 平台物理节点出现非正常关机

原因分析：重启后改节点上的虚拟机不能正常启动，提示错误为找不到磁盘。因非正常关机，虚拟机突然停止后，关联的 ceph 中 map 链接出现中断，造成启动后找不到磁盘。

解决方案：（1）登录控制节点执行环节变量，命令如下：

```
#source admin-openrc.sh
```

（2）查找故障主机上虚拟机 ID 号，命令如下：

```
#nova show ID
```

（3）在故障的物理机节点上查看磁盘，命令如下：

```
# docker exec nova_libvirt virsh domblklist (instance_name) |grep vda|awk
'{print $2}'|awk-F"'" '{print $1}'
```

（4）控制节点上利用查找后的磁盘，重新进行 map 后，虚拟机恢复正常，命令如下：

```
# docker exec ceph_mon rbd object-map check
vms/ba8f900a-48f9-4548-9686-189dfc78b0c0_disk
```

8.1.4 故障现象：OpenStack 平台虚拟机迁移失败后，运行状态会出现错误状态

原因分析： 由于平台上设置物理节点设置超配比，造成和迁移操作冲突，迁移动作失败后，虚拟机在数据库中相关联的运行状态信息会更改为错误状态，但此错误不影响虚拟机使用，影响虚拟机的状态监控。

解决方法：（1）在控制节点上执行环境变量。

```
#source admin-openrc.sh
```

（2）更改运行状态，执行以下命令进行修复。

```
#nova reset-state (虚拟机 ID) --active
```

8.1.5 故障现象：Instance failed to spawn

出现报错：HTTPInternalServerError：HTTPInternalServerError（HTTP 500）。

原因分析： 镜像文件不存在或镜像权限不属于 Glance 用户。

解决方法： 查看 OpenStack image list 列表中的权限与目录—/var/lib/glance/images/中的镜像是否一致，进行权限修订后故障消除。

8.1.6 故障现象：nova-compute 报错

出现报错：WARNING **：Error connecting to bus：org.freedesktop.DBus.Error.FileNot Found：Failed to connect to socket/var/run/dbus/system_bus_socket：No such file or directory。

原因分析： messagebus 服务故障导致。

解决方法： 重启 messagebus 服务，执行 messagebus restart。

8.2 Kubernetes 平台故障实例分析

8.2.1 故障现象：pod 状态一直为 Pending

原因分析：

（1）镜像拉取耗时太久。

（2）没有可用的 Node 供调度。

（3）开启了资源配额管理并且当前 pod 的目标节点上恰好没有可用的资源。

解决方法：

（1）查看该 pod 所在宿主机与镜像仓库之间的网络是否有问题，也可以手动拉取镜像。

（2）删除 pod 实例，让 pod 调度到别的宿主机上。

8.2.2 故障现象：pod 创建后不断重启

原因分析：

（1）容器启动命令不是阻塞式命令（执行完即退出）。

（2）命令执行失败（比如没执行权限，命令不存在，返回错误码等）。

解决方法：

（1）将容器的启动命令改为阻塞式命令，比如放在前台运行，或者保证程序执行后不退出。例如：while true；do sleep 1；done。

（2）排查容器启动失败的原因，可以通过下述命令来查看 Events 事件。

```
#kubectl describe pod<pod_name>-n<namespace>
```

或者通过查看容器日志来查看报错原因：

```
#kubectl logs<pod_name>-n<namespace>
```

8.2.3 故障现象：Calico 跨网段 pod 之间网络不通

原因分析：

假设 Node-A 192.168.1.12 上 pod-A 的地址为 10.100.156.132、Node-B 172.16.3.28 上 pod-B 的地址为 10.100.37.130，从 pod-A ping pod-B，根据宿主机路由规则（route-n），报文会从宿主机默认网卡发往 Node-B 172.16.3.28，由于两个节点位于不同广播域，需要通过网关转发。因此报文的 dst mac 会被修改为 192.168.1.1（Gateway）对应的 mac。

Gateway 收到该报文后，会比对本地路由条目。由于 Router 中并没有到 172.16.3.0/16 网段的路由，因此报文被丢弃。

解决办法：

（1）下载 calico/node 对应的 calicoctl 工具。

（2）添加可执行权限：

```
#chmod+x/usr/local/bin/calicoctl
```

（3）创建配置文件：

```
#vim/etc/calico/calicoctl.cfg
============================================
apiVersion:projectcalico.org/v3
kind:CalicoAPIConfig
metadata:
spec:
datastoreType: " etcdv3 "
etcdEndpoints: " https://$ETCD-IP:2379 "
etcdKeyFile: " /etc/etcd/client/client.key "
etcdCertFile: " /etc/etcd/client/client.crt "
etcdCACertFile: " /etc/etcd/client/ca.crt "
============================================
```

（4）查看 Calico IPPool：

```
#/usr/local/bin/calicoctl get ipPool-o json>pool.json
```

（5）修改 IPPool 配置，pool.json 内容：

```
{
"kind": "IPPoolList",
"apiVersion": "projectcalico.org/v3",
"items":
[
{
"kind": "IPPool",
"apiVersion": "projectcalico.org/v3",
"metadata": {
"name": "default-ipv4-ippool"
},
"spec": {
"cidr": "$POD_CIDR",
"ipipMode": "Always",   //Never 为BGP, Always 为IPIP
"natOutgoing": true
}
}
```

```
    ]
    }
```

（6）执行：

```
#/usr/local/bin/calicoctl apply-f pool.json
```

8.2.4 故障现象：节点磁盘空间不够，导致 pod 启动失败

原因分析：

当/var/lib/docker 所在的分区目录使用率达到 85%，kubelet 检测到 DiskPressure 后，先是启动了 Image GC，接着启动了 Eviction 过程，驱逐 pod 来释放磁盘空间。由于系统组件 QoS 未配置，所以导致系统组件可能先于用户应用 pod 被删除，进而导致用户 pod 启动失败。该问题根源是磁盘空间不足。

解决办法：

（1）尝试增加磁盘空间的容量，对应/var/lib/docker 所在的分区。

（2）开启 Kubelet、API Server、Scheduler 的 Critical pod 功能，添加－－feature-gates＝ExperimentalCriticalPodAnnotation＝true 参数。

（3）其中 apiserver 和 scheduler 的 yaml 文件在/etc/kubernetes/manifests 文件夹下面，参考如下方式修改：

```
-kube-apiserver
--advertise-address=172.16.0.95
--allow-privileged
....
--feature-gates=\
ExperimentalCriticalPodAnnotation=true
```

（4）保存后重启 kubelet 服务。

```
#systemctl restart kubelet
```

现在会保证 api-server，scheduler 这些 static pods 不会被移除。其他 addon 组件仍可能被移除，但是当磁盘空间恢复的时候它们会再被 api-server 恢复回来。由此来保证主机磁盘占用问题解决之后主机可以恢复正常。

8.2.5 故障现象：Kubernetes Service 无法访问或不可用

原因分析：

（1）查看 pod 是否正常运行，通过集群内部的节点是否可以正常访问。

（2）查看 Service 的 Selector 和 pod 的是否匹配。

解决办法：

（1）通过 kubectl get pod 命令查看 pod 的状态，如果是 Running 状态，尝试在集群内部的节点上执行：

```
#nc-v-w 10-z $POD_IP $POD_PORT
```

如果提示 succeeded，说明应用的端口是可以访问的，如果该 pod 应用是 Web 的话，直接用 curl 命令进行访问，观察是否有内容输出。

（2）查看该 Service 的详情信息：

```
#kubectl describe svc SVC-NAME
```

（3）查看对应 pod 的 Label：

```
#kubectl get pod<pod name>--show-labels
```

（4）可以看到 pod 的 Label 和 Service 的 Selector 不匹配，导致 Endpoints 为<none>。

（5）修改 pod 的 Label 或者修改 Service 的 Selector，保持一致即可。

8.2.6 故障现象：kube-proxy 被驱逐，导致服务无法访问

原因分析：

（1）节点的 kube-proxy 以 static pod 的方式部署。

（2）为了提高运维自动化程度，kubelet 配置了 Eviction Policy，当硬盘空闲率低于一定百分比则自动开始逐出容器，并清理容器和镜像所占存储空间。发生该状况时，kubelet 的 Eviction Policy 将 kube-proxy 逐出，导致无法通过 Service 的 external IP/port 访问容器，而 kube-proxy 的部署方式导致该服务无法正常运行。

解决办法：

（1）关闭节点的 Eviction Policy。

（2）重新拉起 kube-proxy，暂时保证服务正常运行。

（3）将 kube-proxy 部署方式由 static pod 改为 daemonset 方式部署，彻底解决问题。

8.2.7 故障现象：更换 master 节点失败

原因分析：

K8s 使用 etcd 保存集群数据，在更换 master 节点时，集群关键信息发生变更，须要停止该服务，并删除原集群信息。

解决办法：

（1）删除/etc/ssl/etcd。

（2）停止服务：

```
#systemctl stop etcd
```

（3）删除/var/lib/etcd/member。

（4）启动服务：

```
#systemctl start etcd
```

重新部署 master 节点。

9

云 平 台 展 望

云平台发展趋势，包括云平台 PaaS 层应用、云平台在物联网建设中的应用、基于云计算平台的大数据框架三个方面。云平台 Pass 层建设目标是将开发过程流程化，为开发人员提供一套便于开发、部署、运维、扩展的服务流程。物联网建设过程中，资源利用率的提高迫在眉睫，为了实现这一目的，需要密切关注各类型资源的融合调度，云平台在物联网的应用就是实现各环节无缝对接。基于云计算平台的大数据框架主要具备服务自主化、动态化及数据信息网络化等的特点，其所具有的特性完全满足系统大数据的应用和部署实现使用过程中资源的快速弹性提供。

9.1 云平台 PaaS 层应用

随着企业成本压力和业务数增量的指数增长，物理资源的充分利用率和应用的可扩展性变得越来越重要。云平台 Pass 层建设目标是将开发过程流程化，给开发人员提供一套服务流程，用于快速开发、部署、运维管理、持续开发、持续集成。

云平台 Pass 层实现了系统自动构建、部署，实现了应用的敏捷开发、快速迭代。当然，开发并提交业务代码到平台代码库，以及做一些必要的配置还需要开发人员去完成。这依赖于云平台 Pass 层提供的基础设施、中间件、数据服务、云服务器等资源。在系统架构层面，微服务架构、Docker 容器技术、Kubernetes、OpenStack 和 VMware 等构成了完整的云平台 Pass 层应用。其中 Kubernetes 负责 Docker 容器的集群管理系统，构建 Docker 技术之上，可以为容器化的业务应用提供资源调度、部署运行、服务发现、扩容缩容等一套完整功能；OpenStack 帮助组织运行为存储服务的云或虚拟计算，旨在提供实施简单、可自由扩展、丰富、标准统一的云计算资源。

Pass 层应用建设过程复杂，需要关注各种类型资源的融合调度、融合的容器编排以及所提供服务的自动弹性扩容，达到更高效的资源利用率，真正做到按需分配资源，从而满足客户需求。

9.2　云平台在物联网建设中的应用

云平台在物联网的应用就是针对各环节，结合移动互联、人工智能等现代数字通信技术，实现各环节无缝对接、人机交互，能够全方位感知实时状态、高效处理信息流、应用便捷灵活特征的智慧服务系统。其中，感知层可覆盖的终端节点规模更大，采集的数据更全面，涵盖系统各环节、各设备乃至各元件；传输层将应用 5G 等新技术，实现更高效的数据传输；数据层将所有数据统一汇集管理，打破数据壁垒；应用层则协同智慧服务体系的建设，向用户提供更加智能化、人性化的普遍服务。

9.3　基于云计算平台的大数据框架

基于云计算平台的大数据框架主要具备服务自主化、动态化及数据信息网络化等的特点，其所具有的特性完全满足系统大数据的应用和部署。根据大数据应用的基本需求，云计算技术能够实现各种不同资源的动态释放或划分，若减少资源，可实现对其的自由释放。若要增加资源，可通过适当增加可用资源进行匹配，确保在使用过程中资源的快速弹性提供。云计算技术配置动态化，进一步实现了资源的持续按需扩展。

随着云计算技术的不断深入发展，基于云计算技术的大数据处理能力和速度将会持续得到提升。大数据依托云计算不仅能广泛实现和经济社会各类数据的有效融合，还能够实现对各种类型应用的快速部署。采用云计算技术，还能源源不断的产生大数据需求和新业务应用，能够更好地为业务快速发展提供基础支持，促进和谐社会发展和资源节约利用。

参 考 文 献

［1］罗韶杰，张立臣. 信息物理融合系统体系结构研究［J］. 计算机应用与软件，2019，08：1-7.

［2］徐甲甲，张浩，俞能海. 关注云安全［Z］. 中国国情国力，2013，08：54-56.

［3］崔乃栋，潘磊，冯志鹏. 全业务数据中心运维探讨［J］. 生态互联数字电力 2019—电力行业信息化年会论文集》，2019，09：315-317.

［4］杨长茂. 云安全的解决思路［J］. 绿盟云安全解决方案，2018，10：8-13.

［5］李天尘，周亮亮. 信息系统的测试与质量控制［J］. 上海计量测试. 2011，03：32-35.

［6］朱琳，李姝，李贵强. 关于自动化运维技术在公共安全信息化建设中应用模式的探讨［J］. 数码世界，2019，01：191-191.

［7］王政. 生态级工业互联网云及大数据平台建设及应用［J］. 通讯世界，2018，07：78-79.

［8］曾鸣. 泛在电力物联网与互惠共赢能源互联网生态圈［J］. 中国电业，2019，08：22-27.

［9］任磊. 基于电力行业云计算的大数据架构研究［J］. 科技与企业，2015，02：94.

［10］陆平. Openstack 系统架构设计实战［Z］. 北京：机械工业出版社，2016.

［11］龚正，吴治辉，崔秀龙，闫健勇. Kubernetes 权威指南［M］. 北京：电子工业出版社，2019.